Ulrich Dehner
Die alltäglichen Spielchen im Büro

Zu diesem Buch

Spiele gehören zu unserem Leben. Der Spieltrieb ist dem Menschen geradezu angeboren. Er erleichtert das Leben, doch er kann das Leben auch schwer machen: Vor allem die unterschwelligen Spielchen im Büro gehören zu unserem Alltag, wie das »Kannst-du-mir-mal-helfen-Spiel« oder das »Opfer-Spiel«. Und gerade diese hindern uns daran, unsere Arbeit effektiv und schnell zu erledigen, denn sie kosten Nerven und letztlich viel Geld. Ulrich Dehner hilft, die Spielregeln zu erkennen, die Instrumente bewußt einzusetzen und die Regeln im eigenen Sinn zu ändern. Die Voraussetzungen dafür, daß Sie als Gewinner vom Platz gehen.

Ulrich Dehner ist Psychologe und hat viele Jahren als Psychotherapeut gearbeitet. Seit 1987 ist er mit seinem Unternehmen »Konstanzer Seminare« im Firmenbereich tätig. Seine Trainings- und Beratungsschwerpunkte sind Führungs- und Kommunikationstraining, Konfliktmanagement und Coaching.

Ulrich Dehner
Die alltäglichen Spielchen im Büro

Wie Sie Zeit- und Nervenfresser erkennen
und wirksam dagegen vorgehen

Piper München Zürich

Ungekürzte Taschenbuchausgabe
Piper Verlag GmbH, München
März 2003
© 2001 Campus Verlag GmbH, Frankfurt am Main
Umschlag / Bildredaktion: Büro Hamburg
Isabel Bünermann, Julia Martinez /
Charlotte Wippermann, Katharina Oesten
Satz: TypoForum GmbH, Nassau
Druck und Bindung: Clausen & Bosse, Leck
Printed in Germany   ISBN 3-492-23781-9

www.piper.de

Inhalt

Kapitel 1

Der ganz normale Bürowahnsinn

Brot und Spiele

Wir würden ja eigentlich alle liebend gern nur unsere Arbeit machen. Nichts leichter als das, sollte man meinen. Und wenn Sie es fertig bringen, sich während der Arbeitszeit von jeglichem menschlichen Kontakt abzuschirmen, könnte es Ihnen auch gelingen. Ach, das ist in Ihrer Firma leider nicht möglich? Tja dann ...

Einiges von dem, was uns an der zügigen Bewältigung unserer Aufgaben hindert, geht auf das Konto der »zwischenmenschlichen Beziehungen«. Ich will hier nicht die mannigfaltigen Störungen aufzählen, die im Tagesablauf einer jeden Führungskraft auftreten, sondern mich auf eine besondere Variante konzentrieren, die so genannten »Bürospiele«, und Wege aufzeigen, mit Schwierigkeiten dieser Art umzugehen.

Gewiss gibt es Störungen, die rein zufällig auftreten. Der an sich kompetente Mitarbeiter macht einen Fehler, und ich muss die Scherben aufkehren. Das kann schon mal passieren. Verdächtig sind dagegen Störungen, die mit seltsamer Regelmäßigkeit auftreten. Immer wenn es terminlich eng wird, will jemand eine Extrawurst. Immer wenn ein neues Projekt in Angriff genommen wird, ist Mitarbeiter X erst einmal kategorisch dagegen. Der Verdacht regt sich, dass ein System dahinter steckt.

Bestimmte Bürostörungen laufen mit penetranter Regelmäßigkeit ab. Und zwar exakt nach demselben Muster. Immer wenn es eng wird, verliert der Mitarbeiter die Nerven, rennt zu Ihnen und stiehlt Ihre Zeit. Immer wenn das Meeting an einem kritischen Punkt anlangt, verschleppen einige Kollegen den Fortgang. Es scheint fast so, als ob man in einem verrückten Bürospiel gefangen wäre. Jeder Zug ist vorbestimmt: Vorschlag – Einwurf – Streit – Zeitverlust – fauler Kompromiss – Frust zum Sitzungsschluss.

In der Umgangssprache kommt der Spielcharakter solcher regelmäßig wiederkehrenden Ärgernisse deutlich zum Ausdruck. »Lass ihn machen. Er zieht doch nur wieder sein Spielchen ab«, ist ein häufig gehörter Kommentar. Das trifft den Nagel auf den Kopf: Man spricht auch von psychologischen Spielen – die Störungen gleichen tatsächlich Spielen. Sie folgen wie Schach und Skat festen Regeln. Eric Berne, der Begründer der Transaktionsanalyse, hat diese psychologischen Spiele zum ersten Mal in seinem 1962 erschienenen Buch *Spiele der Erwachsenen* beschrieben.

Übrigens, natürlich gibt es auch Bürospielerinnen, Chefinnen, Kolleginnen und Mitarbeiterinnen. Damit der Lesefluss nicht stockt, verwende ich im Folgenden nur die maskuline Form – gemeint sind natürlich immer beide Geschlechter.

Viele lassen ihr Büroleben lang Spielchen mit sich treiben. Die anderen sehen das: »Er fällt doch immer wieder auf XY herein!« »Warum lässt du dich immer ausnutzen? Denk doch mal an dich!« Einige machen dabei nicht mit: »Mit mir nicht, mein Lieber. Stiehl jemand anderem die Zeit!« Und die meisten hängen irgendwo dazwischen: Sie sehen, dass wieder jemand sein unheiliges Spiel mit ihnen treibt, wissen aber nicht, wie man ausbricht. Für sie ist dieses Buch geschrieben. Hier finden sie Anleitung zum Spielabbruch.

Natürlich spielen nicht nur die anderen. Letztlich kann sich niemand der Eigendynamik der Bürospiele entziehen. Wie wir besonders in den Kapiteln 6 und 7 sehen werden, gibt es eine Vielzahl unbewusster, aber mächtiger innerer Antriebe, die auch Sie unversehens zu einem Spieler werden lassen. Sie werden Hinweise erhalten, wie Sie ein derartiges Spielverhalten bei sich selbst erkennen und bekämpfen können und wie Sie am besten damit umgehen, wenn es Ihnen bei Ihren Mitarbeitern oder Vorgesetzten unangenehm auffällt.

Der Bürospieler: eigentlich ein armer Kerl

Alle Bürospiele haben ein gemeinsames Merkmal: Sie regen uns auf, machen Ärger, Frust und Magendruck. Manchmal mehr, manchmal weniger. Ein ungutes Gefühl kann als Indikator dafür genommen werden, dass gerade ein psychologisches Spiel gespielt wurde. Neben dem unnötigen Zeitverlust ist ein Hauptschaden des Spiels, dass man glaubt, das Spiel richte sich gegen einen selbst ganz persönlich – das stimmt aber nicht. Und sobald Sie das erkennen, sind Sie schon halb aus dem Spiel heraus.

Denn im Gegensatz zu Gesellschaftsspielen wie Schach oder Skat werden Bürospiele nie freiwillig gespielt. Niemand denkt sich: »Da kommt Frau Meier, der halte ich jetzt einen winzigen Fehler so übertrieben vor, als sei es ein Weltuntergang!« Aber genau das denkt Frau Meier: »Was hat er nur gegen mich? So ein Theater wegen des kleinen Versehens!« Sie weiß nicht, dass Bürospiele nie bewusst angezettelt, sondern immer zwanghaft und unbewusst gespielt werden. Irgendwann in der Vergangenheit des »Spielers« hat dieses Verhalten einmal Sinn gehabt, möglicherweise sogar mehr als das, war eine Überlebensstrategie in einer schwierigen oder gar bedrohlich erscheinenden Situation. Und da das Verhalten damals offenbar erfolgreich war, wird es immer wieder angewandt, wenn der Mensch in »innere Not« gerät. Diese »innere Not« muss keineswegs eine reale, objektive Bedrohung oder Schwierigkeit sein. Es genügt, sich wieder wie damals zu fühlen, um die alten Muster greifen zu lassen. Wenn das Verhaltensrepertoire keine anderen Wahlmöglichkeiten bietet, greift man eben auf die vertrauten Reaktionsweisen zurück, auch wenn man sich selbst dabei unwohl bis unglücklich fühlt.

Wenn jemand nicht gelernt hat, anders als mit einem psychologischen Spiel auf bestimmte Situationen zu reagieren, heißt das nicht, dass er nun gleich ein klinischer Fall ist, der jahrelanger psychotherapeutischer Behandlung bedarf. In den meisten Fällen genügt es, sich auf seine Spiele konsequent nicht mehr einzulassen, sodass er seine »Endauszahlung« – denn auch die gibt es bei psychologischen Spielen, ja, wegen ihr werden sie überhaupt gespielt – nicht mehr bekommt. Wenn ein Verhalten nicht mehr erfolgreich ist, lernen fast alle Menschen schnell, dass sie besser etwas anderes versuchen. Es ist wie mit Angebot und Nachfrage: Solange noch Nachfrage vorhanden ist, also noch jemand mitspielt, wird das Angebot, nämlich zu spielen, gemacht. Hört die Nachfrage auf, verschwindet das Angebot von selbst.

Dass jemand Spiele spielt, lässt übrigens keinerlei Rückschlüsse auf seinen Charakter, seine Integrität, seine Intelligenz oder sonstigen Werte zu: Wir alle, ausnahmslos jeder von uns, spielen gelegentlich, sei es im Büro, mit Mitarbeitern, Kollegen, Chefs, sei es zu Hause, mit Ehepartnern, Kindern, Nachbarn, Freunden oder wer immer gerade als Spielpartner taugt. Spiele scheinen zu unserem Leben zu gehören. Aber es erleichtert das Leben, wenn man gelernt hat, mit den Spielen der anderen (und mit den eigenen) besser umzugehen.

Der »Spielsüchtige« allerdings, also der extreme und seltene Fall des exzessiven Spielers, ist ein Mitarbeiter, von dem man sich trennen muss, weil ein vernünftiges Arbeiten durch seine Spielzüge immer wieder unmöglich gemacht wird.

Dieser Fall ist zum Glück sehr selten. Sehr viel häufiger sind Kollegen, Mitarbeiter und Führungskräfte mit Spielen konfrontiert, die sie, wenn sie sie erst einmal als solche erkannt haben, durch ihre eigenen Reaktionsweisen erfolgreich beenden können. Das richtige Reagieren auf die Spielzüge des anderen, ohne ihn abzuwerten, ist eine weit wirksamere Waffe gegen die »Kindereien der Mitarbeiter« als jede Form des »Ausrastens«. Auch wenn Ausrasten, angesichts der Provokation, die ein Spiel oft darstellt, mehr als verständlich erscheint, ist es doch keineswegs hilfreich. Unter Umständen verstärkt es das Spiel nur, statt es zu beenden. Wie ich im nächsten Kapitel noch eingehender erläutern werde, können in einem psychologischen Spiel drei verschiedene Spielpositionen eingenommen werden: die Rolle des »Opfers«, die des »Retters« und die des »Verfolgers«. Wenn Sie als Führungskraft angesichts des Spiels des Mitarbeiters ärgerlich werden, besetzen Sie höchstwahrscheinlich die Position des »Verfolgers«, Ihr Mitarbeiter wird damit zum »Opfer«, ist damit vielleicht genau in der Rolle, die er angestrebt hat, und das Spiel geht munter weiter. Wenn Sie aus dem Spiel aussteigen wollen, müssen Sie neue Wege gehen, statt sich in alteingefahrenen Mustern zu bewegen. Das ist gar nicht so schwer. Wichtig ist zunächst, dass Sie ein Spiel als solches erkennen. Ein lästiges psychologisches Spiel abzustellen setzt voraus, dass Sie es rechtzeitig bemerken. Das Unangenehme an Bürospielen ist nämlich, dass man sie meist erst erkennt, wenn es zu spät ist: hinterher, wenn man den bitteren Nachgeschmack spürt.

Den Köder auswerfen

Ein Abteilungsleiter erzählt: »Dass der Mitarbeiter wieder sein Ich-kann-das-nicht-bitte-hilf-mir-doch-Spiel mit mir gespielt hat, merke ich meist erst hinterher – wenn ich meine Zeit schon vergeudet habe, obwohl der Kerl das gut und gerne selbst hätte erledigen können!« Wenn das Spiel gespielt ist, ist es zu spät. Die Zeit ist vergeudet, die Geduld strapaziert. »Ich bräuchte einen Frühwarn-Radar, der mir schon vor dem Spiel anzeigt: Warnung! Spiel droht!« Diesen Radar gibt es tatsächlich. Er ist sogar serienmäßig eingebaut – bei jedem Menschen. Auch Ihr Radar blinkt ständig vor Bürospielen. Sie haben es vielleicht nur noch nicht bemerkt. Wann immer Sie dieses dumpfe Gefühl verspüren oder Ihnen einer der folgenden Gedanken durch den Kopf schießt, stehen Sie kurz vor einem Bürospiel:

- »O nein, nicht das schon wieder!«
- »Jetzt bringt er wieder diese olle Kamelle.«
- »Es ist immer dasselbe.«
- »Oje, jetzt geht das wieder los.«

Die erste Spielregel für Bürospiele lautet also: Wenn's in Gedanken zwickt, droht ein Bürospiel! Und wenn Sie sich richtig schlecht fühlen, haben Sie eben eines gespielt.

Wenn Sie das nächste Mal denken: »Oje, nicht wieder das!«, hält Ihnen gerade ein Bürospieler einen Köder hin. *Denn Bürospiele beginnen wie eine Angelpartie: Man wirft den Köder aus.* Beispielsweise den Hilf-mir-doch-Köder: »Könnten Sie mir nicht eben schnell helfen, wie geht das noch mal mit dem Direktformatieren in Word?« Sie denken: »Aber ich habe ihr doch gestern erst ganz genau erklärt, wie sie das machen muss.« Doch weil Sie eine gute Vorgesetzte sind, helfen Sie erneut – Sie haben den Köder geschluckt!

Ihr Frühwarn-Radar hat nicht getrogen: Tatsächlich hätte die Mitarbeiterin den Computer allein dazu gebracht, zu tun, was er soll – sie hat ein Spiel mit Ihnen gespielt! Sie hat gewonnen – Hinwendung, Aufmerksamkeit, Streicheleinheiten – Sie haben verloren: Zeit, Nerven, Geduld, gute Laune. Wenn Sie den Köder schlucken, nimmt das Spiel seinen Lauf. Umgekehrt heißt das: Bürostörungen sind kein persönliches Pech oder Schicksal – Sie können immer etwas dagegen tun! Nämlich: *Schlucken Sie den Köder nicht – es ist ein spitzer Haken drin!*

Ein Köder muss, um zu greifen, auf Ihr Interesse stoßen: »Also gut, ich komme.« Und schon haben Sie verloren. Sagen Sie jedoch: »Vielleicht schauen Sie einfach mal im Handbuch nach!«, startet das Spiel nicht – Sie spielen nicht mit. Sie haben die Störung abgewendet. Fürs Erste. Denn ein guter Bürospieler ist wie ein guter Angler: hartnäckig und geduldig. Der Spieler braucht das Spiel für seinen inneren Frieden, also gibt er nicht so schnell auf. Er wirft einen zweiten oder dritten Köder aus:

– »Aber ich blicke das doch wirklich nicht!«
– »Komm, komm, gestern ging das doch ganz prima.«
– »Aber dieses Mal ist es ganz anders.«

Ihre Antwort darauf könnte nun lauten: »Dann versuchen Sie es erst einmal allein und schauen, wie weit Sie kommen.«

Wenn der Angler gut ist – seien Sie besser! Wenn man Ihnen sieben Mal den Köder hinhält, lehnen Sie sieben Mal ab. Lehnt man den Köder nur oft genug ab, gibt der Angler wegen Erschöpfung auf. Der frühestmögliche Spielausstieg ist geschafft: Sie haben nicht angebissen. Je früher Sie den Haken im Köder erkennen, desto früher vermeiden Sie Störungen Ihrer Arbeit und Ihrer guten Laune.

Wer anbeißt, hat verloren

Wenn Sie den Köder erkennen, sind Sie fein raus: Der Störenfried kann Sie nicht behelligen. Nur: Wie erkennt man einen Köder? Ist jede Bitte eines Mitarbeiters schon ein Köder? Ist jeder Einwand eines Mitarbeiters schon der Auftakt zu einem Ich-sabotiere-Sie-jetzt-mal-Spiel?

Nein, denn wenn die Kollegin wirklich mit einem Computerproblem konfrontiert ist, will sie kein Spiel spielen, sondern braucht tatsächlich Hilfe. Und was der Mitarbeiter nicht weiß, weiß er wirklich nicht. Ein Köder hingegen funktioniert immer nach demselben Muster: *Der Angler blendet eine ganz bestimmte Fähigkeit oder einen ganz bestimmten Umstand aus.* Und zwar:

a. bei sich,
b. bei anderen,
c. die Situation betreffend.

Sie kennen es vielleicht, wenn jemand bei sich Fähigkeiten ausblendet. Ein Beispiel: Die Führungskraft gibt einem Mitarbeiter eine Aufgabe, und der stellt sich quer: »Also, das können Sie nicht von mir erwarten! Bei der Endmontage habe ich praktisch keine Erfahrung!« Der Vorgesetzte versucht, ihm das auszureden, ihm die Aufgabe schmackhaft zu machen – aber der Mitarbeiter verweist nur immer wieder auf sein fehlendes Know-how. Schließlich gibt der Vorgesetzte nach und delegiert die Arbeit an einen anderen. Reingefallen! Spiel verloren! Der Vorgesetzte hat den Köder geschluckt. »Praktisch keine Erfahrung« heißt: Er hat welche. Er blendet sie lediglich rhetorisch geschickt aus. Und wenn der Vorgesetzte eine Sekunde nachdächte, würden ihm zwei oder drei Endmontagen einfallen, die der Mitarbeiter getätigt hat. Aber er hat nicht nachgedacht. Er hat nicht auf sein Spielradar gehört. Er hat sofort zugeschnappt. Petri Heil! Der Mitarbeiter hat geschickt die Fähigkeit zur Bewältigung dieser speziellen Aufgabe ausgeblendet. Mitarbeiter, die eine ungeliebte Aufgabe abblocken wollen, machen das gern. Wie Sie kontern, schauen wir uns weiter unten an.

Zunächst noch ein Beispiel zu Ködern, bei denen der Angler Teile der Realität bei seinem Gegenüber ausblendet. Sie sitzen mit einem Ihrer Mitarbeiter im jährlichen Beurteilungsgespräch. Sie heben während eines fünfminütigen Resümees acht Punkte hervor, die Sie an seiner Arbeit schätzen. Danach sprechen Sie innerhalb von 20 Sekunden einen kleinen Punkt an, den er noch verbessern könnte. Darauf er: »Ich wusste ja, dass Sie nicht mit mir zufrieden sind. Sie hacken immer nur auf mir rum!« Sie fallen aus allen Wolken und widersprechen:

- »Aber das stimmt doch nicht! Ich bin sehr zufrieden mit Ihnen!«
- »Warum reiten Sie dann immer wieder auf diesem Punkt herum?«
- »Aber ... das ist doch – das stimmt doch gar nicht!«
- »Sie haben eben gesagt, dass Sie das ganz unmöglich finden!«
- »Das habe ich nicht gesagt! Ich habe lediglich ...«

Und so geht das fünf zähe Minuten lang hin und her. Am Ende brechen Sie das Gespräch ab, zünden sich eine Zigarette an, brüllen zum Ausgleich Ihre Sekretärin an und sagen zum Kollegen in der Mittagspause: »Ich HASSE Beurteilungsgespräche!« Dabei hat der Frust gar nichts mit dem Beurteilungsgespräch zu tun – das war ein Bürospiel. In diesem Fall hat der Köder beim Gesprächspartner einen Teil der Realität ausgeblendet. Nämlich den Umstand, dass er 90 Prozent Lob und 10 Prozent Anregung gab. Und daraus ergibt sich auch schon der Gegenzug, mit dem Sie den Köder ablehnen können. Doch dazu später.

Zuletzt noch ein Beispiel zu Ködern, die Teile der konkreten Situation ausblenden. Ein Mitarbeiter, sichtlich gehetzt, kommt zu Ihrer Tür herein und meint: »Tut mir leid, Chef, dass ich den Bericht nicht mehr ordentlich formatieren konnte, aber ich muss zum Kunden«, und ist wieder draußen. Zähneknirschend denken Sie: »Also gut, mach ich es halt selbst!«, obwohl Ihnen beim zweiten Nachdenken klar ist: Bis zum Kundentermin dauert es noch gut eine Stunde. Aber da ist der Mitarbeiter schon abgezischt – Sie haben den Köder geschluckt. In diesem Fall hat der Köder einen Umstand ausgeblendet, der die Situation betraf: Es war noch ausreichend Zeit. Und wenn man das blitzschnell erkennt, kann man den Köder dem Angler wieder hinwerfen.

Wenn Ihr Gesprächspartner beispielsweise einen Köder gebastelt hat, der eigene Fähigkeiten ausblendet, sagt er vielleicht: »Hilf mir!«, wobei er ignoriert, dass er sich gut und gerne selbst helfen könnte. Wenn Sie ihm sagen: »Aber das letzte Mal ging das doch auch tadellos alleine!«, wird er natürlich widersprechen: »Aber das war doch was ganz anderes!« Dieser Ja-aber-Zug gehört zum Spiel. Seien Sie schlauer. Blenden Sie die ausgeblendete Fähigkeit unbemerkt wieder ein: »Wie haben Sie das denn das letzte Mal gemacht?« Meist wirkt diese Vorgehensweise. Selbst wenn der Angler es nochmals versucht – »Aber das war doch was anderes!« –, bleiben Sie bei Ihrer indirekten

Einblendungstaktik: »Mag sein. Aber sagen Sie doch, wie haben Sie es da gemacht?« Da der Spieler es ja tatsächlich kann, wird er irgendwann merken, dass Sie seine Ausblendung nicht akzeptieren, und wird Ruhe geben. Meist sogar zufrieden. Denn wenn sich einer dümmer stellt, als er ist, tut er das, um Sozialkontakt zu bekommen. Und wenn Sie beharrlich einblenden, geben Sie ihm diesen ja.

Einen Köder, der Teile der Partnerrealität ausblendet, entschärft man auf die gleiche Art. Sie erinnern sich an das Beispiel: Der Spieler sah von 100 Prozent Feedback nur die 10 Prozent Kritik. Also bringt man rasch die 90 Prozent Anerkennung wieder ins Spiel. Aber nicht so: »Was ist denn mit Ihnen los? Warum hören Sie nur die 10 Prozent Kritik?!« Da spielt der Mitarbeiter nur noch stärker die verfolgte Unschuld: »Sehen Sie, Sie hacken schon wieder auf mir rum!« Blenden Sie stattdessen indirekt ein: »Erinnern Sie sich noch, was ich davor gesagt habe?« Vielleicht stellt sich der Spieler dumm – er will ja spielen – und erinnert sich einfach nicht. Aber da sich ein normaler Mensch an das vor fünf Minuten Gesagte leicht erinnern kann, wissen Sie, dass er nur ausblendet. Also blenden Sie beharrlich wieder ein: »Erinnern Sie sich noch? An das, was ich über Ihre Zuverlässigkeit sagte? Über Ihren Eifer?« Wenn Sie beharrlich einblenden, gibt der Angler auf. Meist sogar zufrieden. Das Spiel ist zwar nicht so gelaufen, wie er dachte, aber er hat wenigstens Aufmerksamkeit bekommen.

Und auch ein Köder, der reale Situationsmerkmale ausblendet, lässt sich leicht entschärfen, beispielsweise so: »In einer Stunde findet Ihr Kundentermin statt. Und zehn Minuten braucht man fürs Formatieren und Layouten. Sie wissen, ich helfe gern, wenn's klemmt – aber klemmt es jetzt tatsächlich?« Meist riskiert der Spieler nicht das gute kollegiale Verhältnis für sein Spiel. Und wenn, dann blenden Sie ungerührt weiter ein.

Kennen Sie Ihre wunden Punkte?

Um das Schlucken von Ködern tatsächlich vermeiden zu können, gibt es jedoch noch etwas, das Sie wissen müssen. *Sie müssen Ihre eigenen »wunden Punkte« kennen.* Denn getreu dem alten Anglergrundsatz:

»Der Köder muss dem Fisch schmecken, nicht dem Angler« wirkt der
ausgelegte Köder nur, wenn Ihre Bereitschaft, ihn zu schlucken, vorhanden ist. Der Spieler muss also genau den Köder finden, den der Chef
nicht liegen lassen kann. Und dieser »wunde Punkt« kann zum Beispiel
im Rollenverständnis oder im Wertesystem der Führungskraft liegen.
Ein Manager etwa, dessen Rollenverständnis lautet: »Ein guter Chef hat
immer Zeit für seine Mitarbeiter!«, ist leicht in Spiele zu verwickeln,
wenn ein Mitarbeiter behauptet: »Sie sind ja dauernd unterwegs und auf
Sitzungen und haben nie Zeit für mich.« An seinem wunden Punkt
getroffen, wird er sich verteidigen, was ihn mitten ins Spiel katapultiert,
und nicht auf die Idee kommen zu sagen: »Mag sein, dass ich manchmal
schwierig zu erreichen bin. Aber was könnten Sie denn da tun?«

Oder der Chef, der den Anspruch hat, immer kooperativ und unter
gar keinen Umständen autoritär zu sein, ist sehr leicht zu ködern mit
dem Hinweis: »Ihr Verhalten hat mich jetzt aber sehr an meinen alten
Chef erinnert!« Klammer auf: Diesen autoritären Sack, Klammer zu.

Jeder hat seine eigenen wunden Punkte! Der eine springt auf diesen, der andere auf jenen Vorwurf an. Was für den einen sozusagen ein
Leckerbissen ist, an dem er nicht vorbeikommt, lässt der andere links
liegen. Aber es gibt einen Universalköder, der eigentlich immer wirkt,
und zwar, wenn die eigene Kompetenz angezweifelt wird. Kaum
jemand im Wirtschaftsleben schluckt diesen Köder nicht.

Um sich nicht in Spiele verwickeln zu lassen, ist es wichtig, die
eigenen wunden Punkte kennen zu lernen und sich zu fragen: »Wo
fühle ich mich schnell angegriffen? Worauf muss ich einfach reagieren? Welche Behauptungen oder Unterstellungen zwingen mich dazu,
mich zu verteidigen? Wo entsteht ein innerer Druck für mich zu handeln?« Es muss nicht immer ein Angriff sein, der mich in diesen Hand-
lungsdruck bringt. In ein Retterspiel beispielsweise gerät man hinein,
weil man nicht mit ansehen kann, wie hilflos der andere wirkt. Was
dazu führt, dass man sich verpflichtet fühlt, demjenigen zu helfen, ob
man nun will oder nicht. *Doch je besser ich über meine wunden
Punkte Bescheid weiß, desto leichter kann ich einen Köder liegen lassen.* Nur was wir nicht kennen, beherrscht uns.

Mit diesem eben erworbenen Angler-Know-how begeben Sie sich
jetzt an Ihren Büroteich und beobachten mal Fische und Angler. Die

Augen werden Ihnen aufgehen. Diese Bürospiele sind ja so offensichtlich, wenn man weiß, wie sie funktionieren! Beobachten Sie Mitarbeiter, Kollegen und Vorgesetzte, die nicht wissen, was ein Köder ist. Sie fallen immer wieder auf dieselben Spielchen herein. Sie können ihnen ja nachher auf die Sprünge helfen. Doch fürs Erste beobachten Sie, wie spiegelbildlich diese Spiele ablaufen. Genau wie ein Tanz. Beide Partner machen die gleichen Schritte, aber spiegelverkehrt. Köder auswerfen und Köder schlucken laufen absolut symmetrisch ab. *Den Teil der Realität, den der Angler ausblendet, blendet auch das Opfer des Bürospiels aus.*

Wenn beispielsweise der Angler ausblendet, dass er das Problem ganz alleine lösen kann, und sagt: »Ich kann das nicht – hilf mir!«, dann fällt der Anbeißende auf dieselbe Ausblendung herein, wenn er sagt: »Na gut, gib her, ich mach das schon.« Bei ausgeblendeten Partnereigenschaften ködert der Angler, indem er von 100 Prozent Feedback nur 10 Prozent Kritik sieht, und der Anbeißende fällt darauf herein: »Aber ich kann den Kritikpunkt doch nicht einfach unterschlagen!« Er beißt an, indem er ebenfalls vergisst, dass er eigentlich 90 Prozent Anerkennung gab, und verteidigt ganz unnötig seine 10 Prozent Kritik. Ein Projektleiter sagt: »Ich sitze völlig fasziniert in unseren Projektsitzungen und schaue mit offenem Mund zu, wie einige Kollegen Köder auswerfen und andere sie schlucken und wie sich dann beide Parteien eng umschlungen im Kreise drehen und die Nerven verlieren – ein ungeheures Schauspiel.« In der Tat.

Auf einen Blick: Bürospiele . . .

- . . . werden nicht freiwillig gespielt.
- . . . ist deshalb ein irreführender Begriff.
- . . . heißen deshalb auch Überlebensstrategien.
- Der eröffnende Spieler handelt aus einer inneren Notsituation heraus.
- Für beide Spieler ist das nämlich kein Spiel, sondern bitterer Ernst.
- Sie sind buchstäblich für das psychische Überleben der Spieler notwendig.

- ... sind für beide Spieler lästig.
- ... laufen unbewusst ab.

- ... folgen immer denselben Spielregeln.
- ... werden immer mit einem Köder eröffnet.
- ... zielen auf den wunden Punkt des Mitspielers.
- ... sind vermeidbar, sobald man den Köder erkennt.

- Nach dem Spiel fühlen sich beide schlechter.
- Beide Spieler sind sich der Notsituation nicht bewusst.
- Deshalb sind sie zermürbend und vorhersagbar zugleich.
- Beißen Sie nicht an!
- Lernen Sie Ihre wunden Punkte kennen!
- Ein guter Köder blendet immer einen ganz bestimmten Teil der Realität aus.

Kapitel 2

Das Drama-Dreieck

Ein einfaches Instrument für psychologische Spiele

Wie ich im ersten Kapitel schon sagte, gibt es in jedem Spiel eine ganz bestimmte Rollenverteilung. *Es können drei Rollen eingenommen werden: die des Opfers, die des Retters und die des Angreifers beziehungsweise Verfolgers. Diese drei Rollen bilden das so genannte Drama-Dreieck.*

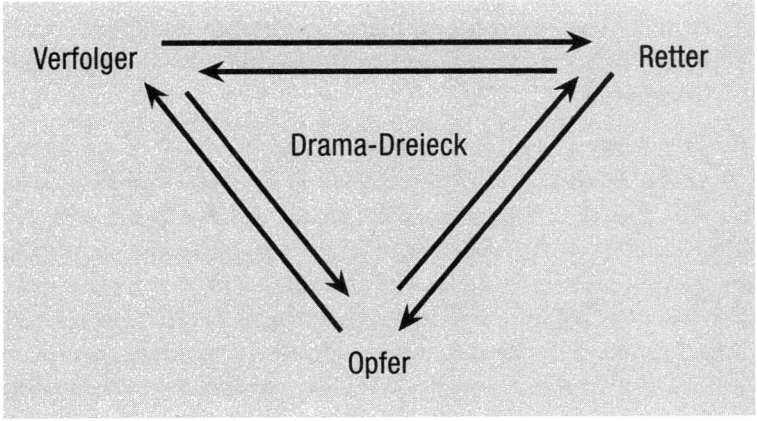

Abbildung 1: Das Drama-Dreieck

Drama-Dreieck ist eine sehr treffende Bezeichnung, denn aus diesen drei Rollen und ihrer wechselnden Besetzung im Spiel lassen sich wunderbare Szenen zaubern, deren Dramatik manches Bühnenstück in den Schatten stellt. Auch für die diversen Arten von Spielen wurden Namen gefunden, die den Nagel auf den Kopf treffen, und auf die einzelnen Spiele werde ich auch noch detailliert eingehen. Doch den Namen des Spiels herauszufinden ist zunächst einmal weniger wichtig, als die Rollen zu erkennen, die gespielt werden. Das reicht für den Anfang schon aus, um dem Spiel zu entrinnen. Ein Beispiel:

- *Opfer:* »Ich habe da noch eine Frage. Sie haben mir gestern die neue Telefonanlage erklärt. Zeigen Sie mir noch mal, wie ich den Ansagetext ändern kann?«
- *Retter:* »Ich habe momentan wenig Zeit. Aber kommen Sie mal her.«
- *Opfer:* »Also, ich habe das überhaupt nicht verstanden, wie das mit dem Text geht.«
- *Retter:* »Da rufen Sie einfach das Menü auf und gehen übers Hauptmenü in das Untermenü mit den Texten.«
- *Opfer:* »Welches Hauptmenü?«
- *Retter:* »Es gibt nur ein Hauptmenü.«
- *Opfer:* »Aber das verstehe ich jetzt überhaupt nicht, ich …«
- *Retter:* »Also, wenn Sie nach drei Schulungen immer noch nicht wissen, was ein Hauptmenü ist, ist sowieso alles zu spät!« (geht frustriert ab).

Es ist nicht nötig, das Spiel zu erkennen, das hier abläuft, um ihm zu entrinnen. *Es reicht völlig, wenn Sie die Rollen erkennen, die gespielt werden.* Der erste Spieler spielt das Opfer, das den Retter sucht. Er bietet die Retterrolle dem zweiten Spieler an: »Retten Sie mich!« Der zweite Spieler steigt darauf ein und tut zunächst so, als wüsste er nicht, dass der erste Spieler das Telefon schon dreimal erklärt bekam, eine Schulung besucht hat und ein eigenes Handbuch besitzt. Er akzeptiert also die Retterrolle. Als er merkt, dass er damit nicht weiterkommt, wechselt er mit seiner letzten Erwiderung in die Angreiferrolle und bricht das Spiel dadurch so ab, dass bei beiden Spielern ein äußerst unbefriedigendes Gefühl zurückbleibt. Dieses schlechte Gefühl ist gleichzeitig ein nützliches Warnsignal.

Ein sicherer Tipp für den Spielabbruch

Immer wenn Gespräche mit Mitarbeitern, Vorgesetzten, Kollegen, Lieferanten, Freunden und anderen Partnern unangenehm werden, fragen Sie sich:

1. Welche Rolle spielt der Partner?
2. Welche Rolle bietet er mir an?

Wenn Sie diese angebotene Rolle nicht akzeptieren, entkommen Sie dem Spiel – ohne wissen zu müssen, welches Spiel gespielt wird und ohne sich hinterher schlecht zu fühlen. Das ist leichter gesagt als getan. Denn die Einladung, eine Rolle anzunehmen, ist in der Regel sehr stark, sehr suggestiv und überdeutlich. Daher ist die Versuchung sehr verlockend, die Rolle anzunehmen. Wenn Sie trotzdem standhaft bleiben, wird Ihr Partner in den meisten Fällen eskalieren, das heißt, er wird seine Rolle mit so großem Nachdruck spielen und Ihnen die für Sie vorgesehene Rolle derart massiv aufdrängen, dass Ihnen die Situation über den Kopf wächst.

a. Er wird ein noch bedauernswerteres Opfer spielen und noch deutlicher leiden.
b. Er wird ein noch aggressiverer Angreifer werden.
c. Er wird als Retter noch dominierender auftreten.

Eine Eskalation der Opferrolle (Option a) könnte beispielsweise wie folgt aussehen:

- *Spieler 1* (bietet die Retterrolle an): »Ich habe da noch eine Frage. Sie haben mir gestern die neue Telefonanlage erklärt. Zeigen Sie mir noch mal, wie ich den Ansagetext ändern kann?«
- *Spieler 2* (lehnt die Retterrolle ab): »Wie haben Sie's denn das letzte Mal gemacht?«
- *Spieler 1* (eskaliert, jammert stärker, macht ein echtes Drama aus seinem Anliegen): »Das weiß ich jetzt nicht mehr. Ich habe es ja aufgeschrieben, aber irgendwie finde ich die Notiz jetzt nicht, und ich muss das jetzt ganz dringend wissen, sonst platzt der Termin.«

– *Spieler 2* (rutscht doch in die Rolle hinein): »Also gut, kommen Sie mal her …«

Eine Eskalation der Angreiferrolle (Option b) könnte folgendermaßen aussehen:

– *Spieler 1* (tritt als Angreifer auf, bietet Opferrolle an): »Was haben Sie denn da wieder für einen Mist gebaut?«
– *Spieler 2* (akzeptiert Rolle nicht): »Mir ist im Moment nicht ganz klar, von welcher Angelegenheit Sie sprechen.«
– *Spieler 1* (eskaliert): »Jetzt reden Sie doch kein dummes Zeug, Sie wissen genau, was los ist.«
– *Spieler 2* (rutscht doch in die Opferrolle und beginnt, sich zu rechtfertigen): »Also, ich kann nichts dafür, der Verkauf hat die Daten viel zu spät …«

Auch Retter können in ihrer Rolle eskalieren (Option c):

– *Spieler 1* (tritt als Retter auf, bietet Opferrolle an): »Du, wir müssen unbedingt noch die Reisekostenabrechnung machen.«
– *Spieler 2* (akzeptiert nicht): »Ich habe jetzt wirklich keine Zeit dafür, aber ich mache es ganz sicher nach dem Mittagessen.«
– *Spieler 1* (eskaliert): »Aber das letzte Mal hast du es doch auch vergessen, und das gab einen Mordsärger.«
– *Spieler 2* (lehnt weiter ab): »Dieses Mal vergesse ich es nicht, schau, es steht in meinem Kalender.«
– *Spieler 1:* »Ach, weißt du, ich hole jetzt einfach das Formular, und dann machen wir das schnell gemeinsam.« Und schon ist Spieler 2 das Opfer, das zwangsgerettet wird.

Was tun bei Eskalation?

In allen drei Beispielen wird Spieler 2 letztendlich doch »weich«, akzeptiert die angebotene Rolle und bereut es postwendend. Denn sobald er die Rolle akzeptiert, rutscht er in das angebotene Spiel hinein. Das muss Ihnen nicht passieren:

• **Rechnen Sie mit der Eskalation.** Meist rutscht man nur deshalb ins Spiel, weil man von der Heftigkeit der Eskalation überrascht ist. Sie passiert jedoch fast immer, wenn Sie die angebotene Rolle ablehnen. Also können Sie fest mit ihr rechnen und brauchen sich nicht überraschen zu lassen.

• **Bleiben Sie höflich, aber fest in Ihrer Ablehnung der angebotenen Rolle.** Wenn Sie fest bleiben, wird meist Folgendes passieren: Ihr Partner wechselt die Rolle. Beispielsweise wird aus dem Opfer ein Angreifer:

– *Spieler 2* (lehnt Retterrolle ab): »Wie haben Sie's denn das letzte Mal gemacht?«
– *Spieler 1* (wechselt in Angreiferrolle): »Fragen Sie doch nicht so dumm, erklären Sie's mir lieber. (wechselt wieder in Opferrolle) Ich stecke nämlich wirklich in der Bredouille, ich muss das jetzt ganz dringend wissen.«

Das ist natürlich verwirrend. Das arme Opfer, das man schonen muss, schlägt plötzlich verbal auf den Retter ein und ist dann wieder das bedauernswerte, lammfromme Opfer. Als Gesprächspartner fühlt man sich verwirrt, der Druck nimmt zu, die Retterrolle anzunehmen. Das ist natürlich ganz im Sinne des Opfers. Wie verhalten Sie sich?

• **Rechnen Sie mit dem Rollenwechsel.** Verwirrt können Sie nur werden, wenn Sie nicht mit dem Rollenwechsel rechnen. Treffen Sie eine innere Vorhersage und gratulieren Sie sich, wenn sie eintrifft: »Aha, ich wusste ja, dass das noch kommen würde!« Denn der Rollenwechsel ist sozusagen integraler Bestandteil eines jeden Spieles, und wenn Sie darauf gefasst sind, reagieren Sie gefasster – und vermeiden es so, doch noch in ein Spiel hineinzurutschen.

• **Halten Sie durch.** Und zwar so lange, bis Ihr Partner die Sinnlosigkeit seines Spielangebots erkennt und aufgibt. Wenn Sie konsequent jedem Köder ausweichen, gibt der Angler schließlich auf. Und mit dem Drama-Dreieck können Sie die Köder sehr gut erkennen.

Sie müssen nicht stundenlang durchhalten. Nach einem halben Dutzend Erwiderungen wird der Angler meist müde und packt seine Köder ein. Vorausgesetzt, Sie bleiben konsequent und werden weder ironisch noch sarkastisch. Ihr Partner zieht dann Nutzen aus dem Wortwechsel, obwohl nicht gespielt wurde. Er kann aus seiner Notlage aussteigen, indem er ganz einfach direkt und vernünftig mit Ihnen redet. Das ist ihm meist unklar, weil er bislang immer das Spiel benötigte, um seine innere Notlage zu lösen.

Denn das Spiel ist, entgegen allem Anschein, kein Selbstzweck: Es dient dazu, einem oder beiden Spielern ihre Endauszahlung, den Spielgewinn, zu verschaffen. Dieser Spielgewinn wird meist in Form negativer Gefühle ausbezahlt – negative Gefühle, die der Spieler braucht, um sich seine alten Glaubenssätze zu bestätigen, womit er sich vordergründig paradoxerweise für kurze Zeit besser fühlt.

Ein Beispiel für Rollenverweigerung

Ein gutes Beispiel dafür, wie konsequentes Ablehnen der angebotenen Rolle für beide Nichtspieler einen Gewinn bringt, gibt der Geschäftsführer eines mittelgroßen produzierenden Unternehmens. Er bezieht seine Mitarbeiter immer sehr stark in Problemlösung und Entscheidungsfindung mit ein. Er hält regelmäßig Meetings ab, in denen die Mitarbeiter Verbesserungsvorschläge machen können. Umso erstaunter war er, als ein neuer Mitarbeiter eines Tages zu ihm sagte:

– *Mitarbeiter:* »Die Arbeit macht eigentlich Spaß, aber allzu viel mitreden kann man hier wohl nicht.« (tritt als Angreifer auf, bietet Opferrolle an)
– *Geschäftsführer:* »Wie meinen Sie das?« (nimmt Opferrolle nicht an)
– *Mitarbeiter:* »Na ja, als Mitarbeiter hat man hier wirklich nichts zu sagen.« (eskaliert Angreiferspiel)
– *Geschäftsführer:* »Ich verstehe nicht, wie Sie das meinen, wir treffen uns doch regelmäßig zu unseren Problemlösesitzungen.« (geht nicht auf Eskalation ein)

- *Mitarbeiter:* »Ja, aber da bestimmen doch sowieso alles Sie.«
- *Geschäftsführer:* »Soweit ich mich erinnere, haben Sie selbst vorletztes Mal drei Vorschläge gemacht.«
- *Mitarbeiter:* »Aber davon wird doch keiner umgesetzt.«
- *Geschäftsführer:* »Moment, (kramt in seiner Ablage) hier sind die Sitzungsprotokolle, hier Ihre Vorschläge und hier die Vermerke. Sehen Sie? Alle drei sind bereits umgesetzt. Wie kommen Sie nur darauf, dass keine Vorschläge umgesetzt würden?«
- *Mitarbeiter:* »Hm, ich bin jetzt wirklich verblüfft. Ich bin das so von meiner alten Arbeit gewohnt, dass alle Vorschläge für den Papierkorb sind, ich glaube, das habe ich ganz einfach übertragen und als gegeben vorausgesetzt, ohne es zu merken.«

Die Versuchung für den Geschäftsführer war natürlich groß, sich sofort nach dem ungeheuerlichen Vorwurf vehement zu rechtfertigen (Opferrolle) und dann dem vorlauten Mitarbeiter gehörig die Leviten zu lesen (Wechsel in die Angreiferrolle). Sie können sich vorstellen, mit welch üblen Gefühlen dann beide aus dem Gespräch gegangen wären. Stattdessen lehnte der Geschäftsführer mit aller nötigen Konsequenz und gebotenen Höflichkeit die angebotene Rolle ab und redete ganz vernünftig mit dem Mitarbeiter. Das erfordert natürlich Führungskompetenz und einige Übung. Aber der Geschäftsführer fühlte sich danach gut, und ein Mitarbeiter geht nach einem solchen Gespräch für den Vorgesetzten durchs Feuer.

Man spielt, wie man fühlt: Plus und Minus

Dass sich der Geschäftsführer beherrschen kann, konsequent die angebotene Rolle ablehnt und damit ein frustrierendes Bürospiel vermeidet, ist schön. Normal ist es nicht. Normalerweise rutschen wir so schnell in eine angebotene Rolle hinein, dass wir uns nur wundern können. Warum lehnen wir die angebotene Rolle nicht einfach ab?

Wir lehnen nicht ab, weil wir nicht können (nicht ohne weiteres)! Denn insgeheim brauchen wir die Rolle für unser seelisches Wohlbefinden. *Wir spielen, wie wir uns fühlen.* Fühle ich mich niedergeschlagen, dann nehme ich freudig und spontan die Opferrolle an. Ich bekomme Aufmerksamkeit und Mitleid, und zwar ohne dass ich an der Ursache meiner Niedergeschlagenheit etwas ändern müsste. Die Opferrolle nützt mir, warum sollte ich sie ablehnen?

Jede Rolle, die wir spielen, passt zu unserer momentanen Grundeinstellung. Wenn wir deprimiert sind und die erfolgreichen anderen betrachten, dann fühlen wir: »Ich bin nicht okay, aber die anderen.« Abgekürzt dargestellt: – +. Nach diesem Muster unterscheidet man vier Grundeinstellungen:

Ich:	Du:
+	–
–	+
+	+
–	–

Opfer beispielsweise spielen immer aus der Minus-Einstellung. Wenn sie einen Retter suchen, dann spielen sie aus – + : »Ich bin nicht okay, aber du bist okay.« Wenn sie einen Angreifer suchen, dann aus – – : »Ich bin nicht okay und du auch nicht.« Der Tritt-mich-Spieler zum Beispiel spielt aus – – heraus: »Ich tauge nicht viel, die anderen sind aber auch wirklich fies zu mir.«

Die versteckte Drohung hinter der Rolle

Plus und Minus zeigen sehr schön, weshalb wir so leicht in eine Rolle hineinrutschen. Nehmen wir ein Opferspiel. Das Opfer bietet Ihnen den Retter an: »Ich habe keine Ahnung von dieser Materie, aber Sie kennen sich doch aus.« Ihr Partner spielt aus der Position – +. Das heißt, er bietet Ihnen ein Plus an, quasi als Geschenk auf der Beziehungsebene. Als toller Hecht dazustehen, das ist doch verlockend. Dieses Angebot auszuschlagen fällt schwer. Die Versuchung, die Rolle und damit den tollen Hecht anzunehmen, ist groß. Doch zur Versuchung kommt verstärkend noch ein psychologischer Druck hinzu.

Das Plus-Geschenk des Opfers ist nämlich an Bedingungen geknüpft: »Ich lasse dich als den tollen Hecht nur so lange stehen, wie du etwas für mich tust.« Das Opfer droht versteckt: »Sobald du nicht mehr für mich da bist, werde ich dir sehr schnell zeigen, dass du eigentlich nicht okay bist.« Sobald Sie auf die Uhr blicken und sich aus dem Spiel verabschieden wollen, wechselt das Opfer blitzschnell in die Angreiferrolle: »Vielleicht ist es sogar besser, dass Sie mir das jetzt nicht erklären. Wenn Sie mir etwas erklären, dann verstehe ich das sowieso meist nicht.« Rums, getroffen.

Zu Angreifern gewordene Opfer schlagen verbal hart zu. Wenn Sie Spielabbruch signalisieren, kontert das Opfer beispielsweise: »Irgendwie kommen wir nicht weiter. Haben Sie nicht vielleicht noch einen Kollegen, der wirklich was von der Sache versteht?« Das sitzt. Und das ist der zweite Grund, weshalb wir die angebotene Rolle so schwer ablehnen können. Wir möchten der Drohung mit dem verbalen Aufwärtshaken entgehen.

Auf einen Blick: Das Drama-Dreieck

- … besteht aus 3 verschiedenen Rollen:
- Opfer, Retter, Angreifer

- … die aus Plus- oder Minus-Positionen gespielt werden:
- je nachdem, wie es der Stimmungslage des Spielers entspricht

- … beinhaltet immer einen Rollenwechsel:
- der die »Gewinnausschüttung« am Ende des Spiels ermöglicht

Kapitel 3

Spielen oder nicht spielen – Ihre Entscheidung

Wen rettet der Retter?

Der Retter rutscht, wie wir gesehen haben, nicht einfach so in seine Rolle hinein. Er wird von zwei mächtigen Motoren bewegt: von der versteckten Drohung geschoben und von der versprochenen Belohnung gezogen. Kein Wunder, dass es schwer fällt, eine angebotene Rolle abzulehnen.

Doch insbesondere die Verlockung der Belohnung müsste uns stutzig machen. Warum lässt sich der Retter wie ein hungriger Esel mit einer Mohrrübe ködern? Das ist das eigentlich Erstaunliche am Opferspiel: weil der Retter zu sich selbst eine Minus-Einstellung hat! Mit einer Plus-Einstellung wäre er auf das Plus-Geschenk des Opfers nicht angewiesen. Das ist allerdings eine Offenbarung: *Letztlich versucht der Retter niemals das Opfer zu retten, sondern immer sich selbst, nämlich vor seiner eigenen negativen Grundeinstellung.* Deshalb lehnt er die Retterrolle nicht ab. Er kann nicht. Er muss sich selbst retten.

Dummerweise funktioniert das nicht auf Dauer. Die Anerkennung von außen, die der Retter bekommt, kann seine Minus-Grundeinstellung von innen nicht beseitigen. Wenn mich zehn Leute loben und einer tadelt, ist eins plötzlich größer als zehn – sofern ich mich selbst für nicht so toll halte. Umgekehrt gibt es Menschen, die sehen zwischen zehn niederschmetternden Kritiken nur die eine, positive Rückmeldung und fühlen sich prima. Das macht die positive Selbsteinschätzung.

Diese positive Selbsteinschätzung ist nicht durch das Plus-Geschenk des Opfers ersetzbar. Klar, wenn das Opfer große Augen macht und sagt: »Was Sie alles wissen!«, dann fühlt sich der Retter gut. Für wenige Minuten. Doch dann setzt sich wieder der nagende Zweifel durch: »Bin ich wirklich so gut?«, und der Retter braucht schnell eine neue Bestätigung. Das führt zum Phänomen der zwanghaften Retter. Kollegen, die förmlich darauf zu lauern scheinen, dass jemand Schwierigkeiten hat oder einen Fehler macht, um ihn dann retten zu können. Sie brauchen ihr Plus-Geschenk, ihre Bestätigung. Deshalb suchen sie sich ein geeignetes Opfer.

Manchmal finden sie auch ein ungeeignetes. Eines, das überhaupt nicht gerettet werden will. Das ist kein Wunder. Denn der Retter operiert ja aus der Grundeinstellung + – heraus. Das heißt, um sich selbst die Okay-Position zu verschaffen, erklärt er das Opfer für nicht okay. Und nicht jeder möchte für nicht okay erklärt werden. Doch selbst wenn der Zwangsretter das Opfer mit vorgehaltener Pistole rettet – für Vorgesetzte kein Problem – er hat nicht viel davon. Das Okay von außen kann das Nicht-Okay von innen nicht aufwiegen. Es heizt nur die Abhängigkeit an. Deshalb heißt er auch Zwangsretter. Er handelt unter dem Zwang seiner Abhängigkeit von Plus-Geschenken.

Er rettet diesen, er rettet jenen, aber irgendwie bleibt ein heimlicher, nagender Mangel. Der Retter kann vielleicht das Opfer retten. Sich selbst jedoch nicht. Nicht auf diese Weise. *Ein Minus von innen kann nicht durch ein Plus von außen aufgehoben werden.* Innere Zweifel können nur durch Selbstakzeptanz behoben werden. Sie kennen das von Tagen, an denen Sie sich wirklich okay fühlen: Da macht Ihnen auch das größte Debakel nichts aus.

An solchen Tagen verspürt man keinerlei Drang, irgendjemanden zu retten. Und wenn ein Opfer daherkommt und mit einem Plus-Geschenk lockt, dann entgegnet man locker: »Ach, Frau Meiser, ich glaube, das schaffen Sie auch alleine. Sie können das eigentlich ganz prima.« Man *muss* niemanden retten.

Wenn Sie also den Drang verspüren, die Rotkreuzfahne herauszuziehen, halten Sie inne. Als fleißiger Retter kommt man nicht aus dem Retterspiel heraus, indem man mehr und mehr Kollegen und Mitarbeiter rettet. Sondern indem man sich darauf zurückbesinnt, was man schon alles geleistet hat, dass man mit den eigenen Schwächen eigentlich ganz gut zu leben gelernt und dass man unleugbare Stärken hat.

Sobald die Okay-Position in der Grundeinstellung wieder da ist, besteht auch keine Gefahr mehr, dass Sie in Zeit fressende und unbefriedigende Retterspiele hineinrutschen.

Angriff ist die beste Verteidigung

Mindestens genauso oft wie dem Retter begegnen wir im Berufsleben dem Verfolger oder Angreifer. Menschen, die sofort heftig werden, die glauben, alle ihre Forderungen oder Anliegen mit möglichst hohem Nachdruck durchsetzen zu müssen, die Kritik nicht sachlich äußern können und entweder laut oder sehr sarkastisch werden oder beides. Hinter diesem Verhalten kann ein einfacher Lernprozess stecken: Ein Kind hat eines Tages die Erfahrung gemacht, dass etwas, was zunächst verboten war, nach einem heftigen Wutanfall doch noch erlaubt wurde. Natürlich setzt es diesen Trick beim nächsten Mal, wenn es etwas durchsetzen will, wieder ein. Wenn es wieder und wieder und wieder klappt, hat dieses Kind für die Zukunft ein Problem, denn es hat gelernt: Wenn ich nur aggressiv genug auftrete, bekomme ich, was man mir sonst verweigert. Leider hat auch seine Umgebung ein Problem, nämlich mit diesem Verhalten umzugehen, ohne in die Opferposition zu kommen und ohne zum Gegenangriff überzugehen. Das schafft man am besten, indem man ruhig und gelassen bleibt. Vielleicht lässt sich die gebotene Provokation ja besser ignorieren, wenn man sich vor Augen hält, wie sehr das, was sich da abspielt, an die Trotzphase eines Dreijährigen erinnert. Diese Überlegung sollte man jedoch besser für sich behalten, sonst ist man ganz schnell in ein neues Spiel verwickelt! *Geht man ruhig und sachlich auf jemanden ein, der gern in die Angreiferrolle schlüpft, ohne sich von Wutausbrüchen beeindrucken zu lassen, hat dieses Verhalten bald keinen Sinn mehr und wird aufgegeben.*

Es gibt jedoch auch noch einen zweiten Fall. Die Stippvisiten des Chefs einer Firma für medizinische Geräte in seinen diversen Abteilungen waren berüchtigt. Er pflegte seine Führungskräfte und die Mitarbeiter, die das Pech hatten, ihm aufzufallen, vor versammelter Mannschaft in äußerst sarkastischer Weise herunterzuputzen. Da seine scharfe Zunge gefürchtet war, wartete jeder nur darauf, dass er wieder in seinem Büro verschwinden würde. Einer seiner Abteilungsleiter hatte sich jedoch im Coaching darauf vorbereitet, diese Angriffe nicht mehr als stilles Opfer zu erdulden. Die nächste Gelegenheit ergab sich auch schon bald. Als der Chef brüllte: »Kann mir irgendjemand erklären, weshalb meine Anweisungen eigentlich nicht erfüllt werden!!!«, sagte er mit ruhiger Stimme: »Ja, das kann ich Ihnen genau erklären. Das liegt zum einen daran, dass Sie Ihre Kritik vollkommen unsachlich äußern. Außerdem kann es sein, dass Sie heute etwas wollen und nächste Woche das Gegenteil und ... und ... und ...« Er zählte äußerlich unbewegt und gelassen alle Punkte auf, die ihm am Herzen lagen. Von Stund an fiel in dieser Abteilung die Vorstellung »Wilder Mann« aus.

Wie lässt sich das erklären? *Oftmals verbirgt sich hinter Angreiferspielen nichts anderes als Angst.* Wenn ich mich eigentlich vor den anderen fürchte, dann mache ich ihnen erst einmal tüchtig Angst, dann lassen sie mich in Ruhe. Es ist das Phänomen des Angstbeißers, der jedoch ganz zahm wird, wenn er merkt, dass der andere sich nicht ins Bockshorn jagen lässt. Wer einem solchen »Angstbeißer« mit Selbstbewusstsein gegenübertreten kann, hat das Spiel zu seinem Spiel gemacht und es abgebrochen – danach kann dann vernünftige Kommunikation beginnen. Selbstbewusstsein, Ruhe, Gelassenheit sind die Schlüsselbegriffe für den Umgang mit notorischen Verfolgern.

Schutzgebiete für Opfer

In der Finanzabteilung eines großen Automobilherstellers gab es jahrelang einen Mitarbeiter, der nur die leichteste Tätigkeit ausübte, weil alles andere ihm zu schwierig war. Wenn das Ansinnen an ihn gerichtet wurde, auch einmal etwas Komplizierteres zu bearbeiten, jammerte er erfolgreich so lange, bis ein anderer die Sache übernahm. Wenn ihm das gelegentlich nicht gelang, wurde er leider krank. Seine Umgebung war lernfähig und mutete ihm größere Aufgaben also gar nicht mehr zu. Dieser Mann hatte es geschafft, dass in seinem Büro ein Reservat

für ihn eingerichtet wurde, ein Schutzgebiet für eine bedrohte Art –
das Opfer.

Opfer sind nämlich immerzu und von allen Seiten bedroht. Wenn
man sie jammern und klagen hört, wird einem schnell klar, was für ein
Ort voller Missgunst und Niedertracht die Welt ist, wo das arme
Opfer keine Chance hat.

*Menschen, die gern in die Opferrolle schlüpfen, verschaffen sich
dadurch manchen Vorteil, sie brauchen manche Arbeit nicht zu übernehmen, sie kommen um manche Verantwortung herum. Doch sie
bezahlen dafür einen sehr hohen Preis!*

Wer immer nur jammert und meckert, bei dem wird sich niemals
etwas ändern! Wer immer nur Opfer ist, ist hilflos – denn er kann ja
nichts tun! Opfer zu sein, sich ein bisschen bemitleiden zu lassen,
tut manchmal ganz gut, aber wenn es ein Dauerzustand wird, wird es
gefährlich, man opfert damit seine Handlungsfähigkeit. Und nicht nur
das, auch Selbstwertgefühl und Selbstvertrauen bleiben auf der Strecke!

Opfern im Sinne des Drama-Dreiecks hilft man am besten, indem
man sie herausfordert. Ihre Hilflosigkeit, ihre vermeintliche Unfähig-
keit, ihr Sich-klein-Machen nicht akzeptiert, sondern ihnen Schritt für
Schritt signalisiert, dass man sie durchaus für fähig hält. Eine Diplom-
ingenieurin, deren Selbstbewusstsein im Keller war, die sich in ihrem
Job vollkommen unglücklich fühlte, sich nichts zutraute und sich
nicht vorstellen konnte, dass sich an diesem Zustand jemals etwas
ändern würde, denn: »Ich kann ja doch nichts machen!«, machte eine
dramatische Veränderung durch, als sie einen Chef bekam, der viel
von ihren Fähigkeiten hielt. Ihr voriger Chef hatte sie jahrelang aus
falsch verstandener Nächstenliebe in Ruhe in ihrem Reservat gelassen,
wo sie keine Ängste wegen anspruchsvoller und herausfordernder
Aufgaben ausstehen musste, innerlich allerdings auch immer kleiner
und mickriger wurde. Ihr neuer Chef traute ihr alles Mögliche zu –
und erwartete auch von ihr, es zu tun! Das war unbequem und mit
Angst verbunden, denn sie musste sich etlichen Situationen stellen, die
sie davor immer erfolgreich vermieden hatte, doch sie machte eine
Entwicklung durch, die sich auf alle Bereiche ihres Lebens positiv aus-
wirkte.

In die Opferrolle zu schlüpfen ist sehr verführerisch, denn dann brauche ich selbst nichts zu tun. Das ist zunächst einmal angenehm und bequem – aber es ist die größte Falle, in die wir geraten können.

Nicht alles ist ein Spiel

Wenn Sie sich in Ihrer Umgebung umsehen, reiben Sie sich jetzt möglicherweise ein bisschen erschrocken die Augen: Es wimmelt nur so von Angreifern, Rettern und Opfern. Die ganze Welt besteht nur noch aus Spielen. Oder wie ein Seminarteilnehmer sagte: »Im Grunde spiele ich ständig. Bin ich eigentlich jemals außerhalb des Spiels?« Aber sicher.

Nicht jeder Mitarbeiter, der etwas von Ihnen will, ist ein Opfer. Nicht jedes Mal, wenn Sie jemandem helfen, sind Sie ein Zwangsretter. Nicht jedes Mal, wenn Sie jemanden kritisieren, sind Sie in der Angreiferrolle. Der Unterschied zwischen Spiel und »echter« Interaktion ist leicht zu erkennen. Das Spiel hat immer manipulativen Charakter.

Es ist kein Opferspiel, wenn Ihr Mitarbeiter Sie nach etwas fragt, worüber er objektiv keine Information hat. Wohl aber, wenn er sich zum dritten Mal dasselbe erklären lässt.

Es ist kein Angreiferspiel, wenn Sie jemanden sachlich, konstruktiv, aber durchaus auch ärgerlich kritisieren. Wohl aber, wenn Sie ihn runterputzen. Manchmal meldet Ihnen Ihr Partner, wenn Sie doch ins Angreiferspiel hineineingerutscht sind. Ein Seminarteilnehmer sagte nach so einem vermeintlich sachlichen Kritikgespräch zu seinem Boss: »Die Tür brauchen Sie mir nicht mehr aufzumachen, ich passe jetzt unten durch.« Da war mit Sicherheit ein Angreiferspiel abgelaufen.

Es ist hilfreich, unterscheiden zu lernen, was Spiel ist und was nicht. Wenn Sie darauf achten, werden Sie die feinen Signale bald reflexartig, ohne nachzudenken, erkennen. Ihre Wahrnehmung passt sich an. Bei potenziellen Opfern beispielsweise beginnt man automatisch darauf zu achten: Kann er das wirklich nicht, was er nicht zu können signalisiert?

Wenn sie zwischen Rettern und wirklich wohlmeinenden Men-

schen unterscheiden lernen wollen, werden Sie schnell merken, dass
Retter Ihnen in einem bestimmten Punkt immer Ihre Verantwortung
abnehmen wollen. Retter äußern ex- oder implizit immer: »Ich will
doch nur dein Bestes!« Man könnte darauf antworten, zumindest in
Gedanken: »Und genau das will ich behalten!« Es gibt Kollegen und
Vorgesetzte, die haben ihre helle Retterfreude daran, Sie klein zu halten. Um diese gut gemeinten Entmündigungsversuche rechtzeitig –
also bevor das nervige Spiel ausbricht – zu erkennen, ist die Frage
nützlich: Wo macht der Retter mich klein? Gibt es tatsächlich eine
Antwort auf die Frage, droht ein Retterspiel: Man muss sich schleunigst abgrenzen. Diese Kunst ist erlernbar. Kinder können das noch
ohne Training: »Lass! Selber machen!«

*Abgrenzen heißt, die Rettung abzulehnen, ohne dem Retter weh-
zutun, also ohne in die Angreiferrolle zu fallen.* Denn das wäre schon
wieder ein Spiel. Statt eines Retter- ein Angreiferspiel. Statt Opfer sind
Sie dann eben Aggressor. Das Spiel bleibt dasselbe, nur der Eröffnungszug ändert sich. Durch den Rollenwechsel haben Sie nichts
gewonnen. Gewinnen können Sie immer nur, wenn Sie alle drei Rollen
vermeiden. Wie gelingt das? Mit dem Feedback-Walzer. Der heißt so,
weil er im Dreierschritt getanzt wird.

Der Feedback-Walzer vermeidet Spiele

1. Beschreiben Sie, was Sie stört. Und zwar sachlich, wer-
tungsfrei und konkret. Sagen Sie nicht zu einem Retter, der Sie
bedrängt: »Sei doch nicht so aufdringlich!« Oder: »Was soll denn das
jetzt wieder?« Da weiß der Retter überhaupt nicht, wovon Sie reden.
Sagen Sie stattdessen: »Mich stört, wenn du mich fragst, ob wir jetzt
die Reisekostenabrechnung machen, und über mein Nein einfach hin-
weggehst.«

2. Beschreiben Sie die Auswirkungen seines Verhaltens.
Sagen Sie beispielsweise: »Ich fühle mich da total überfahren.« Das ist
eine Ich-Botschaft, die lediglich etwas über Ihr eigenes Empfinden
aussagt, ohne den anderen anzugreifen.

3. Sagen Sie dem anderen, was Sie von ihm wollen. Wenn Sie gesagt haben, was und warum Sie etwas stört, weiß der Retter immer noch nicht, was Sie eigentlich wollen. Ihr Partner nimmt möglicherweise an: »Jetzt will er, dass ich mich entschuldige!« Dann zieht er natürlich die Waffe, wird defensiv oder aggressiv. Er stellt sich schon mal auf den schlimmsten Fall ein.

Der bereits weiter oben erwähnte Geschäftsführer lieferte einmal eine Maschine aus, über die sich der Kunde einen Tag nach Übergabe bitter beklagte: »Auf der schönen Abdeckhaube ist ein dicker Kratzer im Lack!« Der Kunde war wirklich aufgebracht und ließ mächtig Dampf ab. Der Geschäftsführer überschlug sofort im Kopf: »Mist, jetzt müssen wir die Haube wieder abmontieren, ins Werk zurückbringen, abschleifen, grundieren, doppellackieren – das macht... Ohgottohgott, wird das teuer!« Und er legte sich schon mal unwiderlegbare Gründe für die Ablehnung des Kundenwunsches zurecht.

Bevor er diese Argumente einwarf und damit das Gespräch unweigerlich eskaliert hätte, fiel ihm jedoch das Spieleseminar ein, an dem er teilgenommen hatte. Er erinnerte sich, dass es bei Konflikten wichtig ist, erst einmal zu klären, was der andere wirklich will. Also fragte er den Kunden. »Was erwarten Sie denn jetzt von mir?« Er fragte nicht: »Was wollen Sie eigentlich von mir?« Denn damit wäre er schon wieder in ein Angreiferspiel verwickelt gewesen. Das ist manchmal nicht leicht zu vermeiden. Denn viele Leute tun sich sehr schwer, eine neutrale Art der Frageformulierung zu finden. Dem Geschäftsführer gelang es. Der Kunde sagte daraufhin: »Schicken Sie mir eine Dose Lack und eine Flasche Korn.« Beides ging noch am selben Tag mit der Post ab.

Auf unser Reisekostenbeispiel übertragen könnte Ihre Abgrenzung gegenüber dem Retter beispielsweise lauten: »Ich möchte in Ruhe diese Tabelle zu Ende kalkulieren. Wenn ich damit fertig bin, komme ich auf dich zu.« So weit unser Exkurs zur Abgrenzung gegenüber Rettern.

Angreiferspiele frühzeitig erkennen:
Achten Sie auf Absolutbegriffe

Dass Sie sich über jemanden ärgern, ist normal und noch lange kein Angreiferspiel. Zum Spiel wird es erst, wenn Sie den anderen persönlich angreifen, ironisch, zynisch, sarkastisch werden und unter- oder übertreiben: »*Immer* muss ich dir alles nachtragen. *Nie* denkst du einmal selbstständig!« Das ist kein Wink mit dem Zaunpfahl, da winkt ein ganzer Lattenzaun: Hier beginnt ein Spiel.

Absolutbegriffe wie immer, nie, alle, keiner sind ideale Signalwörter für Ihre Spielfrüherkennung. Sobald eines dieser Wörter fällt, wissen Sie: Hier droht ein Spiel. Absolutbegriffe können von Angreifern, Rettern und Opfern gleichermaßen benutzt werden. Retter sagen zum Beispiel: »Lass mal, du konntest das ja noch nie.« Typische Opfereröffnung: »Warum immer ich?« Auch Über- oder Untertreibungen sowie Unterstellungen sind beliebte Spieleröffnungen, beispielsweise: »Du hast doch ein Riesenproblem damit, also gib mal her.« Dabei hatten Sie vielleicht lediglich ein paar kleinere Schwierigkeiten.

Wenn ein Angreifer auf Sie zukommt, hilft es Ihnen, darauf zu achten, was er ausblendet. Wenn es Ihnen gelingt, dieses wieder einzublenden, brauchen Sie das Spiel nicht mitzuspielen. Nehmen wir an, Sie wollen etwas von Ihrem Vorgesetzten, das außerhalb der Norm liegt. Der Vorgesetzte geht sofort zum Angriff über: »Wenn da jeder käme! Was uns das wieder kostet!« Wenn Sie spielen wollen, sagen Sie: »Aber ohne das XY kann ich nicht sauber arbeiten!« Das ist Opferrolle pur. Der Chef wird Ihnen klarmachen, dass Sie eben ohne das XY auskommen müssen, und Sie verlassen als Verlierer das Spielbrett. Besser schneiden Sie ab, wenn Sie einblenden, was der Chef gerade ausgeblendet hat: »Moment mal, es geht hier nur um das eine XY. Ich habe das mit den Kollegen schon besprochen. Wir brauchen nur dieses eine Exemplar.« Das Spiel ist vermieden, das XY wird genehmigt.

Solche Fluchtaktionen aus drohenden Spielen kommen Ihnen nicht auf Anhieb über die Lippen. Aber je öfter Sie es versuchen, desto geübter werden Sie. Und Sie werden bemerken: Auch wenn Ihnen ein Fluchtversuch misslingt, Sie fühlen sich danach immer noch besser, als wenn Sie das ganze Spiel durchspielen bis zum bitteren Ende, der Gewinnauszahlung in Form negativer Gefühle.

Die drei Eskalationsstufen

Aus Ihrer täglichen Spielpraxis wissen Sie: Bürospiele werden mit unterschiedlicher Härte gespielt. Manche steckt man mit einem Schulterzucken weg: »Na ja, das Gespräch lief nicht so toll.« Nach anderen Spielen sitzt man mit zitternden Händen in der Kaffeeecke und schmiedet Rachepläne. Spiele können mit unterschiedlicher Härte gespielt werden:

1. Härtegrad: »No hard feelings«. Das Spiel endet mit einer Irritation oder einem unguten Gefühl, wirkt aber nicht weiter verletzend. So etwas passiert fast stündlich, beispielsweise:

- *Chef:* »Frau Meier, die Post ist noch nicht in meiner Mappe.«
- *Frau Meier:* »Ich weiß, ich habe schon bei der Poststelle angerufen.«
- *Chef:* »Frau Meier, es ist mir egal, wen Sie angerufen haben. Ich möchte meine Post.«
- *Frau Meier:* »Die Poststelle sagt, wegen des Wochenendes hat sich das etwas verzögert.«
- *Chef:* »Frau Meier, ich interessiere mich nicht für Verzögerungen, ich interessiere mich für meine Post.«

Das hebt die Stimmung, das stärkt die Moral – die eigene, nicht die von Frau Meier – und etabliert, wer hier der Boss ist. Frau Meier ist Schlimmeres gewohnt. Von dem kleinen Scharmützel bleibt nicht viel zurück. Sie redet weiter mit Ihnen.

2. Härtegrad: »Rachegelüste«. Das Spiel endet mit einem verletzten Gefühl, Sie denken dauernd daran, bekommen das Spiel nicht aus dem Kopf und überlegen ständig, was Sie noch hätten sagen oder einwenden können. Sie sind verschnupft, reden nicht mehr mit dem Spielpartner oder versuchen sogar, es ihm heimzuzahlen.

3. Härtegrad: »See you in the morgue«. Das Spiel endet auf
dem Friedhof, vor Gericht oder im Krankenhaus. In den USA werden
angeblich täglich mehrere Chefs von ihren Mitarbeitern erschossen,
weil Letztere sich ungerecht behandelt fühlen. Viele der Computervi-
ren haben spielgeschädigte Mitarbeiter ihren Bossen angetan. Oft reagieren Spielopfer auch mit Akten von Arbeitsverweigerung, Unter-
schlagung oder Sabotage, die vor Gericht geklärt werden müssen.
Dort wird dann »richtig« Gerichtssaal gespielt. Es ist ein physischer,
nicht mehr nur ein psychischer Schaden entstanden.

Die Schlussfolgerungen aus dieser Härtegradeinteilung sind evident.
Sie sollten nicht gleich mit diesem Buch in der Hand loslaufen und
allen Spielen den Kampf ansagen. Spiele mit Härte 1 kann man auch
tolerieren. Es gibt sogar Spiele, die spielen aufgeklärte Kollegen mit
einem gewissen Maß an Amüsement über die Vorhersagbarkeit der
Züge mit. Diese Spiele muss man nicht bekämpfen. Andererseits ist es
gefährlich, Spiele eskalieren zu lassen. Die Notwendigkeit der Inter-
vention ergibt sich aus dem Grad der Härte. Denn Spiele bieten ganz
offensichtlich ein beträchtliches Maß an Konfliktpotenzial. Durch
gute Moderation kann es Ihnen gelingen, Konflikte zu lösen oder
zumindest zu entschärfen.

Kapitel 4

Moderation

Konflikte zu lösen ist ein Rollenproblem

Wann immer man in eine Richterrolle (siehe auch Gerichtssaalspiel, Kapitel 5) hineinrutscht, hat man ein Problem gelöst und zwei geschaffen. Also ist die Richterrolle zu meiden. *Statt zu richten, moderiere man lieber.*

Das geht nun leider nicht voraussetzungslos. Denn wenn Ihre Mitarbeiter gewohnt sind, dass Sie bislang treu und brav den Richter spielten, dann sind sie von Ihrem ersten Moderationsversuch so überrascht, dass der Versuch möglicherweise fehlschlägt. Die Leute haben etwas anderes erwartet, und Erwartungen steuern das Verhalten. Also sollten Sie vor Ihrem ersten Ausbruch aus der Richterrolle die Erwartungen relativieren.

Angenommen, zwei Ihrer Mitarbeiter konnten sich nicht einigen, wer wann in Urlaub geht, und kommen nun zu Ihnen, um die Sache von Ihnen rechtsgültig entscheiden zu lassen. Klären Sie Ihre neue Rolle:

»Sie haben ein Problem mit der Urlaubsregelung. Sie haben versucht, es zu lösen (gut: Anstrengung honorieren) und sind bis jetzt nicht weitergekommen. Ich verstehe meine Rolle nun nicht so, dass ich eine Lösung präsentiere. Ich möchte vielmehr, dass Sie selbst zu einer Lösung kommen. Ich moderiere nur. Und um das zu tun, möchte ich während des Gesprächs die eine oder andere Regel einführen.«

Die Ankündigung der Regeleinführung ist eminent wichtig. Denn ohne Regeln streiten die beiden Streithähne einfach weiter. Egal, ob da jetzt ein Richter oder ein Moderator sitzt. *Moderation und Regeln gehören zusammen. Die Regel ist das Handwerkszeug des Moderators.*

Mit Regeln steuert der Moderator den Prozess (Problemlösung), nicht den Inhalt (er sagt die Lösung nicht). Er sagt nicht: »Also, B macht dann Urlaub und A dann.« Sondern: »Wie kommen wir zu einer Lösung?«

Umgang mit Widerständen

Das erste Prinzip der Moderation lautet: Der Berg kommt nicht zum Propheten. Sie können nicht moderieren, wenn Ihre Mitarbeiter das nicht wollen. Wer sich nicht helfen lassen will, dem sollte nicht geholfen werden. Moderieren Sie erst, wenn beide Kontrahenten bereit dazu sind. Denn sonst geht schon Ihre Eröffnung baden:

– *Moderator:* »Sie haben ein Problem mit der Urlaubsregelung...«
– *A:* »Problem? Nein, damit habe ich kein Problem. Ich gehe am 17.8. vier Wochen in Urlaub. Nur B hat damit ein Problem.«

A hat offensichtlich keinerlei Interesse daran, eine Lösung zu suchen. Doch wenn einer der beiden nicht mitmacht, drängt er Sie wieder in die Richterrolle. Wie bekommen Sie ihn an den Verhandlungstisch? Indem Sie für Leidensdruck sorgen. Niemand löst ein Problem, das ihn nicht drückt. Also machen Sie's zu seinem Problem: »Wenn Sie beide das mit meiner Hilfe nicht untereinander ausmachen können, dann zwingen Sie mich dazu, eine Entscheidung herbeizuführen, und dabei könnten Sie beide den Kürzeren ziehen.«

Das ist eine klare Botschaft. Denn bis jetzt spekuliert jeder von beiden auf die 50-Prozent-Möglichkeit: »Der Boss entscheidet sich für mich, und der andere guckt in die Röhre.« Jetzt lautet die Botschaft: Beide könnten in die Röhre gucken. Oft blockieren nämlich beide Kontrahenten die Problemlösung. Jeder sagt: »Ich habe Recht« und weicht kein Jota von seiner Position. Also müssen Sie oft beiden drohen: »Es kann auch sein, dass keiner von Ihnen in den Urlaub geht, weil ich beide aus betrieblichen Gründen hier haben muss.«

Denken Sie daran: Starten Sie mit Ihrer Moderation erst, wenn beide bereit sind. Und zwar vollständig bereit. Das erfordert manchmal hartnäckiges Nachbohren:

- *Moderator:* »Es kann auch sein, dass keiner von Ihnen in den Urlaub geht, weil ich beide aus betrieblichen Gründen hier haben muss.«
- *A:* »Also gut, versuchen wir's mit Ihrer Moderation.«
- *Moderator:* »Was heißt ›versuchen‹? Sind Sie bereit?«
- *A:* »Ja ja, machen wir's eben.«
- *Moderator:* »Was heißt eben? Sind Sie voll dabei oder nur als Zuschauer?«
- *A:* »Okay, ich bin dabei.«
- *Moderator:* »Tatsächlich? Sie sind dabei?«
- *A:* »Ja, ich bin dabei. Fangen wir an!«

Jetzt erst ist A voll integriert. Jetzt können Sie mit der eigentlichen Moderation beginnen.

1. Schritt: Einer stellt das Problem dar

Wenn ein Konflikt bereits stark emotional ausgetragen wird, kann schon der erste Moderationsschritt ein Schritt ins Minenfeld sein. Denn einer der Kontrahenten muss ja damit anfangen, das Problem zu schildern. Egal, wen Sie damit beginnen lassen, der andere kann das schon als Parteinahme auffassen: »Wie können Sie nur diese Lügen anhören?!« Also sagen Sie: »Wer beginnt mit der Problemschilderung? Soll ich eine Münze werfen oder wer fängt an?« Damit ist klar, dass Sie nicht Partei ergreifen, indem Sie den ersten Sprecher wählen.

Also beginnt beispielsweise A mit seiner Problemschilderung. Aber er kommt nicht weit. B unterbricht ihn schon nach wenigen Worten: »Das ist doch Unsinn. Das war doch ganz anders!« Da ist folgende Regel ganz nützlich:

1. Regel: Jeder lässt den anderen aussprechen und hört zu.

Man beachte: Regeln (und Ziele) sind immer positiv formuliert. Also nicht: »Nicht unterbrechen!« Das funktioniert nicht. Denken Sie zum Beispiel jetzt einmal nicht an Papier. Sehen Sie, das funktioniert nicht. Das Gehirn speichert keine Verneinungen, also wird von der Regel »Nicht unterbrechen!« nur »unterbrechen« gespeichert. So stellt sich der Moderator selbst ein Bein.

Die erste Regel ist bitter nötig, aber auch ein bisschen gefährlich. Denn wenn Sie ihre Befolgung durchsetzen, können Sie leicht zum Polizisten werden: »Herr B, jetzt unterbrechen Sie A schon zum vierten Mal. Können Sie sich nicht an die Regeln halten?« Da spricht der Polizist, und das ist tragisch. Denn der Polizist gehört auch zu den Rollen im Gerichtssaal-Spiel. Dabei ist der dicke Knüppel gänzlich unangebracht. B glaubt lediglich, dass, wenn A nur lange und ungestört genug seine Lügen verbreiten kann, Sie ihm am Ende noch glauben und die Erwiderung von B viel zu spät kommt. Diese Befürchtung können Sie mit dem Polizeiknüppel aber nicht zerstreuen, lediglich unterdrücken. Zerstreuen können Sie die Befürchtung nur, indem Sie Verständnis zeigen: »Ich verstehe, Herr B, dass Sie wie auf glühenden Kohlen sitzen. Aus Ihrer Sicht sehen die Dinge bestimmt ganz anders aus. Seien Sie versichert, Sie bekommen den gleichen Raum wie A, um Ihre Sicht der Dinge darzustellen.« Damit signalisieren Sie B, dass Sie A nicht unbesehen glauben und noch wissen, dass es eine zweite Sichtweise des Problems gibt.

Schließlich hat der erste Kandidat die Darstellung seiner Sichtweise beendet. Ein unerfahrener Moderator fragt nun den zweiten Kandidaten: »Und was ist Ihre Sichtweise?« Das ist wieder ein Rückfall ins Gerichtssaal-Spiel. Die Kandidaten werden nacheinander in den Zeugenstand gerufen. Das fördert die Problemlösung nicht. Denn schließlich hat A nur mehr oder weniger gesagt: »Ich will vier Wochen Urlaub, und zwar ab 17. 8.« Dieser Standpunkt bietet keine Verhandlungsmasse. Die Position ist unverrückbar. Es gibt nichts zu verhandeln! Also schafft man als erfahrener Moderator erst einmal Verhandlungsmasse:

– *Moderator:* »Wie könnte eine konstruktive Lösung aus Ihrer Sicht aussehen?«

- *A:* »Ich gehe am 17. 8. vier Wochen lang in Urlaub.«
- *Moderator:* »Herr A, das ist keine konstruktive Lösung, denn sonst säßen wir nicht hier. So kommen wir nicht weiter. Wie könnte eine konstruktive Lösung aussehen?«

Wenn Sie nur hartnäckig genug bohren, beginnt der Mitarbeiter tatsächlich damit, zum ersten Mal konstruktiv über das Problem nachzudenken. Er könnte vorschlagen:

- dass er dieses Jahr am 17. 8. geht, dafür im nächsten Jahr den Kollegen den Termin wählen lässt.
- dass er drei statt vier Wochen geht und der Kollege dann überschneidungsfrei ebenfalls drei Wochen gehen kann.

Egal, was er vorschlägt, er wird irgendetwas vorschlagen und damit eine erste Verhandlungsmasse schaffen. Es gibt wieder etwas, worüber man reden kann.

2. Schritt: Der andere stellt seine Sicht dar

Jetzt schildert der andere seine Sichtweise. Auch ihn fragen Sie am Ende seiner Ausführung nach einem konstruktiven Lösungsvorschlag und lassen ihn zum Lösungsvorschlag von A Stellung nehmen. Damit ist die Verhandlung in vollem Gange. Vorschläge und Gegenvorschläge werden gemacht. Es bewegt sich wieder etwas im Gegensatz zu vorher, wo die Positionen festbetoniert waren. Damit sich nicht zu viel bewegt, nämlich die Galle der Gesprächspartner, müssen Sie möglicherweise vereinbaren:

2. Regel: Nur konstruktive Beiträge, bitte. (Also keine Spitzen, kein Sarkasmus, keine Ironie, keine Unterstellungen.)

Trotzdem kann es vorkommen, dass in besonders emotionalen Konflikten die beiden Streithähne permanent die Nerven verlieren und sich anschreien. Dann vereinbaren Sie:

3. Regel: Jeder wiederholt die Position des anderen, bevor er dazu Stellung nimmt.

Das ist eine hilfreiche Regel. Denn beides auf einmal geht nicht: aufmerksam zuhören und gleichzeitig aggressiv sein. Man kann nicht auf den anderen losgehen, wenn man ihm aufmerksam zuhört. Wenn Sie also merken, dass gerade einer der Kontrahenten kocht und gleich platzen wird, sagen Sie:

- *Moderator:* »Herr A, würden Sie bitte nochmals zusammenfassen, was der Kollege eben sagte?«
- *Kollege A:* »Äh, ich habe gerade nicht zugehört.«
- *Moderator:* »Herr B, würden Sie nochmals Ihr letztes Argument wiederholen?«

Dieser Wutstopper hat einen nützlichen Nebeneffekt. Indem man die Position des anderen wiederholt, wird man vielleicht zum ersten Mal gezwungen, sich dessen Situation vorzustellen. Und dann passiert einem immer wieder, dass man denkt: »Na ja, so Unrecht hat er nicht.« Und wer Verständnis für die andere Seite aufbringen kann, findet in der Regel sehr viel leichter auch Verständnis für die eigene Sicht.

Ab und zu sollte der Moderator den Stand der Dinge zusammenfassen: »Also, bisher könnte eine Lösung so und so aussehen.« Das ist nützlich, um zu zeigen: »Wir kommen voran« und um den roten Faden nicht zu verlieren.

Wenn das Gespräch sich trotzdem einmal festfährt: »Ich kann eben nur in diesen vier Wochen!«, dann empfiehlt sich folgende Frage: »Unter welchen Bedingungen könnten Sie sich vorstellen, einverstanden zu sein?« Das heißt, es wird noch etwas auf die Waagschale geworfen, was wieder Bewegung ins Spiel bringen kann. A sagt vielleicht: »Wenn ich tatsächlich meinen Urlaub verschieben soll, dann möchte ich dieses Jahr über Weihnachten Urlaub, nächstes Jahr den Sommer frei wählen und im April 14 Tage zum Skifahren.« Der Kollege ist vielleicht damit nicht ganz einverstanden. Aber wenigstens ist die Blockade gelöst, und beide verhandeln wieder.

3. Schritt: Klare Regelung am Ende

Schwirrt Ihnen ein bisschen der Kopf? Das ist normal. Solche Konflikte sind sogar in der Schriftform nur mit Anstrengung im Auge zu behalten. Und stellen Sie sich erst einmal vor, was passiert, nachdem die beiden Streithähne Ihr Büro verlassen haben. Sie brauchen nicht lange zu warten, bis einer zum anderen sagt: »Moment mal, so war das aber nicht vereinbart. Von Skiurlaub hat keiner gesprochen.« Worauf der andere erwidert: »Du, das habe ich aber ganz anders im Gedächtnis.« Die Moral davon: Fassen Sie am Ende Ihrer Moderation das Ergebnis des Gesprächs in einer klaren Regelung zusammen, und zwar schriftlich. Behalten Sie eine Kopie davon.

Sonderfall: Verhaltensänderungen

Die Teamassistentin T und der Senior-Produktmanager S haben einen Konflikt. S hält T ihres etwas losen Mundwerks wegen für frech und schlampig. T findet S unfreundlich und undankbar, denn er scheint es nicht für nötig zu halten, ihren Extraarbeitsaufwand auch nur mit einem Wort anzuerkennen. Eine Regelung nach einer Moderation könnte beispielsweise so aussehen, dass sie ihn künftig mit mehr Respekt behandelt und er ein bisschen kommunikativer wird. Beide sind sich einig und danken Ihnen als Moderator. Fall erledigt? Nicht ganz ...

Der Urlaubskonflikt ist tatsächlich erledigt, wenn er erledigt ist. Jeder weiß – oder kann nachlesen –, wann er in Urlaub darf. Wenn sich aber das Verhalten ändern soll, dann ist der Konflikt erst dann erledigt, wenn sich das Verhalten tatsächlich geändert hat. Doch wie sieht das in Wirklichkeit aus? Teamassistentin T behandelt Herrn S die ersten Tage nach der Moderation tatsächlich mit mustergültigem Respekt. Schon nach einer Woche rutscht ihr während eines besonders stressigen Freitagnachmittags allerdings wieder eine spitze Bemerkung heraus.

Herr S explodiert: »Typisch T! Die T will sich doch überhaupt nicht ändern! Bei der Moderation hat sie dem Chef schöngetan und die Einsichtige gespielt, und jetzt das! Wir hatten eine glasklare Regelung getroffen und schriftlich vereinbart, und was macht die T wieder? Sie ist wieder genauso frech und schlampig wie vorher. Jetzt langt's mir aber. Jetzt bin ich nicht mal mehr für eine Moderation bereit. Das ist doch nur Zirkus! Nach 14 Tagen hält die T sich doch sowieso nicht mehr daran!«

In diesem Fall erweist sich die Moderation als Bumerang. Danach ist es noch viel schlimmer als zuvor. Dabei ist das Ganze ein Missverständnis! Das weiß jeder, der schon einmal versucht hat, sich das Rauchen abzugewöhnen, sich das Joggen anzugewöhnen oder sich das aktive Zuhören beizubringen. Rückfälle sind nicht die Ausnahme, sie sind die Regel. Und sie sind schon überhaupt kein böser Wille. Aber das sieht der empörte S nicht in der Hitze des Augenblicks. Deshalb beugen erfahrene Moderatoren vor. Sie nehmen den Rückfall bereits in die schriftliche Regelung am Ende der Moderation auf: »Schön, dass wir eine Regelung getroffen haben. Ich glaube, so werden wir das Problem ganz sicher in den Griff bekommen. Aber wenn im Stress dem einen von Ihnen doch wieder einmal das alte Verhalten unbewusst durchbricht – wie wollen wir das handhaben?« Das ist nichts anderes als die Frage nach der Feedback-Regelung: »Du, da haben wir aber etwas anderes vereinbart.« »Oh, tatsächlich, ist mir so durchgerutscht. Danke für den Hinweis.« Das ist natürlich Utopie. Viel wahrscheinlicher ist: »Hör mal, ich steh hier im Stress, und du quasselst mir die Hucke voll!« Schon haben wir wieder den schönsten Streit. Was für den einen akzeptables Feedback darstellt, ist für den anderen der Gipfel der Unverschämtheit. *Deshalb sollten Sie am Ende der Moderation vereinbaren, was für die Beteiligten akzeptables Feedback ist.* Denn meist ist ja dem Partner sein Ausrutscher ganz unbewusst:

– *T:* »O Gott, das merke ich gar nicht, wenn ich wieder frech werde.«
– *S:* »Das denke ich mir schon. Nur, wie kann ich Ihnen das rückmelden?«

Ein Kollege sagte auf diese Frage mal: »Bitte schriftlich und mit einer beigelegten Tafel Schokolode.« Ein anderer meinte: »Nimm den roten Kuli in die Hand und spiel damit. Das ist das Zeichen für mich, dass ich wieder über die Stränge schlage.« Diese elaborierten Techniken sind so amüsant wie nötig. Denn was passiert, wenn wir »ganz normal« Feedback geben? »He, jetzt machst du's ja schon wieder!« oder: »Du, genau das wollten wir doch in Zukunft vermeiden.« Da kommt sich jeder Partner wie ein zurechtgewiesener Schuljunge vor und schlägt zurück. Und genau dieses Gefühl der Erniedrigung können Sie vermeiden, wenn Sie die beiden Streithähne am Ende Ihrer Moderation vereinbaren lassen, was für jeden akzeptables Feedback bedeutet.

Follow-up-Termin

Noch erfolgreicher moderieren Sie, wenn Sie beim Abschluss Ihrer Moderation daran denken, einen Follow-up-Termin zu vereinbaren, und zwar bei allen Moderationen, die Verhaltensänderungen betreffen. Bei diesem Termin besprechen Sie: Wie funktioniert die Verhaltensänderung? Hält die Lösung? Muss sie ergänzt werden, weil neue Rahmenbedingungen aufgetaucht sind?

Oft sagt einer der Mitarbeiter beim Follow-up: »Das klappt jetzt schon, aber als Konsequenz daraus hat sich folgendes Problem ergeben.« Dann modifizieren oder ergänzen Sie gemeinsam die Lösung entsprechend.

Wenn Sie am Ende der Moderation den Follow-up vereinbart haben, dann holen Sie sich Ihr eigenes Feedback: »Wie haben Sie meine Moderation empfunden? Was war positiv, was war negativ?« Das erfordert ein wenig Mut. Aber ohne Feedback lernen Sie nicht dazu und bleiben ewig auf derselben Stufe hängen. Außerdem ist die Angst unbegründet. Fast immer sind die Leute zufrieden und haben nützliche Anregungen: »Manchmal sind wir doch arg vom Thema abgewichen.« Also: in Zukunft den roten Faden besser verfolgen und aufzeigen.

Ein Blockadebrecher

Manchmal ist ein Gesprächspartner nicht vom Fleck zu bewegen. Total blockiert: »Ich gehe am 17.8. in Urlaub und damit basta.« Das hat natürlich seinen Grund. Und solange Sie diesen nicht kennen, kommt Ihre Moderation nicht von der Stelle. Hinter jeder Position steckt ein bestimmtes Interesse. Warum tut A das, was er tut? Warum ist der 17. 8. so besonders wichtig für ihn? Vielleicht hat seine Frau zu ihm gesagt: »Du lässt dich doch dauernd unterbuttern in dieser Firma. Sei ein Mann und hau auf den Tisch!«

Wenn er mit einer Urlaubsverschiebung heimkommt, ist er unten durch bei seiner Frau, glaubt er. Hinter seiner unverrückbaren Position steht also ein Image-Interesse. Sobald Sie das als Moderator mit viel Hartnäckigkeit und akzeptierender Wertschätzung herausgekitzelt haben, können Sie alternative Lösungen aufzeigen, die seinem Interesse genauso gut, wenn nicht besser dienen: »Herr A, das verstehe ich voll und ganz. Sie sollten mal meine Frau erleben, wenn ich am Wochenende arbeite. Wie wäre es, wenn ich mit Ihrer Frau spreche und ihr klarmache, dass Sie am 17. 8. für den Betrieb absolut unabkömmlich sind, weil hier sonst alles stillsteht?«

Das ist ein Angebot. Frau A sieht nicht nur, dass ihr Mann sich nicht unterbuttern ließ, sondern dass sogar sein Chef ihn für das Ass der Abteilung hält. Das kann, das muss nicht sein. Ihre Aufgabe als Moderator ist jedoch, das Interesse hinter der blockierten Position herauszufinden und ein alternatives Angebot herauszuarbeiten.

Die Tangential-Transaktion

- *Frage:* »Wie spät ist es?«
- *Antwort:* »Mittwoch.«

Die Antwort hat zwar im weiteren Sinne etwas mit der Frage zu tun, aber sie führt eigentlich ganz woanders hin. Nach diesem Muster stricken manche Kollegen ihre Antworten:

- *Frage:* »Wer hat denn gestern wieder den Laptop benutzt?«
- *Antwort:* »Ich war gestern überhaupt nicht im Haus!«

Das ist keine Antwort auf die gestellte Frage. Das ist die Antwort auf die Frage: »Warst du gestern im Haus?« Die Antwort passt nicht so ganz, aber sie ist auch nicht völlig unpassend. Sie führt jedoch auf ein ganz anderes Thema hin. Sie berührt das eigentliche Thema nur tangential. Deshalb heißt dieses geschickte Manöver, das seine häufigste Anwendung in Gerichtssaalsituationen findet, »Tangential-Transaktion«.

In brenzligen Situationen benutzen Bürospieler diese Technik gern. Das Team zieht zum Beispiel in ein neues Bürogebäude um. Es gibt schöne, sonnige Südseitenbüros und etwas düstere Nordseitenbüros. Wer kriegt welche? Ein heikles Thema. Deshalb wird die Büroverteilungsdiskussion schnell tangential:

- *Kollege A:* »Na, liebe Kollegen, wer kriegt denn nun welches Büro?«
- *Kollege B:* »Moment, Kollege, warte mal, wie ist es denn mit den Büromöbeln, kriegen wir neue oder behalten wir die alten?«
- *Kollege C:* »Überhaupt, wer soll denn die neuen Möbel einkaufen?«
- *Kollege D:* »Also, der Zentrale Einkauf verbockt das doch wieder...«
- *Kollege B:* »Aber der Einkauf selbst, der hat natürlich die teuersten Möbel.«
- *Kollege C:* »Ja, genau! Die Leute in der Zentrale waren ja schon immer etwas Besseres!«
- *Kollege D:* »Also, wenn ihr mich fragt – unmöglich, wie die mit uns umspringen.«
- *Kollege E:* »Man sollte denen mal gehörig die Meinung sagen.«

Eigentlich begann die Diskussion bei der Bürozuteilung. Aber wenn sie nur lange genug andauert, ist sie bald beim Hund des Hausmeisters angelangt. Die Tangential-Transaktion ist eine sehr beliebte Taktik im Gerichtssaal-Spiel. Anstatt direkt anzugreifen, weicht ein Kontrahent dem leidigen Thema einfach aus. Das ist zwar beziehungsfreundlicher als der direkte Angriff, löst das eigentliche Problem aber genauso wenig. Doch wie bekommen Sie einen Tangential-Taktiker wieder zurück zum eigentlichen Thema?

Die Blumen-Strategie

Wenn Sie sich erst einmal auf Tangential-Transaktionen einlassen, sind Sie bald weg vom ursprünglichen Thema. Ihre angestrebte Konflikt-klärung wird vereitelt. *Das Motto bei der Tangential-Taktik lautet: »Ich streite mit Ihnen über alles, nur nicht über das eigentliche Thema.«* Diese Taktik bietet viele Möglichkeiten auszuweichen, wenn es um heiße, sprich konfliktträchtige Themen geht.

Doch es gibt ein wirksames Gegenmittel: »Die Blumen-Strategie«. Der Mittelpunkt der Blüte ist das eigentliche Thema. Die Tangential-Transaktion streift diesen Kern jedoch nur und strebt dann schnell davon weg. Ein geübter Moderator führt nun den »Ausweicher« konsequent zur Mitte, das heißt, zum Thema zurück. Es gilt also zunächst zu lernen, auf der Hut zu sein, um sich als Moderator nicht durch ein verlockendes Angebot in eine andere Richtung entführen zu lassen. Wenn Sie merken, dass Sie eine Antwort bekommen haben auf eine Frage, die Sie gar nicht gestellt haben, dann wiederholen Sie freundlich die ursprüngliche Frage. Wenn Sie über Problemlösungen sprechen wollen, aber immer nur zu hören bekommen, was alles nicht funktio-

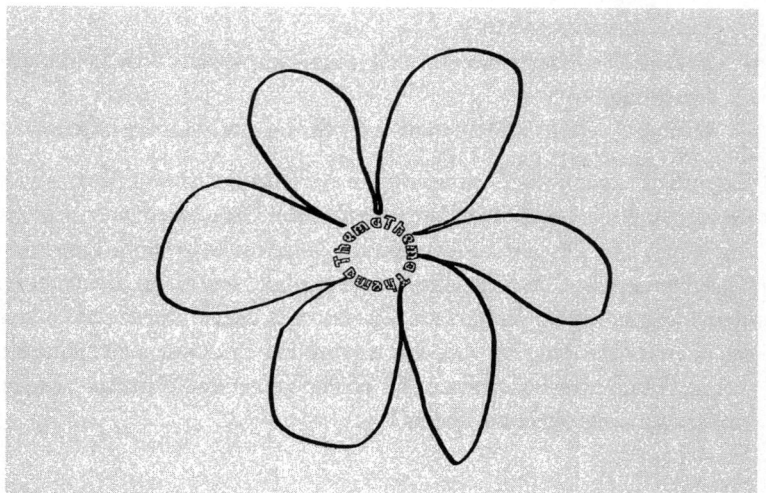

Abbildung 2: Die Blumen-Strategie

niert, kehren Sie immer wieder zu Ihrem Thema zurück. Das erfordert natürlich auch Wachheit und Konsequenz von Ihnen und ist manchmal zunächst nicht ganz einfach. Denn oft ist es verführerisch und bequem, nicht zu beharren und sich fortführen zu lassen.

Außerdem haben manche Gesprächspartner viele Ausweichmöglichkeiten, dann entsteht eine Blume mit vielen Blütenblättern, und das kann sehr ermüdend sein. Meist genügt es aber, wenn Sie das Gespräch drei- bis viermal zurückholen, bis der Partner beim Thema bleibt.

Die Köder bei der Tangential-Taktik

Wie bei allen Spielen ist es auch hier wesentlich, den Köder, das heißt das tangentiale Abweichen vom Thema zu erkennen. Das fällt manchmal schwer, denn mancher Gesprächspartner verwendet hervorragende Köder, beispielsweise den Dicken Hammer:

- *Meier:* »Ja, ich bin dreimal zu spät gekommen. Aber auf solche Kleinigkeiten kann ich momentan nicht achten, seit Kunde Müller droht abzuspringen.«
- *Sie:* »Was? Müller will abspringen? Das sind 20 Prozent unseres Umsatzes! Um Gottes willen, erzählen Sie mal!«

Schnapp, schon wieder angebissen. Tatsächlich hat Kunde Müller nur mal beiläufig erwähnt, dass ein Konkurrenzprodukt ein hübsches Design hat. Mitarbeiter Meier bläst das jetzt aber zur Riesensache auf, um von seinem Zuspätkommen abzulenken. Ein ebenfalls beliebter Köder ist das Rote Tuch. Das ist ein Thema, von dem der Gesprächspartner weiß, dass es zu Ihren Lieblingsklageliedern gehört:

- *Meier:* »Zu spät? Mag sein, aber wissen Sie, dass ich selbst dann noch nicht diese Langschläfer im Innendienst erreiche? Die kommen generell jeden Morgen erst um halb zehn ins Büro. Meine gesamte Auftragsbearbeitung hängt deswegen eine Woche hinterher.«
- *Sie:* »Was?! Dann muss ich diesen Faulpelzen da unten mal wieder

Dampf machen. Also dieser Innendienst. Die glauben wohl, sie sind hier auf Dauerurlaub!«

Ebenfalls ein Köder mit starker Lockwirkung ist die Große Beschuldigung:

– »Diese lächerlichen zehn Minuten! Das ist gar nichts im Vergleich dazu, dass Sie mir seit drei Tagen die Klawitzke-Unterlagen schulden. Sie beklagen sich wegen zehn Minuten, aber selber…« Und schon geht's tangential ab, denn diese Beschuldigung kann kein Vorgesetzter stehen lassen – es sei denn, er durchschaut das Spiel.

Die Zielsicherheit mancher Gesprächspartner beim Aufspüren solcher Köder ist verblüffend. Es gibt nur eine wirksame Gegenmaßnahme: Köder erkennen und nicht anbeißen. Das ist nicht leicht, da wir auf unsere speziellen Köder reflexartig reagieren. Und das weiß der Partner. Noch während Sie danach schnappen, fällt Ihnen ein, dass das ein Köder sein könnte – aber dann haben Sie schon angebissen. Wie immer gilt auch hier: Rechnen Sie damit. Sobald Sie einen Konflikt angehen, können Sie mit einem Gerichtssaal-Spiel und/oder mit der Tangential-Taktik rechnen. Rechnen Sie damit, und Sie sind vorbereitet.

Mit ein wenig Übung lernen Sie recht schnell, die Tangential-Taktiken Ihrer Mitarbeiter und Kollegen zu durchschauen. Je früher Sie die Taktik erkennen, desto eher können Sie aus dem Spiel aussteigen. So ein Röntgenblick für Tangential-Taktiken ist recht zeitsparend. Er hat nur einen Haken, an dem man vor allem bei seinen ersten Versuchen hängen bleiben kann. Wenn man den tangentialen Köder durchschaut, kann es sein, dass man stinkwütend auf den Partner wird und ihn anraunzt: »Mensch, Meier, lenken Sie hier nicht ab!« Das ist paradox. Denn eigentlich will man ja aus dem Spiel aussteigen. Mit diesem Vorwurf fängt man stattdessen eine neue Partie Gerichtssaal-Spiel an.

Das ist kontraproduktiv, lässt sich aber relativ leicht abstellen. Wechseln Sie Ihren Bezugsrahmen, das heißt, betrachten Sie die Sache aus einem anderen Blickwinkel. Seien Sie nicht wütend, weil der Partner versucht auszuweichen. Seien Sie

• stolz auf sich, dass Sie die Taktik durchschauen,

- stolz darauf, dass der Partner taktiert, denn das bedeutet, Sie haben ein kitzliges Thema getroffen,
- stolz auf den Partner: Er ist ein cleverer Spielpartner. Aber Sie spielen besser, nämlich gar nicht.

Wenn Sie den Köder erkannt haben, können Sie ihn ablehnen. Ablehnen heißt bei der Tangential-Taktik: zurückstellen.

Das Zurückstellen

Es ist selten ratsam, den Tangential-Taktiker anzublaffen: »Lenken Sie hier nicht ab. Jetzt reden wir über Ihr Zuspätkommen.« Meist wird der Taktiker dadurch noch viel defensiver, weil er eingeschnappt ist. Schmettern Sie deshalb sein tangentiales Thema nicht brutal ab, sondern stellen Sie es einfach zurück: »Das ist ein wichtiges Thema. Darüber müssen wir noch reden. Aber zuerst möchte ich mich über Ihr Zuspätkommen unterhalten.«

Natürlich wirkt das Zurückstellen nicht aufs erste Mal. Ein Blümchen hat nicht nur ein Blütenblatt. Der Tangential-Taktiker bleibt nur kurz beim Thema, dann geht er wieder tangential weg. Stellen Sie also drei- oder viermal zurück. Wenn der Tangential-Taktiker dann nicht beim Thema bleibt, fahren Sie stärkere Geschütze auf. Wechseln Sie vom Inhalt auf den Prozess: »Herr Meier, ich habe den Eindruck, dass Sie meiner Frage ausweichen. Ich habe Sie schon dreimal gefragt, was es mit dem Zuspätkommen auf sich hat. Könnten wir bei diesem Thema bleiben?« Das ist eine höfliche Übersetzung von: »Ich weiß, was du hier spielst, also lass es.«

Die Blumen-Strategie ist in diesem Punkt sehr variabel. Deshalb können Sie sie bei allen möglichen Partnern anwenden. Beispielsweise extrem höflich bei Kunden: »Frau Xavier, dieser Punkt scheint Ihnen doch sehr wichtig zu sein. Sollen wir erst diesen einen Punkt klären, bevor wir weitermachen?« Das ist der höfliche Pol des Spektrums. Am knallharten Pol steht die unerbittliche Entweder-oder-Frage:

- *Sie:* »Wann kriege ich nun die Unterlagen?«
- *Frau Schmidt:* »Ja, wissen Sie, das muss ich erst mit der Firma Müller klären, dann muss ich noch…«

- *Sie:* »Heißt das Mittwoch oder Donnerstag?«
- *Frau Schmidt:* »Ja, also, das hängt davon ab, ob Müller am Mittwoch...«
- *Sie:* »Mittwoch oder Donnerstag?«
- *Frau Schmidt:* »Also gut, Donnerstag.«
- *Sie:* »Vielen Dank, Frau Schmidt.«

Obwohl das Zurückstellen recht gut funktioniert, sollte man vorsichtig sein. Wer diese Methode ausnahmslos in jeder Situation praktiziert, dem kann es passieren, dass er mit Kanonen auf Spatzen schießt. Es gelingt zwar, das Tangential-Thema zurückzustellen, doch nur per Eigentor. Denn möglicherweise hat der Mitarbeiter wirklich keinen Nerv für eine Diskussion übers Zuspätkommen, weil Kunde Müller tatsächlich abspringen will. Wenn Sie spüren, dass hier etwas im Busch ist, dann sagen Sie: »Oh, das wusste ich nicht. Moment, das notiere ich mir. Darüber reden wir gleich anschließend. Aber zuerst zu Ihrem Zuspätkommen.« Damit haben Sie eine Erinnerungsstütze, um das offensichtlich wichtige Thema nicht zu vergessen. Dieser Tipp ist besonders für größere Gruppendiskussionen sehr nützlich. Wenn Sie diese moderieren und generell das eigentliche Thema notieren, sobald die Teilnehmer tangential abschweifen, finden Sie im Themendschungel immer wieder den Weg zurück.

Die Team-Moderation

Wenn Sie mit der Blumen-Strategie eine Diskussion wieder zurück auf den Punkt bringen wollen, können Sie das auf zwei Arten tun. »Herr Kollege, Sie weichen hier sehr geschickt der eigentlichen Fragestellung aus« ist kein Zurückholen, das einem die fortwährende Sympathie des Angesprochenen und der anderen Diskussionsteilnehmer sichert. »Was für ein arroganter Hund« ist eher der Eindruck, den man damit erzielt.

Es nützt wenig, wenn man eine Tangential-Taktik erkennen kann, aber mit einem ironischen Rückholversuch alle Menschen gegen sich aufbringt. Wer schon Hightech-Interventionen wie die Blumen-Strategie beherrscht, sollte seine strategische Überlegenheit eher konstruktiv und freundlich einsetzen. Beginnen Sie immer ganz freundlich, auch wenn Sie wissen, dass Sie drei- bis viermal freundlich sein müssen, weil der Tangential-Taktiker aufs erste Mal nicht ansprechen wird. Steigern Sie dann. Aber nicht ins Unfreundliche, sondern indem Sie, wie oben gezeigt, den Prozess ansprechen: »Liebe Kollegin, ich merke, dass Sie nicht gern auf diesen Punkt eingehen. Was macht es so schwer, diese Frage eindeutig zu beantworten?«

Gerade in Teamsitzungen wird oft mehr Tangential-Taktik als Problemlösung betrieben. Jeder wartet nur auf sein Stichwort, um sein spezielles Fachwissen abzuladen und sich zu profilieren, kurz: um tangential zu werden. Und diesen Stammtisch sollen Sie zur Räson bringen? Ja, und das ist nicht einmal so schwer. Denn im Grunde leiden alle unter diesen ergebnislosen Endlossitzungen. Oder wie ein Kollege mal sagte: »Hier sitze ich und draußen werde ich gebraucht!« Wenn Sie also ankündigen, in 20 Minuten das besprechen zu wollen, wofür man sonst zwei Stunden brauchte – ein durchaus realistisches Versprechen –, werden Sie Zustimmung ernten. Und für die unverbesserlichen Klatschmäuler empfiehlt sich eine praxiserprobte Regelung: Wer Erfahrungsaustausch machen will, kommt zehn Minuten vor der Sitzung und macht das dort.

Es ist nämlich beileibe nicht so, dass wir nicht genügend Zeit hätten. Wir vertrödeln sie nur, indem wir uns darum herumdrücken, die Probleme offen auf den Tisch zu legen. In der Regel atmen alle auf, wenn endlich jemand gut moderiert. *Es gibt keinen Zeitmangel. Aber es gibt einen Mangel, die Dinge beim Namen zu nennen und in Handlungen zu überführen.*

Gute Moderation ist trainingsbedürftig. Es ist noch kein Moderator vom Himmel gefallen. Moderieren lernt man nur, indem man es tut. Es reicht jedoch völlig aus, wenn Sie on-the-Job trainieren. Also fangen Sie klein an. In Situationen, die noch nicht so konfliktgeladen sind, dass selbst Henry Kissinger ins Schwitzen käme.

Viele Teamsitzungen verlaufen so frustrierend, weil sich keiner für Moderation zuständig fühlt oder etwas davon versteht. In Teams ist es übrigens recht nützlich, reihum moderieren zu lassen. Wenn jeder mal die Probleme eines Moderators mit zeitraubenden Tangential-Takti-

kern erleben musste, wird er das nächste Mal seine eigenen Tangential-
Ausflüge einschränken.

Und noch ein Tipp: Wer moderiert, dem gibt man Feedback. Fünf
Minuten lang. Das genügt. Was tun, wenn der Moderator auf eine
Rückmeldung erhitzt erwidert: »Was soll das heißen, ich habe euch
abgewürgt? Wenn ihr permanent tangential wegdriftet!«? Denn das
artet dann schnell in eine Rechtfertigungsorgie aus, was einigermaßen
paradox ist. Die Blumen-Strategie, die das Gerichtssaal-Spiel vermeiden soll, wird selber zum Einstieg für das Gerichtssaal-Spiel. Man vereinbart für das Feedback selbst auch Regeln, etwa diese:

1. Wer Feedback bekommt, hört interessiert zu.
2. Er schreibt sich das Feedback eventuell auf.
3. Er fragt auch mal nach oder paraphrasiert, um zu sehen, ob er das
   richtig verstanden hat, beispielsweise: »Du meinst also ...?«
4. Was er auf keinen Fall tut, ist, sich zu verteidigen, zu rechtfertigen
   oder sein Verhalten zu erklären. Dann artet das nämlich in eine
   hässliche Diskussion aus, und am Ende gibt ihm keiner mehr Feedback.

Das ist eine ganz einfache Wahlentscheidung: *Wenn ich Feedback
haben will, muss ich zuhören.* Wenn ich sofort dagegen halte, will ich
kein Feedback. Dann will ich hören, was mir gefällt, oder ich will
Recht haben. Was wollen Sie? Lobhudelei oder konstruktives Feedback?

Es gibt etliche Führungskräfte, die gehen täglich eine Stunde früher nach Hause, seit sie moderieren können. Moderation zu erlernen macht ein wenig Mühe. Aber sie zahlt sich aus. Wenn Sie meinen,
dass Sie mit Ihrer Zeit Sinnvolleres anfangen könnten, als Spiele zu
spielen, wird sich die Verbesserung Ihres Moderationsstils auch für Sie
lohnen.

Aller Anfang ist leicht. Blättern Sie einfach ein paar Seiten zurück,
suchen Sie sich einen Punkt in der Moderation aus, auf den Sie morgen
oder gleich nachher achten wollen – und schon hat das Training
begonnen. Achten Sie darauf, wie Sie den Punkt in einem realen
Gespräch im Auge behalten und anwenden. Sammeln Sie Erfahrungen
und verbessern Sie Ihren Stil, indem Sie Ihre Erfahrung beim nächsten

Mal einfließen lassen. Wenn Sie dieses Lernen an der eigenen Erfahrung durch Supervision, Coaching oder ein Moderationsseminar unterstützen können – umso besser. Sie werden sehen, dass selbst mit kleinen Änderungen große Erfolge erzielbar sind. Und: Es macht Spaß.

Kapitel 5

Die häufigsten Bürospiele

Das Ja-aber-Spiel

Das Ja-aber-Spiel zählt nicht nur im Büro zu den am eifrigsten gespielten Spielen. Wir erleben es jeden Tag garantiert mehrmals. Sie machen irgendeinen Vorschlag, und irgendwer sagt bestimmt: »Ja, aber…« Wir sind schon so daran gewöhnt, dass wir das gar nicht weiter wahrnehmen. Clevere Führungskräfte sagen immer wieder: »Wenn wir nicht diese endlosen, sinnlosen Diskussionen hätten, könnten wir viel schneller und schlagkräftiger arbeiten!« Das trifft allerdings zu. Das Ja-aber-Spiel frisst endlos Zeit und Nerven, weil es buchstäblich endlos gespielt werden kann:

– *Eröffnungszug Weiß:* »Chef, ich hab da ein Problem mit dem Quantenbrecher. Die Toleranz ist zu hoch.«
– *Erwiderungszug Schwarz:* »Dann schalten Sie doch das Hilfsprogramm dazu.«
– *Weiß:* »Ja, aber dann überlädt doch immer der Arbeitsspeicher.«
– *Schwarz:* »Dann schalten Sie die restlichen Programme ab.«
– *Weiß:* »Ja, aber dann dauert das Hochfahren wieder so lange.«
– *Schwarz:* »Dann gehen Sie auf den zweiten Rechner.«
– *Weiß:* »Aber dann…«

Der Chef macht hier einen gravierenden Fehler – neben dem, den Köder zu schlucken: Er glaubt, dem Mitarbeiter die Bedenken ausreden zu können. Das ist ein Irrtum! Der Spieler spielt nicht, um sich seine *Bedenken ausreden* zu lassen, sondern um seine *Bedenken ausufern* zu lassen. Sein Ziel ist es, so oft und so lange wie irgend möglich »Ja, aber…« zu sagen. »Entweder bis zur Mittagspause oder bis zum

Tod eines der Beteiligten«, wie ein Maschinenmeister es ironisch ausdrückte. So kann diese Ja-aber-Litanei minutenlang, in sinnlosen Arbeitssitzungen oft stundenlang im Kreis herum gehen.

Gefährlich wird es, wenn nicht Ihr Mitarbeiter, sondern Ihr Vorgesetzter mit Ihnen spielt. Sie sitzen beispielsweise in einer Besprechung mit anderen Kollegen.

- *Chef:* »Wir haben ein ziemliches Problem. Kunde Kaschinski will die Lieferung schon nächste Woche.«
- *Sie:* »Kein Problem, wir ziehen vor und schieben den Auftrag Meier.«
- *Chef* (mit säuerlicher Stimme): »Lieber junger, unerfahrener Kollege. Sie wissen doch genauso gut wie ich, dass Meier ein Choleriker ist, der das nie akzeptieren würde.«
- *Ihr Rivale* (sieht nun seine Chance gekommen, sich ins rechte Licht zu setzen und mit konstruktiven Vorschlägen zu glänzen): »Wir lassen die Auslieferung das Wochenende durcharbeiten, dann schaffen wir's.«
- *Chef:* »Aber das genehmigt doch der Betriebsrat wieder nicht!«

Jetzt will noch ein zweiter Kollege zeigen, was für gute Ideen er hat, bietet seinerseits eine Lösung an und holt sich genauso sicher eine Abfuhr. Und im Stillen (oder auch nicht) sind sich alle drei einig, dass der Chef leider ein alter Rechthaber ist.

Wie man Ja-aber-Spiele stoppt

Der oben geschilderte Vorgesetzte geht ins Spiel, nicht weil er Rat sucht, sondern weil er sich und allen anderen beweisen muss, dass er besser ist. Je größer die Geste ist, mit der er einen Vorschlag abschmettern kann, desto heller leuchtet sein eigenes Licht, wenn er das diskutierte Problem dann nach seinem eigenen Spezialrezept löst. Was einen daran so wahnsinnig wütend macht, ist die Mühe, die man sich macht, um zu helfen – und der undankbare Kerl schlägt selbst die besten Ideen aus, als wären sie totaler Unsinn! Das kann einen zur Weißglut bringen! Aber nur, wenn man das Spiel mitspielt.

Wenn der Chef um Vorschläge bittet, sollte man nach dem zweiten

»Ja, aber« auf keinen Fall weitere vorbringen. Denn selbst wenn die vorgebrachten Lösungsmöglichkeiten nobelpreisverdächtig und von bestechender Genialität wären, würden sie nicht akzeptiert. *Beim Ja-aber-Spiel geht es nicht um Lösungen. Der Sinn des Spiels ist zu demonstrieren: »Ich bin besser!«*

Woher kommt dieses Verlangen, immer und immer wieder zur Schau zu stellen, was für ein toller Kerl man ist? Vor allem, wenn einer wirklich gut ist und das eigentlich gar nicht nötig hätte? Der Spieler braucht den Spielgewinn, das ist in diesem Fall das Gefühl, die eigene Überlegenheit wieder deutlich gemacht zu haben. Meist liegt die Ursache dafür in der Kindheit. Wenn ein Kind zum Beispiel ausschließlich für Leistung belohnt wird, statt bedingungslos als Persönlichkeit geliebt und anerkannt zu werden, lernt es schon früh: »Ich bin nichts wert, es sei denn, ich leiste etwas.« Und da jeder Mensch sich nach Anerkennung sehnt, erwächst aus dem Glauben »Ich muss viel leisten, um geliebt zu werden« das Verhaltensmuster, sich immer möglichst gut darzustellen.

Da sich erfolgreiche Muster von der Wiege bis ins Grab fortsetzen – weil sie eben immer bestätigt werden –, hat sich auch diese Form, nach Anerkennung zu streben, indem man sich selbst und anderen beweist, dass man besser ist, erhalten. Je mehr er Ihre Vorschläge abwertet, umso strahlender steht er selbst da, zumindest in seinen Augen. Rechthaber waren immer ungeliebte Kinder. Doch müssen Sie jetzt darunter leiden?

Nein, spielen Sie nicht mit. Es sind meist genügend Kollegen in der Runde, die mit sich spielen lassen. Lehnen Sie sich zurück und überlassen Sie den Kollegen das Spiel. Wenn Sie die Kollegen aber nicht dem Ja-aber-Spiel ausliefern wollen, dann schlagen Sie eine Formalisierung solcher Besprechungen vor.

Sie kennen sicher die Brainstorming-Regel: Vorschläge müssen schriftlich fixiert und dürfen dabei nicht kommentiert werden. Auch wenn sie noch so dumm erscheinen. Da bei einer Brainstorming-Sitzung Dutzende Vorschläge herauskommen, erstickt das Ja-aber-Spiel an der schieren Masse. Ein halbes Dutzend Mal »Ja, aber« zu sagen, macht einem Ja-aber-Spieler nicht viel aus. Es 30 Mal sagen zu müssen, ist selbst dem hartnäckigen Ja-aber-Spieler peinlich.

Der Mitarbeiter, der immer alles besser weiß

Etwas weniger gefährlich, aber genauso ärgerlich ist es, wenn Ihr Mitarbeiter »Ja, aber« spielt. Er kommt herein, meldet sein Problem, Sie machen einen Vorschlag nach dem anderen und bekommen immer nur zu hören: »Ja, aber...« Das kann einen zur Raserei bringen. Man fragt sich unwillkürlich: »Warum fragt mich der Mitarbeiter überhaupt, wenn er doch alles besser weiß?« Weil es ein gutes Spiel ist, um Verantwortung abzuwälzen und unangenehme Dinge nicht tun zu müssen. Sie kennen das von Ihren oder anderer Leute Kinder:

- *Mutter:* »Mäxchen, trag den Müll runter.«
- *Mäxchen:* »Bah, immer ich.«
- *Mutter:* »Stimmt gar nicht, Lieschen trägt ihn genauso oft runter.«
- *Mäxchen:* »Ja, aber nie, wenn er so schwer ist.«
- *Mutter:* »Papperlapapp, er ist ja nur halb voll.«
- *Mäxchen:* »Ja, aber die schweren Knochen vom Mittagessen sind drin.«
- *Mutter:* »Du bist ja auch ein großer Junge.«
- *Mäxchen:* »Aber die Liese ist doch viel älter als ich!«
- *Mutter:* »Oh, Kuckuck noch eins, trag ich ihn eben selber runter, ich muss sowieso zum Briefkasten.«

Triumph! Erfolg auf der ganzen Linie! Die Aufgabe wurde erfolgreich rückdelegiert. Dieses harte Training in der Kindheit zahlt sich später im Berufsleben aus. Wenn aber schon Mäxchen nicht lernt, wie man klar und deutlich artikuliert: »Diese Arbeit schmeckt mir nicht, können wir drüber reden?«, dann kann man es von Max erst recht nicht erwarten. Und, ehrlich gesagt, in den meisten Unternehmen wäre es geradezu selbstmörderisch, offen über seine Abneigung gegenüber bestimmten Arbeiten zu reden. Da spielt man doch eher »Ja, aber«.

Jedenfalls hat Mäxchen früh gelernt, sich um ungeliebte Arbeiten herumzulavieren. Und das probiert Max jetzt bei Ihnen auch. Denken Sie daran: Diese Form des Ja-aber-Spiels wird gespielt, um Verantwortung abzuwälzen. Wälzen Sie zurück. Das können Sie mit Holzhammer oder mit Konzilianz tun. Zur Holzhammermethode werden einige hübsche Anekdoten kolportiert. Vorgesetzter zum Ja-aber-spielenden Mitarbeiter: »Schön, dass Sie ein Problem haben, ich habe auch viele. Lösen Sie Ihres, ich löse meine.« Das ist natürlich hart, aber die Botschaft ist klar: Schieb mir nicht deine Verantwortung zu!

Vom Vorstandsvorsitzenden eines deutschen Konzerns wird folgende Geschichte erzählt. Als ihm ein Bereichsleiter wieder einmal die Ohren voll jammerte, meinte der Vorstandsvorsitzende nur:

– »Haben Sie eigentlich keinen Frisör?«
– »Warum? Sind meine Haare zu lang?«
– »Nein, damit Sie ihm Ihre Probleme erzählen können. Ich habe Sie für Lösungen eingestellt.«

Einen anderen Weg des harten Spielabbruchs hat ein Geschäftsführer entwickelt, von dem folgende Geschichte erzählt wird. Geduldig hörte er sich den Anfangszug eines Ja-aber-spielenden Abteilungsleiters an. Dann sagte er: »Entschuldigen Sie, wenn ich kurz unterbreche – Frau Müller, kommen Sie doch mal kurz rein. Herr Kalinke hier möchte eine Änderungskündigung machen.« Worauf der Abteilungsleiter entsetzt rief: »Was? Wieso will ich eine Änderungskündigung machen?« Darauf der Geschäftsführer: »Ich verstehe Ihre Probleme voll und ganz. Ich verstehe auch, dass Sie dafür die Verantwortung nicht übernehmen wollen. Leider wird mit einem großen Teil Ihrer Bezüge gerade diese Verantwortung abgegolten. Aber dann brauchen Sie ja diesen Großteil nicht mehr, nicht wahr?« Der Abteilungsleiter beeilte sich, aus dem Büro zu kommen.

Diese Holzhammervarianten sind natürlich zynisch und bergen die Gefahr des Eigentors. Es gibt jedoch auch Möglichkeiten, nicht zynisch, sondern konstruktiv aus einem Spiel auszusteigen. Wenn Sie erfahrenen Nicht-Spielern zuhören, werden Sie sehr oft ungefähr folgenden Spielabbruch miterleben: »Herr Gärtner, ich verstehe Ihr Problem gut. Ich habe mich lange genug selbst damit herumgeschlagen. Aber jetzt bin ich da wirklich nicht mehr so drin wie Sie. Sie sind der Fachmann vor Ort. Wir können drüber reden. Aber ich kann Ihnen nichts raten. Entscheiden können das nur Sie. Und das müssen Sie auch. Denn dafür habe ich Sie auf diesen Posten gesetzt.«

Das ist konziliant und trotzdem deutlich. Falls Sie es im Ton etwas zu konziliant rüberbringen, müssen Sie es möglicherweise wiederholen, bis die Botschaft durchsickert: »Lieber Mitarbeiter, du schaffst es nicht, deine Verantwortung bei mir abzuladen. Ich werde nicht mit dir spielen.«

Voraussetzung dafür ist natürlich, dass Sie überhaupt bemerken, was da mit Ihnen gespielt wird. Alte Gewohnheiten sterben langsam, und schon sind Sie wieder in der zwölften Runde, bevor Sie bemerken, dass Sie sich im Kreise drehen. Perfektion gibt es hier nicht. Aber gute Nicht-Spieler haben ihre Ohren so weit trainiert, dass sie ungefähr beim dritten »Ja, aber« merken, welches Spiel abläuft, und dann den obigen Spielabbruch anwenden. Vor dem dritten »Ja, aber« kann man auch gar nicht von einem Ja-aber-Spiel sprechen. Unter Umständen macht Ihr Mitarbeiter ganz berechtigte Einwände. Erst ab ungefähr dem dritten »Ja, aber« wird klar, dass hier gespielt wird. Und spätestens dann können Sie das Spiel abbrechen.

Auf einen Blick: Das Ja-aber-Spiel

- Wie läuft das Spiel?
  - Gesprächspartner findet auf jeden Vorschlag einen Einwand à la »Ja, aber ...«.

- Warum spielt er?
  - Ja-aber-spielende Chefs möchten das Problem selbst lösen und dadurch gut aussehen. Ja-aber-spielende Mitarbeiter möchten Verantwortung abwälzen.

- Wie steigen Sie aus?
  - Spielen Sie nicht mit. Lassen Sie die Kollegen spielen oder formalisieren Sie Chefbesprechungen à la Brainstorming. Delegieren Sie dem Mitarbeiter hart in der Sache, aber konziliant die Aufgabe zurück.

Das Blöd-Spiel

Wenn Mitarbeiter blöd spielen

Es klopft. Ein Mitarbeiter steckt den Kopf zur Tür herein und fragt:

- »Ich hab da ein Problem mit dem Dingsbums. Könnten Sie mal ...?«
- »Aber Meier, das müssten Sie doch inzwischen alleine ...«
- »Ich habe schon alles versucht, aber ich komme nicht weiter.«

Sie knirschen mit den Zähnen, begeben sich vor Ort und beheben den Fehler. Es ist derselbe Fehler, den Sie schon ein Dutzend Mal behoben und dessen Beseitigung Sie Meier schon genauso oft demonstriert haben.

Verärgert eilen Sie zurück an Ihren Schreibtisch, doch – zu spät! Inzwischen hat Ihr Vorgesetzter zweimal nach Ihnen verlangt, die Auslieferung mahnt wütend überfällige Dokumente an, und mit Ihrer eigentlichen Arbeit sind Sie keinen Deut weitergekommen. Für den Rest des Tages hetzen Sie gestresst hinter den verlorenen Minuten her, sinken so gegen acht abends oder noch später in Ihre Couch und denken wie so oft in letzter Zeit: Die treiben ihr Spielchen mit mir!

Was eben ablief, ist tatsächlich ebenfalls ein Spiel. Es heißt: das Blöd-Spiel. Der ahnungslose Mitarbeiter war gar nicht so ahnungslos, wie er vorgab. Er hat sich lediglich ahnungslos gestellt. Er hätte die Aufgabe locker allein lösen können. Stattdessen hat er so getan, als sei er blöd. Nicht absichtlich natürlich, aber das spielt für Ihren Zeitverlust keine Rolle.

Das Ärgerliche am Blöd-Spiel ist, dass es nicht hin und wieder passiert, sondern mit penetranter Regelmäßigkeit. Sie können sich darauf verlassen, Eröffnungszug, Sie ziehen gleich, er kontert – und schon lösen Sie wieder Aufgaben, die Sie eigentlich nicht lösen wollen. Ein Abteilungsleiter erzählt dazu folgende Story: »Ich habe einen Mitarbeiter, der mich regelmäßig anruft, um mich nach der einen oder anderen EDV-Norm zu fragen. Ich stehe dann immer auf, gehe an mein Regal, schlage die Norm im Normenbuch nach und gebe sie ihm durch. Jetzt, da ich das Blöd-Spiel kennen gelernt habe, ist mir klargeworden: Der spielt das Blöd-Spiel mit mir! Der hat nämlich sein eigenes Normbuch im Regal stehen!«

Nicht immer eröffnet der Mitarbeiter mit einer blöden Frage das Spiel. Eine Auszubildende hat beispielsweise die »stumme« Spieleröffnung zur Meisterschaft gebracht. Sie hat ihr Abitur mit dem sensationellen Notenschnitt von 1,2 gemacht. Eines Tages wurde sie von der Chefin ertappt, wie sie die Post kuvertierte – die nicht unterschriebene Post. Die Chefin rief entsetzt: »Warum um Himmels willen tüten Sie die Post ein, wenn sie noch nicht unterschrieben ist?« Die Auszubildende erwiderte mit treudoofem Blick: »Warum – muss die Post unterschrieben sein?« Bei einem Abitur von 1,2 ist das ganz klar der Köder für ein Blöd-Spiel mit gigantischem Krach.

Ein Manager, der gerade Teile seiner Abteilung in die EDV-Software Framework einführte, klagte:

–   »Frau Müller macht mich fertig. Regelmäßig fragt sie mich mitten in einer Übung: ›Und wie komme ich jetzt vom Text- ins Datenprogramm?‹«
–   »Und, was tun Sie darauf?«
–   »Na, ich erkläre es ihr eben noch einmal.«
–   »Und was tut sie dann?«
–   »Sie schreibt es sich auf.«
–   »Wie oft hat sie es sich schon aufgeschrieben?«
–   »Hm, bestimmt schon fünfmal.«
–   »Das heißt: Sie spielt blöd.«

Das Blöd-Spiel ist ein typisches Opferspiel. Derjenige, der es anfängt, nimmt die Opferrolle ein, stellt sich dumm, ignoriert die eigene Denk- und Problemlösefähigkeit nach dem Motto: »Wo lassen Sie denken? Ich lasse meinen Vorgesetzten für mich denken. Der kann das so gut.«

Wer spielt blöd?

Warum tut ein vernünftiger Mensch sich das an? Warum stellt er sich blöd? Ist er tatsächlich blöd? Im Gegenteil! Blöd-Spieler sind fast immer hoch intelligente Leute. Was man jedoch auf den ersten Blick

wirklich nicht merkt. Also, warum tut sich ein hoch intelligenter
Mensch das Blöd-Spiel an? Weil er schon als Kind gerade wegen dieser
überdurchschnittlichen Intelligenz in Konflikt geriet. Zum Beispiel
mit den Eltern, häufig genug mit dem Vater.

Väter pflegen gern den Anspruch, alles erklären zu können. Das
hoch intelligente Kind merkt natürlich recht schnell, dass es den »all-
wissenden« Papa schon mit drei mickrigen Warum-Fragen vom
Thron holen kann. Er weiß nicht mehr weiter und reagiert sprachlos
bis schroff: »Ach, hör doch auf mit deinen blöden Fragen!«, welche
natürlich keine blöden Fragen sind, sondern besonders intelligente,
die den Papa schlicht überfordern. Oder er sagt: »Dafür bist du noch
zu klein.« Jetzt beginnt das hoch intelligente Kind zu lernen: »Stelle
ich kluge Fragen, reagiert der Papa mit Liebesentzug und schlechter
Laune. Stelle ich dumme Fragen, ernte ich Aufmerksamkeit, Papa
blüht auf, weil er zeigen kann, was er alles drauf hat.«

Wohlgemerkt: Dieser Lernprozess läuft nicht bewusst ab. Das
Kind räsoniert nicht: »Wie hole ich mir die Aufmerksamkeit, die ich
brauche?« Es lernt ganz unbewusst durch Versuch und Irrtum.
Gerade weil dieses Manöver unbewusst erlernt wurde und weil es
viele Male seit der Kindheit bestätigt wurde, erhält es sich bis ins
Berufsleben hinein als typische Überlebensstrategie in einer Welt, in
der viele gern zeigen, was sie können.

Der Spielgewinn

Schließlich bestätigen Sie selbst dieses Muster. Jedes Mal, wenn der
Blöd-Spieler bei Ihnen anklopft, ärgern Sie sich zwar über die verlo-
rene Zeit, aber unterbewusst fühlen Sie: »Ich werde gebraucht, die
Leute können nicht ohne mich, ich bin eben unentbehrlich, ohne mich
würde hier doch nichts laufen.« Und schon sind Sie in der nächsten
Partie gelandet.

Das ist das Fatale: Weder Sie noch Ihr Mitarbeiter möchten aus
dem Blöd-Spiel aussteigen, weil Sie beide einen Gewinn davon haben.
Das Opfer – Ihr Mitarbeiter – bekommt Ihre Aufmerksamkeit und
Zuwendung. Sie – der Retter – steigern Ihr Selbstwertgefühl.

Da beide zunächst einen Gewinn daraus ziehen, geht jeder gerne wieder eine neue Partie ein. Über die Monate und Jahre wird das zum Tanz: Jeder kennt seine Schritte auswendig. Es läuft immer in denselben Spielzügen ab: Das Opfer bietet ein Problem an – der Retter löst es – beide scheinen zufrieden. Dieses Spielmuster wird beibehalten, als ob es nach unsichtbaren Spielregeln gespielt würde. Deshalb nennt man das ganze Phänomen auch Spiel. Doch Moment mal – wenn beide Spieler einen Gewinn daraus ziehen, warum fühlen Sie sich danach so seltsam unzufrieden und gestresst? *Weil jedes Spiel nicht nur einen Gewinn, sondern auch einen Preis hat.*

Der Preis des Spiels

Ihr Gewinn: Sie steigern Ihr Selbstwertgefühl. Aber Sie machen dabei eigentlich die Arbeit Ihres Mitarbeiters, vernachlässigen Ihre eigene, verlieren Zeit, kommen in Stress, werden unzufrieden mit sich, zweifeln an sich und brauchen deshalb ganz schnell eine neue Partie Blöd-Spiel, um Ihr angenagtes Ego wieder aufzurichten. Ein Teufelskreis.

In doppelter Hinsicht. Denn – das ist der Fluch der Rotkreuz-Mentalität – je öfter Sie helfen, desto öfter müssen Sie helfen. Kein Mitarbeiter denkt und entscheidet für sich allein, wenn er das billiger von Ihnen erledigt haben kann. Je öfter Sie mit ihm spielen, desto öfter wird er Ihnen die Zeit stehlen. Er wird immer unselbstständiger.

Aber nicht nur Sie als Retter zahlen Ihren Preis. Auch das Opfer zahlt. Zwar ist sein Gewinn Ihre Zuwendung und Aufmerksamkeit. Außerdem muss das Opfer keine eigene Verantwortung tragen, keine schwierigen Entscheidungen treffen und deren Konsequenzen nicht tragen. Das geht so weit, dass der Mitarbeiter nach einer schief gelaufenen Aufgabe zu Ihnen kommt und sagt: »Aber Sie haben doch gesagt! Ich habe Sie doch extra noch gefragt! Ich habe mir ja gleich gedacht, dass das schief geht.« Das ist eine typische Endphase des Blöd-Spiels. Sie als Retter werden zum Opfer.

Trotzdem zahlt auch der blöd spielende Mitarbeiter einen hohen Spielpreis. Da der Mitarbeiter nicht blöd, sondern hoch intelligent ist, merkt er natürlich, dass er sich unter Wert verkauft. Das kratzt am

Selbstwertgefühl. Außerdem merkt der Mitarbeiter, dass die Kollegen ihn abstempeln: »Mann, ist der blöd!« Manche Kollegen fragen sogar irgendwann: »Bist du eigentlich so blöd oder tust du nur so?«

Wie steigen Sie aus?

Solange der Gewinn größer ist als der Preis, steigt niemand aus dem Blöd-Spiel aus. Das Spiel läuft munter. Manchmal jahrzehntelang. Manchmal bis zum (natürlichen) Tod der Spieler. Je länger Sie jedoch spielen, desto schwieriger wird es für Sie auszusteigen. Wie kommen Sie raus?

Vielleicht haben Sie schon folgenden Ausbruchsversuch unternommen: »Stellen Sie sich nicht so blöd an! Machen Sie einfach mal!« Das heißt, Sie wechseln die Rolle. Vom Retter werden Sie zum Angreifer.

Funktioniert dieser Ausbruchsversuch? Nein, denn das Opfer möchte ja weiterspielen. Also lässt es – unbewusst natürlich – die Aufgabe schief laufen, kommt dann wieder zu Ihnen und sagt: »Das hat nicht funktioniert. Aber das ist ja kein Wunder. Sie haben ja nie Zeit für mich!« Jetzt wird das Opfer zum Angreifer und packt Sie bei Ihrem Ehrgeiz, ein guter Chef zu sein. Ihr Mitarbeiter drängt Sie zurück in die Retterrolle, und das Spiel beginnt von vorn. Das nächste Mal erklären Sie dem Mitarbeiter wieder alles, denn Sie sahen ja eben: »Wenn ich nicht wirklich alles selbst in die Hand nehme, geht's doch schief. Das nächste Mal kümmere ich mich wieder selbst darum.« Dieser Ausbruch hat nicht funktioniert. Welcher funktioniert?

Es gibt nur einen einzigen Ausstieg aus diesem Spiel: Spielen Sie nicht. Weigern Sie sich, den Köder zu schlucken. Der Köder heißt: »Ich kann nicht denken. Aber du!« Beißen Sie nicht an! *Denken Sie nicht – lassen Sie das Opfer denken.*

Wie? Zum Beispiel so: Der Mitarbeiter klopft an und fragt mit leicht verhangenem Blick: »Sie haben mir gestern das Bumsdings erklärt. Jetzt – wie war das noch mal?«

Darauf erwidern Sie unter Umgehung des offensichtlichen Köders: »Wie würden Sie's denn machen?« Das ist elegant.

Ein guter Blöd-Spieler reagiert jedoch darauf sofort mit dem Gegenzug: »Das weiß ich doch nicht, sonst würde ich ja nicht fragen!« Jetzt könnten Sie kontern mit:

a. »Wie haben Sie es denn das letzte Mal gemacht?« *Oder:*
b. »Raten Sie doch einfach mal.«

Um die Brillanz dieses Spielausstiegs würdigen zu können, muss man sich vergegenwärtigen, dass das Blöd-Spiel immer mit blöden Fragen gespielt wird. Also mit solchen, die schon ein Dutzend Mal geklärt wurden. Dass Sie Frage a) nicht stellen, wenn der Mitarbeiter die Antwort wirklich noch nie gehört hat, versteht sich von selbst. In diesem Fall hat er wirklich ein Wissensdefizit. Trotzdem kann seine Frage blöd sein: Er müsste eigentlich die Antwort wissen. Das nutzt Option b). Deren Resultat ist meist sehr verblüffend. Der Mitarbeiter rät und landet fast immer einen Volltreffer. Logisch, schließlich ist er hoch intelligent. Sind Sie damit raus aus dem Spiel? Ja, für diese eine Partie schon. Warum tun Sie's dann nicht?

Warum steigen Sie nicht aus?

Weil es Ihnen nicht leicht fällt, auszusteigen: »Was soll ich mich auf Diskussionen einlassen? Das kostet doch viel mehr Zeit, als wenn ich die Sache schnell selbst mache.« Stimmt. Doch wenn Sie die kleine Diskussion von oben dreimal hintereinander konsequent durchhalten, kommt der Mitarbeiter immer seltener mit blöden Fragen zu Ihnen. Mit einer kleinen Zeitinvestition heute erzielt man einen großen Zeitgewinn nächste Woche. Jeder hat die Wahl. Niemand muss aus einem Bürospiel aussteigen. Nur sollte man dann nicht über Zeitnot klagen. Man macht sich damit nur selbst etwas vor, und die Umwelt durchschaut natürlich, dass man nicht wirklich unter Zeitnot leidet, sondern lediglich ein passionierter Blöd-Spieler ist.

Was Ihnen außerdem möglicherweise schwer fallen wird, ist der Verzicht auf das Gebrauchtwerden. Denn Ihr Mitarbeiter wird Sie immer weniger brauchen. Haben Sie dann womöglich ein Problem mit Ihrer Selbstbestätigung? Nebenbemerkung: Selbstbestätigung ist nichts Unanständiges. Sich selbst gut zu fühlen ist der Sinn des Lebens. Also, woher nehmen? Natürlich daraus, dass Ihr Mitarbeiter Sie nicht mehr braucht, seine Arbeit schneller erledigt, das Arbeitsergebnis damit steigert, die Abteilung dadurch besser dasteht, Sie wieder mehr zu Ihrer eigenen Arbeit kommen, deshalb weniger gestresst und zufriedener sind, ausgeglichener werden, mehr Erfolg haben und sich einfach gut fühlen.

Dieser Gewinn ist erheblich. Denn gerade weil der Blöd-Spieler ein hoch intelligenter Mitarbeiter ist, kommt es zur Leistungsexplosion, sobald er damit beginnt, diesen hoch intelligenten Kopf tatsächlich zum Denken zu gebrauchen. *Ehemalige Blöd-Spieler werden regelmäßig zu herausragenden Mitarbeitern.* Also, warum steigen Sie nicht gleich morgen aus dem Blöd-Spiel aus? Weil Sie zusätzliche Energie brauchen, sich selbst bei der Arbeit zu beobachten: Hoppla – welches Spiel geht hier gerade ab? Das kostet am Anfang schon etwas Aufmerksamkeit. Aber wenn Sie das dreimal gemacht haben, läuft es automatisch. Es ist zur zweiten Natur geworden. Wie Kuppeln vor dem Schalten. Daran muss man auch nicht mehr bewusst denken. Das läuft automatisch.

Machen Sie den ersten Schritt

Menschen, die erfolgreich aus dem Blöd-Spiel ausgestiegen sind, haben das meist mit der oben erwähnten Technik geschafft: Einfach mehrmals hintereinander konsequent das Spiel ablehnen – dann gibt der Blöd-Spieler auf und denkt selbst. Es gibt aber noch ein anderes Vorgehen, mit dem schon sehr viele Führungskräfte aus dem Blöd-Spiel ausgestiegen sind. Sie haben mit ihrem Blöd-Spieler einfach folgende Spielregeln vereinbart:

1. Jede Frage, mit der Sie zu mir wollen, legen Sie bitte schriftlich nieder.

2. Formulieren Sie für diese Frage ebenfalls schriftlich mindestens drei eigene Antworten.

3. Klären Sie dann für sich, welche dieser Antworten für Sie die richtige ist.

4. Wenn Sie danach noch eine Frage haben, dann kommen Sie bitte selbstverständlich zu mir. Aber bringen Sie den Zettel mit der Frage und den Antworten mit.

Das passiert natürlich nie mehr – nie mehr mit Blöd-Fragen. Sondern nur noch mit Fragen, die der Mitarbeiter wirklich nicht beantworten kann, weil er sie noch keine fünf Mal gestellt hat. Aber das ist dann kein Blöd-Spiel mehr, sondern ganz normale Führungsarbeit. Und damit ist das Blöd-Spiel dann auch ein für allemal für Sie beendet.

Auf einen Blick: Das Blöd-Spiel

• Wie beginnt das Spiel?	• Gesprächspartner stellt Frage, die schon sehr oft geklärt wurde.
• Warum spielt er blöd?	• Er möchte Ihre Aufmerksamkeit und Zuwendung.
• Wer spielt blöd?	• Blöd-Spieler sind in der Regel hoch intelligente Mitarbeiter.
• Was bringt ihm das?	• Mitarbeiter bekommt Ihre Zuwendung.
• Was bringt Ihnen das?	• Sie fühlen sich unentbehrlich.
• Was kostet ihn das?	• Er wird von den Kollegen für begriffsstutzig gehalten und auch so behandelt.
• Was kostet Sie das?	• Sie machen die Arbeit Ihres Mitarbeiters, vernachlässigen Ihre eigene und kommen immer mehr in Zeitdruck, je öfter Sie spielen.
• Wie steigen Sie aus?	• Vereinbaren Sie mit dem Blöd-Spieler: 1. Frage zuerst aufschreiben. 2. Drei Antworten dazu aufschreiben. 3. Richtige Antwort aussuchen. 4. Wenn dann noch Fragen da sind, zum Vorgesetzten gehen.

Das Tritt-mich-Spiel

Es gibt Mitarbeiter, die bringen einen zur Verzweiflung. Beispielsweise Frau Neher. Jedes Mal, wenn sie vom Mittagessen kommt, macht sie das Fenster auf, und jedes Mal rufen zwölf Kolleginnen im Großraumbüro: »Fenster zu, wir erfrieren!« Es ist schon erstaunlich, wie es die Frau regelmäßig schafft, binnen Sekunden die gesamte Abteilung gegen sich aufzubringen.

Dabei ist nicht das geöffnete Fenster der Auslöser für die erbitterten Reaktionen. Es sind die Rechtfertigungen von Frau Neher: »Jeder hat schließlich das Recht, das Fenster zu öffnen!«, meint sie im Brustton der Überzeugung. Das bestreitet auch niemand. Aber da jeder im Saal vor sich hinfriert, weil die Heizung in diesen Neubauten unzulänglich ist, erwartet jeder gegenseitiges Entgegenkommen. Was man nicht erwartet, ist, dass jemand stur auf sein Recht pocht.

Das ist typisch für Tritt-mich-Spieler. Sie bringen einen nicht nur durch ihr Verhalten zur Raserei, sondern auch durch die scheinrationalen Begründungen, die sie dafür anführen. Selbst wenn man weiß, dass der Tritt-mich-Spieler im Prinzip mit seiner Forderung oder seinem Verhalten Recht haben mag, ist die Art und Weise, wie er dem Ausdruck verleiht, so unangemessen oder unangenehm, dass man unwillkürlich die Faust in der Tasche ballt! Der Tritt-mich-Spieler nimmt eine ganz vernünftige Begründung und verwendet sie in einem Zusammenhang, in dem jeder andere anders reagieren würde. Oder er bringt »konstruktive« Beiträge, die bei den anderen den Wunsch erzeugen, ihn zu knebeln.

In einer Besprechung beispielsweise, in der Sie die Teilnehmer auffordern, Vorschläge zu machen, macht Frau Neher prompt einen. Und alle Anwesenden schlagen innerlich die Hände über dem Kopf zusammen: »Die Wertanalyse! Schon wieder! Jedes Mal bringt sie diesen alten Hut!« Wenn das ein Kollege dann laut ausspricht, meint Frau Neher im Ton der verfolgten Unschuld: »Ich denke, wir sollen Vorschläge machen!« Das stimmt, aber doch nicht jedes Mal diese ollen Kamellen!

Am selben Tag zieht Frau Neher auch wieder ihre Kantinennummer ab. Sie löchert den Koch mit allerlei Sonderwünschen, die

Schlange hinter ihr wird schimpfend länger und länger – und dann lässt sie das Ganze zurückgehen und nimmt doch etwas anderes! Das ist zwar jedem schon mal passiert, aber Frau Neher passiert das immer und immer wieder.

Wenn jemand mit unschöner Regelmäßigkeit die verbalen Tritte der Kollegen und Kolleginnen provoziert, ist die Wahrscheinlichkeit sehr groß, dass es sich dabei um einen »Tritt-mich«-Spieler handelt.

Der Kollege, der unerklärliche Fehler macht

Es gibt zwei Arten von Tritt-mich-Spielern. Die einen ärgern ihre Kollegen, wie Frau Neher. Die anderen machen Fehler, unerklärliche Fehler. So unerklärlich, dass ihnen selbst nicht klar ist, wie es dazu kommen konnte. Und es wird selbstverständlich nie wieder passieren! Aber drei, fünf, neun Wochen später ist es leider wieder so weit.

In einem Unternehmen arbeitete ein Produktmanager, der lange Zeit als hervorragender Mann galt. Bis er eines Tages krank wurde und sein Vertreter in seinem Schreibtisch einen ganzen Berg nicht abgeschickter Auftragsbestätigungen fand. Das ist ein Fehler, der vielleicht dem Azubi im ersten Lehrjahr und dann auch nur einmal passieren kann. Aber keinem gestandenen Produktmanager und in dieser Häufung. Schließlich sind Auftragsbestätigungen bares Geld! So etwas »passiert« nicht einfach.

Als der Produktmanager sich zur Arbeit zurückmeldete, gab es einen Riesenkrach. Sein Vorgesetzter las ihm ordentlich die Leviten. Danach arbeitete der Produktmanager wieder tadellos. Doch nach einigen Wochen schoss er wieder einen kapitalen Bock. Wieder ein Fehler, wie er nicht einmal einem absoluten Greenhorn passieren könnte. Wieder war sein Vorgesetzter auf hundertachtzig.

So ging das Jahre. Der Produktmanager arbeitete wochen-, manchmal monatelang hervorragend, dann leistete er sich einen Riesenfehler und holte sich den Tritt seines Vorgesetzten ab. Tatsächlich kann das Tritt-mich-Spiel Jahre dauern. Es hängt allein von der Geduld des Umfelds ab.

Bei jeder neuen betrieblichen Katastrophe denkt man als Führungskraft: »Jetzt ist er fällig! Jetzt werfe ich ihn raus!« Und man macht einen Riesenkrach. Danach arbeitet der Tritt-mich-Spieler wieder tadellos, und man denkt: »Na also, die Kritik hat doch genutzt.« Dann passiert der nächste Fehler, und man kocht: »Der macht das absichtlich! Der will mich sabotieren! Solche Fehler können doch gar nicht passieren!«

Unverständnis ist das herausragende Gefühl, wenn man mit einem Tritt-mich-Spiel konfrontiert ist. Die Kolleginnen von Frau Neher können einfach nicht verstehen, warum sie sich regelmäßig mit allen anlegt. Der Vorgesetzte des Produktmanagers kann es einfach nicht fassen, dass sein Mitarbeiter Fehler macht, die nur mit böser Absicht zu erklären sind. Immer wieder gibt man in seiner Gutmütigkeit dem Tritt-mich-Spieler eine Chance und kann es nicht verstehen, dass er diese nicht auf Dauer nutzt. Und immer wieder bekommt man fast eine Herzattacke, wenn man vom neuesten Bock des Tritt-mich-Spielers hört. Man ist hin- und hergerissen: Feuert man den Troublemaker und verliert dabei einen guten Mitarbeiter, oder behält man den guten Mitarbeiter und damit gleichzeitig den Troublemaker?

Manche Nervensäge braucht einen Therapeuten

Trennen Sie sich auf jeden Fall von Ihrem Mitarbeiter, wenn es sich um einen wirklich harten Tritt-mich-Spieler handelt. Denn ein wirklich harter Tritt-mich-Spieler braucht keinen Chef, sondern einen Therapeuten. Als Vorgesetzter sind Sie damit überfordert.

Tritt-mich-Spieler hatten eine harte Kindheit. Sie wurden selten bis nie gelobt. Aber sehr oft kritisiert, heruntergemacht, häufig gar geschlagen. Nun kann ein Kind ohne Lob leben, aber nicht ohne Zuwendung. Selbst wenn diese Zuwendung nur in Form von Kritik, Schelte und Schlägen erfolgt. Also hat der Tritt-mich-Spieler als Kind gelernt, sich die einzige Art von Zuwendung zu holen, die für ihn erreichbar war: Schelte, Kritik, Bestrafung.

Wer nur negative Zuwendung kennt, für den ist Anerkennung fremde Nahrung: Er kann sie nur schwer verdauen. Stattdessen sucht er nach gewohnter Nahrung: Schelte, Kritik, Bestrafung. Und die ist in manchem Unternehmen viel leichter zu bekommen als Anerkennung. Je stärker der Tritt-mich-Spieler diese negative Zuwendung sucht, desto stärker ärgert er seine Kollegen und/oder desto kapitalere Fehler begeht er. Nach dem Ärger oder dem großen Krach jedoch arbeitet der Tritt-mich-Spieler dann ganz vorzüglich, weil er erst einmal bekommen hat, was er braucht. Er hat seine negative Zuwendung bekommen.

An dieser Stelle machen die teilnehmenden Vorgesetzten in meinen Seminaren meist große Augen: »So habe ich das noch nie gesehen. Der Mitarbeiter hat mich mit seinen dummen Fehlern immer maßlos aufgeregt. Aber eigentlich ist er ja ein bedauernswerter Kerl.« Wenn Sie erst hinter die Fassade Ihres Tritt-mich-Spielers geschaut haben, merken Sie, dass dieser Sie weder sabotieren noch bloßstellen, noch ärgern will. Er handelt aus seelischer Notwehr.

Helfen Sie bei der »Nahrungsumstellung«

Das Problem ist schon halb gelöst, wenn Sie das Spiel erkennen, seinen Hintergrund verstehen. Der Tritt-mich-Spieler spielt nicht aus Boshaftigkeit oder um den Betrieb zu ruinieren, sondern als Überlebensstrategie. Wenn Sie diese seelische Not hinter dem nervenden Verhalten sehen, regt es Sie schon viel weniger auf, dass Frau Neher regelmäßig das Fenster aufreißt. Die Frau zeigt ja eine Notreaktion. Sie verhält sich nicht so, um Sie zu ärgern oder zur Weißglut zu bringen. Sondern um eine innere Not zu lindern.

Es geht dem Tritt-mich-Spieler gar nicht um Sie, den er ärgern will. Es geht ihm um sich selbst. Wenn Ihnen das klar wird, müssen Sie zwar immer noch mit seinem Verhalten umgehen, aber Sie müssen sich nicht mehr darüber ärgern. Und wenn Ärger und Stress verschwinden, ist Ihr Problem schon halb gelöst. Die andere Hälfte des Problems verschwindet, wenn Sie dem Mitarbeiter bei der »Nahrungsumstellung« helfen können. Wie gesagt, das können Sie nur, wenn Ihr Mitarbeiter noch ohne Therapeut auskommt. Der Produktmanager, der die Auftragsbestätigungen nicht abschickte, musste nach einer monatelangen Tritt-mich-Partie tatsächlich entlassen werden. Ihm konnte nur noch ein Therapeut helfen.

Doch nicht jeder Tritt-mich-Spieler spielt so hart. Vielen Spielern können Sie als Vorgesetzter helfen. Was sich für Sie lohnt, schließlich sind die Tritt-mich-Spieler in spielfreien Zeiten sehr gute Mitarbeiter. Wovor Sie sich allerdings hüten sollten, ist die laienpsychologische Lösung: Da der Mitarbeiter eine so harte Kindheit hatte, braucht er jetzt besonders viel Lob und Anerkennung. Das funktioniert nicht.

Denn Lob und Anerkennung sind ungewohnte Nahrung für den Tritt-mich-Spieler, die er nicht verdauen kann. Was er braucht, ist eine ganz allmähliche »Nahrungsumstellung«. Er muss sich noch eine Zeit lang von der alten, gewohnten Nahrung ernähren und dann ganz langsam auf die neue umsteigen. Geben Sie ihm deshalb einfach, was er braucht. Kritisieren Sie ihn. Wegen lauter Kleinigkeiten.

Wenn er zum Beispiel eine Minute zu spät kommt, einen Tippfehler in einem Bericht gemacht hat oder eine Diskette falsch beschriftet hat, sagen Sie:

– »Das finde ich nicht in Ordnung, Sie arbeiten sonst genauer.«
– »Das ist keine saubere Arbeit, da bin ich Besseres von Ihnen gewohnt.«

Aber tun Sie es regelmäßig. Viele kleine Mahlzeiten sind besser als eine große. *Wenn Sie Ihren Tritt-mich-Spieler regelmäßig wegen Kleinigkeiten kritisieren, braucht er nicht den einen, riesengroßen Bock, der den ganzen Betrieb gefährdet, um sein Bedürfnis nach negativer Zuwendung zu befriedigen.*

Die pharmazeutische Industrie verpackt die bittere Pille in einem süßen Überzug. Machen Sie es umgekehrt. Verpacken Sie die süße Pille Anerkennung in einem bitteren Überzug aus Kritik. Sagen Sie: »Da ist ja ein Tippfehler drin! So kenne ich Sie gar nicht. Sie arbeiten doch sonst fehlerfrei.« Wenn das Lob so unter einem Überzug aus Kritik versteckt ist, kann der Tritt-mich-Spieler es verdauen.

Wenn Sie dieses Manöver einige Zeit und einige Male durchhalten, gewöhnt sich Ihr Tritt-mich-Spieler ganz langsam an die ungewohnte Nahrung Anerkennung. Nach und nach braucht er die alte Nahrung nicht mehr. Er hört auf, andere zu ärgern oder dumme Fehler zu machen. Aber das ist ein längerer Prozess, der Ihre Geduld, Ihr Fingerspitzengefühl und Ihre kommunikative Kompetenz fordert. Wenn

Sie einen guten Mitarbeiter behalten wollen, lohnt sich der Aufwand für Sie.

Sie können sich auch Unterstützung holen, indem Sie dem Mitarbeiter einen guten Coach empfehlen. Ihr Weiterbildungsreferent oder Personalentwickler kennt gute Coaches. Oder Sie lassen Ihren Tritt-mich-Spieler mit der betrieblichen psychologischen Beratungsstelle sprechen, wenn es so etwas in Ihrem Unternehmen gibt.

Auf einen Blick: Das Tritt-mich-Spiel

• Wie läuft das Spiel?	• Partner macht immer wieder unerklärliche Fehler oder bringt regelmäßig Kollegen gegen sich auf.
• Warum spielt er?	• Spieler hatte harte Kindheit. Erhielt Zuwendung nur in Form von Kritik, Schelte, Schlägen. Kann Lob deshalb nicht »verdauen«. Sucht sich also die Form der Zuwendung, die er versteht: verbale Tritte.
• Wie steigen Sie aus?	• Betriebsbedrohliche Tritt-mich-Spieler brauchen einen Therapeuten, weniger bedrohliche Fälle einen guten Coach. Leichten Fällen können Sie selbst helfen: Machen Sie eine »Nahrungsumstellung«. Geben Sie zunächst negative Zuwendung, die Sie allmählich durch positive ersetzen.

Das Ach-wie-schrecklich-Spiel

Opfern sollte man nicht helfen

Sicher fällt Ihnen auf Anhieb ein Kollege oder sogar ein Vorgesetzter ein, der hin und wieder hereinkommt und ungefähr so beginnt: »Meine Güte, wir von der Abteilung X sind doch immer die Dummen. Wie soll man mit diesem Budget/diesen Mitarbeitern/diesen Lieferanten irgendetwas erreichen im Markt?« Ihnen tut der Kollege natürlich leid, und Sie trösten ihn ungefähr so:

- »Lieber Kollege, lass den Kopf nicht hängen, das kriegen wir schon irgendwie hin.«
- »Pfft«, sagt der Kollege, »du hast doch keine Ahnung. Gestern haben die da oben sogar meinen QS-Assistenten abgezogen. Wie soll ich denn das ohne den schaffen?«

Also trösten Sie ihn noch ein bisschen mehr. Paradoxes Resultat: Je mehr Sie trösten, desto stärker jammert er. Wann immer Sie auf den Silberstreif am Horizont zeigen, deutet er auf die pechschwarze Gewitterwolke, die sich gleich davor schieben wird. Sie können sich sogar des Eindrucks nicht erwehren, dass der Kollege fast ärgerlich auf Ihre Versuche reagiert, ihn aufzurichten. Das stimmt exakt. Der Kollege ärgert sich, weil Sie sein schönes Spiel kaputtmachen.

Das Ach-wie-schrecklich-Spiel ist ein typisches Opferspiel, das in manchen Unternehmen fast schon zur Tagesordnung gehört. Das Opfer kommuniziert: »Ach Gott, ich Ärmster!« Jammern ist das Grundmuster des Spiels. Das Opfer möchte, dass Sie mitjammern und/oder Mitleid mit ihm zeigen. Was das Opfer auf keinen Fall möchte, sind Rat, Abhilfe oder Problemlösung. Denn wenn das Problem gelöst wäre, wäre das Opfer ja nicht mehr das arme, bemitleidenswerte Opfer. Deshalb wehrt das Opfer sich umso stärker, je mehr Sie ihm zu helfen versuchen. Überflüssig zu sagen, dass mit jedem abgeblockten Rettungsversuch das Opfer ärgerlicher wird, weil Sie nicht mitspielen, und Ihr Ärger wächst, weil der dumme Kerl sich offensichtlich nicht helfen lassen will. Retten Sie nicht!

Wie man Opfern hilft, ohne ihnen zu helfen

Das Ach-wie-schrecklich-Spiel ist ein schöner Zeitvertreib. Man erlebt eine gewisse Nähe ohne konkrete Konsequenzen für sich selbst und die Problemlösung. Man kann über Probleme jammern, ohne sie lösen zu müssen. Wie bei jedem Spiel können Sie die Eröffnung mit guten und weniger guten Zügen parieren:

• **Beschwichtigen**. Beschwichtigen ist ein Reflex. Entweder es
steckt in unseren Genen, oder wir sind irgendwie darauf konditio-
niert, beim ersten Blick auf ein trauriges Gesicht automatisch zu
sagen:»Aber so schlimm ist das doch alles nicht!« So schnell kann man
gar nicht denken, wie einem das über die Lippen kommt. Leider der
falsche Zug. Denn das Opfer kontert:»Ja, du hast gut reden, du hast
ja einen zusätzlichen Assistenten/die besseren Kunden/was-auch-
immer.« Das Opfer will nicht getröstet werden, es will ein Gemein-
schaftsgefühl erleben. Deshalb zeigt es Ihnen mit seinem Kontern:
»Wenn du nicht mitjammerst, gehörst du nicht zu uns.« Wer immer
»uns« auch sein mag.

• **Mitjammern**. Opfern Sie zehn Minuten, lassen Sie das Opfer
jammern, hören Sie aktiv zu, nicken Sie mit dem Kopf, machen Sie
»sympathetic noises«, wie der Amerikaner sagt – hmh, jaja, ach je –
und streuen Sie ab und zu ein:»Ja, wem sagst du das!«, »Das ist wirklich ein schöner Schlamassel« ein, denn damit geben Sie dem Opfer,
was es will, nämlich ein Gefühl von Gemeinsamkeit:»Du bist nicht
allein in deiner Bredouille.« Leid verbindet. Oder wie die Engländer
sagen:»Misery seeks company.« Aber Vorsicht beim Mitjammern!
Wer mit seinen »sympathetic noises« nur auf Show macht und ein
paarmal schauspielerisch gekonnt mitnickt, kann eine böse Überraschung erleben. Inkongruenz ist ein Bumerang. Wer nicht ein Quänt-
chen echtes Mitleids geben kann oder möchte, sollte lieber die Finger
von dieser Option lassen. Bevor das Opfer dahinter kommt, dass es
auf den Arm genommen wird und zurückschlägt, per Angreiferspiel.
Manchmal ist das Opfer nach einigen Minuten Jammern zufrieden,
sein »Tank« ist »voll«, und es verabschiedet sich, nicht ohne sich bei
Ihnen vorher für das gute Gespräch bedankt zu haben:»Weißt du, mit
dir kann man wenigstens noch reden.« Obwohl nicht geredet, sondern
gejammert wurde und obwohl Sie eigentlich nicht geredet, sondern
nur mitfühlende Laute von sich gegeben haben. Sie können jedoch
auch nach einigen Minuten Mitleidens und Mitjammerns abkneifen:
»Du, es tut mir wirklich leid, aber ich muss den Wochenbericht noch
gegenlesen…« Meist genügt dem Opfer diese kurze Demonstration
der Gemeinsamkeit, und es sagt:»Jaja, verstehe ich, auch du hast es

schwer. Ich wollte auch nur mal wieder kurz Hallo sagen.« Wer gut mitjammern kann, pflegt das Abteilungsklima.

• **Dazwischengehen.** Manchmal nimmt das Ach-wie-schrecklich-Spiel überhand. Der Kollege steht jeden Tag zweimal auf der Matte und/oder eine ganze Schar Kollegen spielt das Spiel. Vor allem in Unternehmen mit Abwärtstrend oder Zeiten der Umorganisation oder Umstrukturierung hat man manchmal den Eindruck, dass nicht mehr gearbeitet, sondern nur noch das Ach-wie-schrecklich-Spiel gespielt wird. Wenn Sie dafür keine Zeit haben: Gehen Sie nach einigen Minuten Mitjammerns mutig dazwischen: »Hör mal, genug gejammert, was ist wirklich das Problem? Welche Lösungsmöglichkeiten haben wir? Wer macht wann was?«

Die GAU-Phase des Spiels: Jammerkultur

Das Ach-wie-schrecklich-Spiel ist gefährlich. Der Mensch ist ein Herdentier. Er braucht Gemeinschaft. Je leichter diese Gemeinschaft herzustellen ist, desto besser. Und mit Jammern ist dieses Wir-Gefühl kinderleicht herstellbar. Mit katastrophalen Folgen für das Unternehmen. Sie kennen den Ausdruck »Jammerzirkel«. Manche Unternehmen bestehen nur noch aus solchen.

Alle jammern, keiner handelt. Wenn man die Mitarbeiter auf Problemlösungen anspricht, zum Beispiel auf Kundenorientierung, sagen diese: »Sagen Sie das mal unserem Management.« Spricht man die Manager darauf an, sagen sie: »Sagen Sie das mal den Mitarbeitern.« Natürlich sind sich alle darüber einig, dass endlich etwas getan werden müsste: »Irgendjemand sollte mal was tun. Aber es tut ja niemand was.«

Besonders Verkäufer scheinen anfällig für das Ach-wie-schrecklich-Spiel: »O Gott, was ist denn das wieder für ein unmögliches Produkt, das sich die Marketingleute da ausgedacht haben? Das ist ja nie und nimmer zu verkaufen! Und schon überhaupt nicht zu diesem Preis! Außerdem hat die Konkurrenz ein viel besseres, das billiger und schon lange am Markt ist.« Nicht alle Verkäufer sind so, Gott sei

Dank. Das ist die gute Nachricht. Und jetzt die schlechte: Alle Verkäufer können so werden.

Wenn nämlich ein neuer Kollege in diesem Jammerzirkel meint: »Leute, die zweite Druckstufe hat das Konkurrenzprodukt aber nicht. Da können wir drauf verkaufen«, sagen die Kollegen: »Wenn du erst mal so lange dabei bist wie wir, merkst du auch, dass das überhaupt keinen Unterschied macht.« Das bekannte Motiv: »Du gehörst nicht dazu, wenn du nicht mitjammerst.« Entweder der neue Kollege lernt, mit den Wölfen zu jammern, oder er wird zum Außenseiter. Da muss er nicht lange überlegen. Über den Druck der Gemeinschaft wird die Minus-Einstellung einiger zur Kultur aller. Kultur verbindet. Und das, was verbindet, ist Jammern. Das nimmt zuweilen groteske Züge an.

Ein Verkaufsleiter berichtete von einer besonders haarsträubenden Episode dieser Jammerkultur. Ein neuer Kollege hatte einen Auftrag an Land gezogen und erzählte das stolz einem älteren Kollegen. Der sagte: »Was, du hast einen Abschluss gemacht? Da wirst du aber noch jede Menge Ärger haben in den nächsten Wochen, wenn du die Lieferzeit nicht einhalten kannst und die Penner von der Montage wieder den Job versauen.«

Das muss man sich mal vorstellen! Ein Verkäufer bejammert einen Auftrag! »O Gott, der Kunde hat uns einen Auftrag gegeben! Wie schrecklich!« Das heißt, für einen Verkäufer kann es lohnender sein, wenig zu verkaufen, um sich nicht dem Zorn der Kollegen auszusetzen. Was können Sie tun, um dieser wenig verkaufsfördernden Einstellung zu begegnen?

Das Vorbild besiegt die Jammerkultur

Natürlich merken die meisten Führungskräfte, dass ihre Mitarbeiter nur noch jammern, demotiviert sind und lustlos mitarbeiten. Also muss man sie »motivieren«. Sich vor ihnen aufzubauen und zu sagen: »Kopf hoch, Leute! Wir schaffen das! Wir ziehen alle am selben Strang!« funktioniert natürlich nicht. Erstens, weil die Leute diese Sprüche satt haben, und zweitens, weil nicht das entscheidet, was man sagt, sondern das, was man tut.

Wenn Motivationsversuche fehlschlagen, liegt das selten an den Worten und immer an den Taten. Der Manager kann viel reden – solange man merkt, dass er nicht selbst ans Produkt, seine Mitarbeiter und die Chancen glaubt, ist alles nur Lippenbekenntnis. Mitarbeiter sind nicht dumm. Sie merken den feinen Unterschied zwischen Sagen und Sein. Die stillen Zweifel des Managers sprechen lauter als seine Worte. *Erfolgreich motivierende Manager sind von Produkt, Mitarbeitern und Chancen felsenfest überzeugt.* Das ist nicht angeboren, sondern hart erarbeitet. Diese Arbeit heißt Fokuswechsel. Motivationskünstler sehen nicht alles rosa. Sie sehen recht wohl die Produktschwächen, konzentrieren sich aber auf die Stärken. Sie sehen wohl die Defizite der Mitarbeiter, aber fördern ihre Begabungen. Sie sehen die vielen Bedrohungen und richten den Blick auf die wenigen Chancen, wie ein Formel-1-Rennfahrer, der gelernt hat, in einer Krise nicht das Hindernis anzuschauen, sondern dahin zu blicken, wo er hinwill. Kurz gesagt: Diese Manager haben die positive Einstellung, die den Mitarbeitern fehlt. Und da der Vorgesetzte der wichtigste Einflussfaktor auf das Abteilungsklima ist, verbreitet sie sich. In einem Wort: Vorbildfunktion.

Ein Vorbild zu sein erfordert natürlich etwas mehr Führungskompetenz als fünf Minuten »Einheizen«. Und es zeigt auch nicht sofort Ergebnisse. Eine Gruppe von der Minus- zur Plus-Einstellung zu führen dauert per Vorbildfunktion Wochen. Bei einer Abteilung braucht es Monate, für eine ganze Firma ungefähr ein Jahr. Nur wenige Manager haben diesen langen Atem. Der Rest sucht immer noch nach schnellen Rezepten. Sie gehen davon aus, dass Erfolg »machbar« ist, und zwar postwendend. Sie unterstellen, dass man ein Bäumchen schneller wachsen lassen kann, indem man daran zieht. Man reißt es stattdessen aber aus. Entwicklungsprozesse brauchen Zeit. In Zeiten des Hochdrucks ist das manchmal schwer einzusehen.

Vorsicht, Falle: Drei erfolglose Ausstiege

Schwieriger wird die Sache, wenn Sie als Mitarbeiter, Teamkollege oder Führungskraft in einen Kollegenkreis geraten, der jammert. Mit Vorbildfunktion richten Sie da nichts aus, weil Sie nicht vorgesetzt, sondern Gleicher unter Gleichen sind. Das resultierende Drama hat drei mögliche Verläufe.

1. Sich treu bleiben. Ihr erster Gedanke, wenn Sie in so eine Gruppe geraten:»Gott, was für Defätisten! Deprimierend.« Und Sie beschließen, den müden Laden mal in Schwung zu bringen:»Kopf hoch, Leute! Da haben wir schon ganz andere Dinger geschaukelt!« Die Gruppe hält Sie daraufhin für einen arroganten Besserwisser. Sie werden zum Außenseiter. Nun gibt es Kollegen, denen das nichts ausmacht:»Ich brauche die Zustimmung der Kollegen nicht. Ich gehe meinen eigenen Weg.« Dieser eigene Weg ist erfolgreich, da nicht defätistisch vorbelastet (Gewinn). Er wird mit Einsamkeit und Einflussverlust auf die Gruppe (Kosten) bezahlt. Da der Mensch im Grunde ein Gruppenwesen ist, ein hoher Preis. Deshalb schlucken viele Kollegen ihren Stolz und spielen nach dem zweiten Drehbuch.

2. Mit den Wölfen heulen. Sie schlucken das Negativklima in der Gruppe und jammern mit, um nicht als überheblicher Streber dazustehen. Sie werden dadurch in die Gemeinschaft aufgenommen (Gewinn), werden aber in Ihrer Denkweise selbst ganz negativ (Kosten). Sie gehören dazu, aber sind unzufrieden mit Ihrer Arbeit.

3. Dosierte Schizophrenie. Besonders Berufsanfänger sind vom vorherrschenden Klima bei der Arbeit regelmäßig schockiert. Der berühmte Praxisschock. Viele meinen:»Am besten, ich jammere in publico kräftig mit und gehe meinen eigenen Weg, sobald ich wieder im eigenen Büro bin.« Eine gute Idee – wenn sie funktionierte. Leider können selbst professionelle Schauspieler nicht mehr aus einer Rolle, wenn sie sie eine bestimmte Zeit gespielt haben. Als Sir Laurence Olivier Heinrich VIII. spielte, gab eine Diele der Bühne nach, und er stürzte in einen tiefer liegenden Theatergraben. Als er aus einer kurzen Ohnmacht erwachte, sagte er – noch etwas benommen – zum herbeigeeilten Arzt:»Kämmerer, richte Er mich auf.« Es ist schwer, einer Rolle zu entkommen. Und hin und her springen geht schon gar nicht. Dosierte Schizophrenie funktioniert nicht. Man kann auch Schnupfen nicht dosieren. Entweder man hat ihn oder nicht.

Ausstieg mit »Pacing and Leading«

Das Ach-wie-schrecklich-Spiel ist ein verzwicktes Spiel. Sie werden zum Defätisten, wenn Sie mitspielen, und zum Außenseiter, wenn Sie nicht mitspielen. Lösbar wird das Dilemma erst, wenn Sie sich auf das besinnen, was der eigentliche Kern des Spiels ist: das Herstellen von Gemeinschaft. *Wenn es Ihnen also gelingt, Ihre positive Grundeinstellung zu bewahren, ohne von der Gemeinschaft verstoßen zu werden, sind Sie raus aus dem Spiel.* Sie müssen das Spiel verlassen, ohne die Gruppe zu verlassen. Auf Deutsch heißt das: erst mitmachen, dann ändern.

Sie können nicht aufstehen und sagen: »Was jammert ihr denn wieder?« Der Ausschluss folgt umgehend. Man muss immer erst Anschluss an ein System finden, um etwas daran zu ändern. Im NLP (*Neurolinguistischen Programmieren*) heißt das »Pacing«. Man darf nicht mit der Tür ins Haus fallen. Man muss erst in Gleichklang mit den Leuten kommen. Erst dann kann man etwas ändern, auf NLP-Deutsch: Leading. Was Sie bei Ihrem Ausstieg aus dem Spiel ändern, ist der Fokus der Gruppe. Der liegt beim Ach-wie-schrecklich-Spiel auf etwas Negativem. Wenn also wieder mal gejammert wird, könnten Sie sagen: »Ja, das neue Produkt ist wirklich ziemlich teuer (Pacing). Andererseits könnten wir damit endlich den Sprung in das Hochpreissegment schaffen (Leading): weniger Absatz, aber mehr Umsatz. Nicht schlecht, oder?«

Es kommt nicht so sehr darauf an, dass Ihnen die Kollegen daraufhin zustimmen. Obwohl die Chancen dafür hoch sind. Denn Sie haben den Fokus geändert, ohne die Gemeinschaft zu verlassen. Der Jammerzirkel wehrt sich ja nicht gegen Änderung, er wehrt sich gegen die Zerstörung der Gemeinschaft. Und oft nehmen Jammerzirkel Änderungsvorschläge begeistert auf und führen sie erfolgreich durch. Eben weil sie durch Jammern eine eingeschworene und im Grunde hoch motivierte Gruppe geworden sind. Aber das ist vielleicht nicht einmal so wichtig. Wichtiger ist, dass Sie weiterhin dazugehören und trotzdem Ihren eigenen Weg gehen können. Sie müssen sich nicht länger verleugnen, um dazuzugehören.

Eine zweite Lösung: Direkt und ehrlich

Eine zweite Ausstiegsmöglichkeit ist der direkte Weg: »Leute, hört mal, wie erlebt Ihr eigentlich unsere Meetings? Geht Ihr da eher motiviert oder niedergeschlagen raus? Und woran könnte das liegen?«

Die meisten Mitarbeiter und fast alle Führungskräfte sind inzwischen für Probleme der Gesprächsführung sensibilisiert und können zumindest reflektieren, was in den Gesprächen passiert und was sie selbst dazu beitragen. Und da Menschen nicht dumm sind, reicht oft schon die Diskussion über die deprimierenden Jammerzirkel, um Bewegung in die Sache zu bringen. Und selbst wenn das nicht passiert, wenn also alle sagen: »Hey, wir lieben diese Meetings, man kann sich so schön auskotzen«, dann haben Sie sich zumindest mit Ihrem Versuch nicht selbst ausgebootet. Sie haben lediglich eine unverfängliche Frage gestellt.

Auf einen Blick: Das Ach-wie-schrecklich-Spiel

• Wie beginnt das Spiel?	• Gesprächspartner jammert hartnäckig.
• Warum spielt er?	• Er möchte, dass Sie mitjammern und/oder Mitleid zeigen.
• Was steckt dahinter?	• Jammern stärkt das Wir-Gefühl: Wer mitjammert, gehört dazu.
• Wo liegt die Gefahr?	• Wenn Sie die Jammerei nicht mehr hören können und ein paar aufmunternde Worte einstreuen, zeigt man Ihnen die kalte Schulter.
• Wie steigen Sie aus?	• Erst mitmachen, dann ändern: »Pacing and Leading«. Mitjammern, dann Fokus der Wahrnehmung auf konstruktiven Aspekt lenken.

Das Gerichtssaal-Spiel

Fehlen Ihnen zwei Stunden täglich?

Ganz besonders in Meetings, Besprechungen, Sitzungen geht sehr viel kostbare Zeit verloren, und man dreht sich stundenlang im Kreis, weil ein besonders beliebtes Spiel gespielt wird. Zum Beispiel folgendes:

- *Kollege A:* »Lieferung X ist zu spät dran, wie biegen wir das noch rasch hin?«
- *Kollege B:* »Moment mal, wer hat das denn verschlafen?«
- *Kollege C:* »Also *wir* haben die Unterlagen pünktlich rausgegeben, aber wenn die Qualitätssicherung…«
- *Kollege B:* »Ach was, die Produktion stand doch zwei Tage still…«
- *Kollege C:* »Also bitte, immer wenn was schief läuft, sollen wir schuld sein. Dabei hat doch die Dispo…«
- *Kollege C:* »Von wegen! Wir in der Dispo haben doch schon vor zwei Wochen darauf hingewiesen, dass dieser Termin nicht zu halten ist. Aber wenn die Projektleitung…«

Da kann einem doch der Hut hochgehen! Anstatt das Problem zu lösen, wird Schwarzer Peter gespielt. Jeder versucht jedem die schlechte Karte unterzuschieben. Bis alle durch sind mit ihren Anklagen und Verteidigungen, Plädoyers und Zeugenaufrufen – deshalb heißt das Spiel auch Gerichtssaal-Spiel –, sind zwei Stunden um. Das Problem wurde nicht gelöst, aber das ist auch zweitrangig. Es geht gar nicht um das Problem, es geht darum, wer Schuld hat. Gearbeitet wird nicht, um das Problem zu lösen. Gearbeitet wird, um die eigene Unschuld zu beweisen.

Wenn man dieses Prinzip versteht, versteht man(ager) auch, weshalb deutsche Firmen oft so ineffizient arbeiten. Weshalb so viel Zeit für völlig unnötige Scheintätigkeiten vertrödelt wird. Wenn man vorrangig nicht Leistung zu bringen, sondern seine Unschuld zu beweisen hat, muss man sich schließlich schon lange vor dem Fall der Fälle vorbereiten und Aktennotizen, Protokolle und Tabellen schreiben, um bei einer etwaigen Anklage gut vorbereitet zu sein. Man muss

Hausmitteilungen schreiben und an möglichst viele Leute verschicken, um im Ernstfall behaupten zu können: »Habe ich doch schon damals gesagt, hier bitte, meine Hausmitteilung vom…«. Natürlich liest niemand diese Hausmitteilungen, weil keiner dafür Zeit hat, da alle an ihren eigenen Hausmitteilungen schreiben. Aber das macht nichts. Hauptsache, man hat die Hausmitteilung an möglichst viele Leute verschickt und kann sie später als Beweismittel anführen.

Da man nie weiß, was alles schief gehen kann, sichert man sich vorsichtshalber für alle Eventualitäten ab. Man schreibt ein halbes Dutzend Hausmitteilungen mehr als nötig, legt noch eine Aktennotiz ab und schiebt dann noch ein Protokoll hinterher. Das ist auch Arbeit. Zwar nicht die, für die man bezahlt wird. Aber die, die einen vor Anklage und Verurteilung schützt. Die Amerikaner nennen diese Art Arbeit »Cover your ass« – man bedeckt seine Weichteile.

Das Gerichtssaal-Spiel kostet Millionen Arbeitsplätze, weil es Produktivität vernichtet. Man schätzt, dass mit der Bedeckung der Weichteile in Japan 20 Prozent, in Deutschland 50 bis 60 Prozent der Produktivität vergeudet werden. Für manches Unternehmen ist das eine eher konservative Schätzung. Ein Projektleiter sagte einmal: »Hochgerechnet vertrödle ich vier Tage jeder Woche mit sinnlosen Besprechungen, Hausmitteilungen und Protokollen, in denen jeder dem anderen die Schuld zuschiebt, und einen Tag mache ich meine eigentliche Arbeit. Ich bin schon froh, dass es wenigstens noch ein Tag ist.« Wenn auch Sie der Meinung sind, dass in Ihrem Arbeitstag irgendwo ein Zeitleck versteckt ist, liegt der Verdacht nahe, dass jemand Gerichtssaal mit Ihnen spielt.

»Wir sehen uns vor Gericht!«

Etwas lief schief. Eine Maschine funktioniert nach der Montage beim Kunden nicht. Das Projektteam sitzt beisammen und »diskutiert«:

– *F&E:* »Unser Lauftest im Labor verlief über die volle Testdistanz störungsfrei. Der Defekt muss also durch den Transport verursacht worden sein.«

- *Logistik:* »Ausgeschlossen. Wir haben euch extra noch gefragt, mit welchen Transportsicherungen wir transportieren sollen. Wir haben uns strikt an eure Vorgaben gehalten. Hier, seht mal, da habe ich noch die abgezeichnete Checkliste des Kontrolleurs. Die Maschine hat den Transport einwandfrei überstanden, aber was in der Montage passiert ist, kann ich nicht sagen.«
- *Montage:* »Nichts, gar nichts ist in der Montage passiert! Glaubt ihr, wir merken nicht, wenn eine Maschine defekt ist? Die Maschine hat den Probelauf einwandfrei absolviert. Aber wir haben immer darauf hingewiesen – das steht schon im Protokoll vom 19. Januar –, dass bei Dauerbelastung – also die Konstruktion ist für Dauerbelastung einfach nicht ausgelegt.«
- *Konstruktion:* »Was soll das heißen? Für Dauerbelastung haben wir doch extra …« ad infinitum.

Hier wird kein Problem gelöst. Hier wird im Kreis herumgeredet. Jeder, der in so einem Meeting war, weiß, dass man darüber fast verrückt werden kann. Der Kunde steht tobend vor der Tür, und diese Kerle haben nichts Besseres zu tun, als Schwarzer Peter zu spielen! Zwar ist das der ganz normale Bürowahnsinn, doch er hat Methode. Wer diese Methode durchschaut, kann das Spiel aushebeln und die Spieler zurück zur Vernunft bringen. Und eigentlich ist das Spiel ganz leicht zu durchschauen: Es läuft wie ein Gerichtsprozess. Die Parallelen sind eklatant.

Es geht nicht um Problemlösung, es geht um Schuld und Urteil. Nirgends wird

- so viel gelogen wie vor Gericht,
- so viel verschwiegen wie vor Gericht,
- so wenig das eigentliche Problem gelöst.

Auch die Sprache beim Gerichtssaal-Spiel ist wie vor Gericht. Es wird von Schuld, Beweisen und Rechthaben gesprochen. Nicht von Ursachen oder Lösungen. Außerdem ist im Gerichtssaal-Spiel – wie vor einem echten Gericht – der zeitliche Blickwinkel immer nach hinten gerichtet. Man redet über die Vergangenheit. Dabei sind Probleme nur in der Gegenwart für die Zukunft lösbar. Und natürlich hat jeder die

Vergangenheit anders erlebt. Es gibt offensichtlich unterschiedliche Vergangenheiten. Also streitet man um die »richtige« Vergangenheit. Aber selbst wenn man diese fände, es würde nichts nützen, weil man das Problem damit noch immer nicht gelöst hat. Die ausgelieferte Maschine funktioniert immer noch nicht...

Warum wird Gerichtssaal gespielt?

Das Gerichtssaal-Spiel ist kein Spiel, das im Büro erfunden wurde. Die Mitarbeiter und Führungskräfte bringen das Spiel aus ihrer Kinderstube in den Betrieb mit. Weil sie es als Kind so gelernt haben, machen sie später damit einfach weiter. Ein Beispiel: Lieschen kommt heulend zur Mama und klagt Fritzchen an:

- *Lieschen:* »Fritz hat mich geschlagen!«
- *Mutter:* »Oh, der Böse. Warum hat er das getan?«
- *Lieschen:* »Ich habe ihm nur etwas erklärt!«
- *Mutter:* »Na, der hat sie wohl nicht mehr alle. Was hast du ihm denn erklärt?«
- *Lieschen:* »Er hat gefragt, was ein Versager ist.«
- *Mutter:* »Und? Was hast du gesagt?«
- *Lieschen:* »Ich habe gesagt: ›So jemand wie du!‹«

Man sieht an diesem etwas überzeichneten Beispiel sehr schön, wie wir bereits als Kind lernen:

- Angriff ist die beste Verteidigung. Warte nicht, bis du angeklagt wirst, klage vorher an.
- Das arme, anklagende Opfer erhält Aufmerksamkeit, Zuwendung und Schokolode und darf abends länger aufbleiben – und Fritz nicht!
- Manchmal muss man ein bisschen mogeln, damit die Anklage »passt«.
- Wird man selbst angeklagt: Sofort abwehren und zum Gegenangriff übergehen, sonst bestrafen einen die Eltern.

Wer als Kind gelernt hat, auf Probleme erst einmal wie aus der Pistole
geschossen mit Schuldvorwürfen zu reagieren, wird dies auch in Ihrer
Arbeitsgruppe und im Bekanntenkreis fortführen. Und mit dieser
Erbsünde der Erziehung müssen Sie sich nun herumschlagen! Was
können Sie tun?

Lehnen Sie die Robe ab!

Als angehender Spieleprofi wird Sie die nächste Gerichtssaalspielpar-
tie kaum mehr aufregen. Denn Sie können jetzt die geheimen Rollen
erkennen, die dem Spiel zugrunde liegen. Sie sind klar verteilt. Die
Ankläger sind die Angreifer, die Angeklagten die Opfer. Manchmal
findet sich ein Retter für ein Opfer, woraufhin dann beide zu Angreifern werden und ein neues Opfer anklagen. Schließlich muss der
Schuldige gefunden werden!

Je früher Sie erkennen, was hier abläuft, desto weniger Zeit verlieren Sie mit sinnlosen Schuldzuweisungen. Ein ganz frühes Warnsignal
sind folgende Alarmfragen:

- Wer hat Recht?
- Wer hat Schuld?
- Wer hat angefangen?
- Wer ist dafür verantwortlich?

Sobald eine dieser Fragen fällt – seien Sie auf der Hut! Hier kommt das
Gerichtssaal-Spiel! Sie werden nie mehr darauf hereinfallen, wenn Sie
die zentrale Regel des Spiels kennen: *Wo kein Richter ist, gibt es kein
Gerichtssaal-Spiel.* Denn das Spiel funktioniert nur, weil wir bereits als
Kinder gelernt haben, dass Eltern automatisch und reflexartig die
Richterrolle übernehmen:

- »Susi hat die Milch verschüttet!«
- »Na warte, der werde ich aber die Leviten lesen!«

Deshalb schwärzen sich Mitarbeiter gegenseitig beim Chef an. Deshalb streiten sich die Teilnehmer von Sitzungen endlos. Sie haben
gelernt, dass alles, was nach Eltern aussieht – Lehrer, Trainer, Vorge-

setzte, Politiker, Gurus, Sitzungsleiter –, automatisch die Richterrolle übernimmt. Dabei ist es fast lächerlich einfach für jede Führungskraft, aus dieser zeitraubenden und ungewollten Richterrolle auszubrechen. Wieder ein Beispiel aus der Erziehung. Sie fahren in den Urlaub, und plötzlich bricht auf dem Rücksitz ein lautstarker Streit aus:

- *Evi:* »Mami, der Karl hat – !«
- *Karl:* »Mami, die Evi hat – !«
- *Mutter:* »Kinder, bei diesem Lärm kann ich nicht fahren. Ich fahre jetzt auf diesen Parkplatz, und wenn ihr euch geeinigt habt, fahren wir weiter.«

Diese Ablehnung der Richterrolle wirkt Wunder. Schon nach wenigen Minuten eiserner Enthaltsamkeit auf dem Parkplatz – »Macht das unter euch aus!« – hat sich der Streit erledigt. Beim nächsten Anfall von Spielwut reicht dann schon die Frage »Soll ich wieder rechts ranfahren?«, um den Streit zu beenden. Wo kein Richter ist, wird Rechthaben unwichtig. Wo sich kein Dummer findet, der den Richter macht, lösen Kinder und Erwachsene ihre Probleme sehr schnell selbst. Und im Übrigen meist besser, als der Richter sie hätte lösen können. Denn der Richter steckt nicht so in der Sache drin wie die Beteiligten selbst.

Der Streit-Kodex des Gerichtssaal-Spielers

Was wir in der Kindheit gelernt haben, praktizieren wir auch im Unternehmen:

- Wenn uns jemand ein Problem schildert: nicht lösen, sondern sich sofort rechtfertigen und/oder zum Gegenangriff übergehen.
- Man muss den Richter auf seine Seite kriegen.
- Präventivschläge sind die beste Verteidigung. Das führt manchmal zu paradoxen Situationen:
  - »Komisch, der Tank ist schon wieder leer …«
  - »Ich habe das Auto nicht als Letzter gehabt!«

Selbst wenn überhaupt noch niemand anklagt, schiebt man schon mal prophylaktisch eine Entschuldigung ein.

• Je brenzliger die Situation, desto dringender ist ein Präventivschlag angeraten.

• Wenn's brenzlig wird, wechsle das Thema! Das ist eine hübsche Taktik gewiefter Verteidiger. Wir haben das bereits im Kapitel »Tangential-Transaktionen« ausführlich behandelt.

Als Vorgesetzter aussteigen

Es gibt Situationen, in denen das Gerichtssaal-Spiel jede sinnvolle Unterhaltung unmöglich macht:

– *Softwareentwicklung:* »Ich brauche dringend ein XY-Modul. Bis wann können Sie das besorgen?«

– *Einkauf:* »Also, an mir lag es nicht, dass Sie das letzte Mal so lange auf das Ding warten mussten.«

– *Softwareentwicklung:* »Sicher. Jetzt will der Kunde nur wissen, bis wann ich seinen Auftrag erledigen kann. Also, bis wann können Sie das besorgen?«

– *Einkauf:* »Mit dieser Firma gibt es immer wieder Probleme. Und ich kriege dann eins auf den Deckel! Ich sage ja schon lange, dass wir uns einen anderen Lieferanten suchen sollten.«

– *Softwareentwicklung:* »Verflixt, können Sie mir nicht endlich sagen, bis wann ich das Ding haben kann?«

Der Absicherungswunsch bei manchen Mitarbeitern, Kollegen und Unternehmen ist inzwischen so groß geworden, dass sie sogar dort eine Anklage hören, wo überhaupt keine ist. Sie verteidigen sich, bevor sie überhaupt angeklagt werden, und machen jede kleine Transaktion zur Staatsaffäre.

Zwar gehen bei diesen fruchtlosen Diskussionen 50 Prozent der Zeit und Personalkosten drauf. Aber es gibt Unternehmen – Monopolisten, Quasi-Monopolisten, Branchenführer und alle, die sich für eines von beiden halten –, die sich das leisten können. Jeder kennt so ein Unternehmen, in dem tagelang diskutiert statt gehandelt wird.

Vielleicht arbeiten Sie nicht in einem solchen Unternehmen. Vielleicht beleidigt es aber auch Ihren gesunden Menschenverstand, von jeder Mark Budget, die Sie haben, 50 Pfennige für absolut ziellose Diskussionen zu vergeuden. Falls das der Fall ist, dann sollten Sie aussteigen. Als Vorgesetzter haben Sie dafür die besten Karten. Wenn demnächst wieder etwas schief geht und Ihre Projektgruppe oder Abteilung mit Schuldzuweisungen und Tangential-Transaktionen reagiert, lehnen Sie das Spiel ab: »Ich bin nicht an der Schuldfrage interessiert, sondern nur an der Lösung des Problems.«

Das ist gut, aber nur ein Anfang. Denn selbstverständlich lassen sich durchtrainierte Gerichtssaal-Spieler nicht so leicht vom Spielen abbringen. Sie machen einfach unbeirrt mit den Schuldzuweisungen weiter. Darauf sprechen Sie einen Spieler direkt an:

– »Frau Schmidt, suchen Sie einen Schuldigen oder wollen Sie das Problem lösen?«
– »Aber wir müssen doch den Verantwortlichen finden!«
– »Und? Läuft dann die defekte Maschine wieder?«

Oder Sie fragen: »Und? Meinen Sie, dass das Arbeitsklima dadurch besser wird, wenn wir einen Sündenbock suchen? Ich habe keine Zeit für Schuld und Sühne, ich will eine Lösung.«

Sie können den Spielabbruch je nach Situation verschärfen: »Schuld bringt keinen Umsatz, die Lösung wohl. Also vergeuden Sie meine Zeit nicht mit Dingen, für die ich keine müde Mark sehe!« Diese Rückführung der Lösung auf das, was die Gehälter bezahlt, nämlich auf den Umsatz, ist ein starker Hebel, um das Spiel abzubrechen. Manchmal insistiert jedoch ein besonders hartgesottener Spieler: »Aber ich habe doch Recht! Die Dispo hat viel zu spät gemeldet!« Für diesen Fall empfehle ich Ihnen die Geschichte vom Rabbi.

Die Geschichte vom Rabbi

Ein Dorfbewohner kommt zum Rabbi und beklagt sich fürchterlich über den Nachbarn, dessen Kirschbaum Kirschen auf sein Grundstück verliert: »Ich muss das ganze Fallobst zusammenkehren! Wenn er nur diesen einen Ast stutzen könnte, der auf mein Grundstück ragt!« Worauf der Rabbi sagt: »Da hast du Recht.« Bald darauf kommt eben jener Nachbar zum Rabbi und beschwert sich nun seinerseits über den ersten Dorfbewohner: »Dauernd macht er mir den Kirschbaum madig. Anstatt das Fallobst zu Gelee zu verkochen!« Worauf der Rabbi sagt: »Da hast du Recht.« Daraufhin sagt die Frau des Rabbi, die die ganze Zeit stumm zuhörte, zum Rabbi: »Mann, was tust du? Du kannst doch nicht zum einen sagen, er habe Recht, und zum anderen auch.« Der Rabbi überlegt kurz und sagt dann: »Da hast du Recht.«

Wer hatte nun Recht? Jeder! Jeder hat aus seiner eigenen, individuellen Sichtweise immer Recht. Leider löst das keine Probleme. *Recht-haben ist kein Kriterium für Problemlösung.* Ein Abteilungsleiter, der unter einer besonders hartnäckigen Spielerriege litt, hängte eines Tages kurzerhand am Schwarzen Brett folgenden Spruch aus: »Wer Recht haben will, löst keine Probleme. Und wer keine Probleme lösen will, hat hier nichts zu suchen.« Das war zwar brutal, aber damit war allen klar: Es gibt eine neue Regel, nach der sich richten sollte, wer bleiben und weiterkommen will.

Als Geführter aussteigen

Wie gesagt, als Vorgesetzter haben Sie die besten Chancen, aus dem Gerichtssaal-Spiel auszusteigen. Sie müssen nur lange und konsequent genug auf Lösung beharren, dann geben Ihre Mitarbeiter das Gerichtssaal-Spiel auf. Wenn dagegen Ihr eigener Vorgesetzter mit Ihnen spielt, ist die Situation schwieriger. Denn Ihr Vorgesetzter ist ja Ankläger und Richter in einer Person! Schöne Zustände. Aufgrund seiner Machtposition kann er Ihnen die Schuld einfach zuschieben. Das heißt, es gibt keine Garantie, dass Ihr Ausstieg glückt. Aber Sie können Ihrem Chef zumindest Paroli bieten, indem Sie seine Aufmerksamkeit von der Schuldfrage weglotsen. Dazu ein Beispiel: Der Chef beschuldigt seinen Angestellten, der Angestellte wehrt sich – leider falsch:

– *Chef:* »Meier, der Kunde reklamiert. Sie haben die Sendung wieder zu spät aufgegeben.«

- *Meier:* »Was heißt hier ›wieder‹. Ich schicke immer rechtzeitig ab.«
- *Chef:* »Von wegen! Was war denn im Januar? Da haben Sie doch auch erst die Monatssendung am 17. aufgegeben!«
- *Meier:* »Aber der 15. war damals doch ein Samstag!«
- *Chef:* »Na, das kann jeder behaupten!«
- *Meier:* »Moment, ich hole meinen Taschenkalender…«

Und so geht das weiter: Beweis und Gegenbeweis. Das Gespräch verläuft so, weil der Angestellte sich falsch verteidigt. Er kommt nicht von der Schuldfrage herunter. Ganz anders endet eine solche Gardinenpredigt, wenn der Angestellte seinen Chef geschickt von der Schuldfrage weglockt:

- *Chef:* »Meier, der Kunde reklamiert. Sie haben die Sendung wieder zu spät aufgegeben.«
- *Meier:* »Sie ist auf jeden Fall zu spät beim Kunden angekommen. Heißt das, Sie möchten, dass ich sie in Zukunft früher, also noch vor dem 15. losschicke?« (Elegante Ablenkung von der Schuldfrage in Richtung Lösung).
- *Chef:* »Früher als am 15.? Nein, denn früher kommt das ja gar nicht aus der Produktion. Und wegen dem einen Kunden stellen wir doch die Produktion nicht um! Ja, heißt denn das, Sie haben's vor dem 15. losgeschickt?«
- *Meier:* »Auf dem Ausgangsprotokoll steht 14. Aber vielleicht dauert es per Post einfach zu lange. Vielleicht sollten wir nicht per Post, sondern per Express-Car ausliefern?« (Zweiter Schritt in Richtung Lösung).
- *Chef:* »Ja, wenn der Kunde das bezahlt…«

Das ist nicht spektakulär, aber es wirkt. Dem Angestellten gelingt es, die Aufmerksamkeit des Chefs auf die Lösung zu richten. Der Angegriffene verteidigt sich nicht, er macht aber auch nicht den Rechthaber und präsentiert die fertige Lösung, die den Vorgesetzten möglicherweise schlecht aussehen lassen würde. Er lässt die Lösungselemente eher beiläufig als Frage einfließen und nähert sich Schritt für Schritt der kompletten Lösung. Das klappt nicht auf Anhieb, aber mit ein bisschen Übung ersparen Sie sich so manche sinnlose Diskussion. Sie werden überrascht sein, wie Ihr Chef, der Sie bislang periodisch vor den Kadi gezerrt hat, plötzlich auch in diesen Situationen ganz umgänglich und vernünftig wird.

Das Richteramt macht nur Ärger

»Konflikte«, sagte ein Kollege einmal, »sind nicht die Ausnahme. Sie sind die Regel.« Manche Konflikte tragen Ihre Mitarbeiter unter sich aus. Manche tragen sie zu Ihnen:

- Zwei Kollegen wollen zur selben Zeit Urlaub nehmen.
- Zwei streiten sich, wer einen erkrankten Kollegen vertreten muss.
- Das ganze Team zankt sich, wer den neuen Kunden betreuen darf.

Besonders im Vertrieb scheint der Konflikt zum Regelfall geworden zu sein:

- *Müller:* »Chef, Meier hat während meines Urlaubs in meinem Verkaufsgebiet gewildert! Er hat einen Abschluss gemacht, obwohl ich mit dem Kunden schon ein erstes Gespräch hatte! Die Provision gehört mir!«
- *Meier:* »Ach Unsinn, Chef, der Kunde (Zeuge wird aufgerufen) kannte den Müller überhaupt nicht. Der hat noch nie was von ihm gehört. Das ist mein Auftrag und meine Provision!«

Egal, wem Sie Recht geben, mit dem Verlierer haben Sie danach ein Problem. Der Verurteilte ist sauer, geht in Revision oder strengt ein neues Verfahren an, um es dem Kollegen heimzuzahlen. Er

- schafft neue Beweise heran,
- sabotiert heimlich Ihre Lösung des Problems und/oder
- beginnt mit einem neuen Streitfall einen Vergeltungsprozess.

Das nennt man Problemverlagerung. Aus dem Sachproblem der Mitarbeiter wurde ein Beziehungsproblem zwischen Ihnen und dem Verlierer.

Das Problem hat sich nicht nur verlagert, es hat sich sogar verdoppelt. Vorher hatten zwei Mitarbeiter ein Problem. Das haben sie jetzt immer noch, denn der Verlierer will sich am Gewinner rächen. Hinzu kommt aber noch Ihr Problem, das Sie ab sofort mit dem Verlierer haben. Der Verlierer

- mault,
- macht Dienst nach Vorschrift und
- nutzt seine Arbeitszeit, um die Kollegen hinter sich zu bringen.

Haben Sie das gewollt? Nein, sicher nicht. Mit Ihrem Schiedsspruch wollten Sie eigentlich den Konflikt lösen. Stattdessen haben Sie einen Rebellen produziert, der den Betrieb stört und Ihnen die Zeit stiehlt. So machen Sie sich selbst das Leben schwer, indem Sie Richter spielen. Warum passiert uns das ständig?

Verlassen Sie den Richtertisch

Szene aus dem Alltag: Die Zeit drängt, ein wichtiger Kunde schimpft, der Chef will dringend eine Extrawurst, Ihre Sekretärin legt die Ausgangspost zur Zeichnung vor, und plötzlich stehen da zwei Mitarbeiter, die ihr Problem gelöst haben wollen. Obwohl gerade der Bär tanzt, sind Sie kein Unmensch. Konfliktlösung ist schließlich Führungsaufgabe. Aber schnell muss es gehen!

Also hören Sie mit halbem Ohr zu, zeichnen nebenher die Post ab. Die Zeit drängt, das Problem muss schnell vom Tisch, außerdem können Sie doch nicht zugeben, dass Sie im Moment leicht überfordert sind. Die Mitarbeiter erwarten schließlich, dass ihr Chef sagt, wo's langgeht. Also fällen Sie in aller Eile ein salomonisches Urteil. So, erledigt, Nächster, bitte.

Sie haben Ihr Ziel erreicht, das Problem scheint schnell vom Tisch. Das Eilverfahren hat aber leider einen Verlierer produziert, der schon bald mit einem neuen Streitfall eine Revanche will, welcher noch mehr von Ihrer Zeit frisst, weshalb der Richterspruch noch eiliger sein muss, was ein noch stärkeres Verliererproblem verursacht, was noch mehr Revanche-Konflikte auslöst, was Sie noch mehr Zeit kostet, weswegen alles noch schneller gehen muss, bis Sie auf 5 000 Um-

drehungen in der Minute rotieren und ausbrennen. Ist das Ihr Berufs-
ziel?

Gut gemeinte salomonische Urteile sind Eigentore. Wer immer den
Richter spielt, schafft sich einen Verlierer, der ihm dann die Zeit stehlen wird. Ein Schnellurteil ist ein Bumerang. Man hat zwar heute den
einen Fall vom Tisch, dafür aber morgen mindestens wieder einen
anderen zu lösen. Seien Sie schlauer.

Lehnen Sie die Robe ab! Verlassen Sie den Richtertisch. Das ist
wörtlich gemeint. Wenn zwei Mitarbeiter vor Ihrem Chefschreibtisch
stehen, als stünden sie im Verhandlungsraum, Sie in vollem Glanz
Ihrer Würde – da fehlt nur noch der Bundesadler an der Wand, um die
Gerichtssaalatmosphäre komplett zu machen –, dann gehen Sie dort
weg! Zum Beispiel in die Besucherecke, wo man am »runden Tisch«
sitzen kann. Nicht umsonst wird dieser Tisch in internationalen Ver-
handlungen eingesetzt. Vor der Richterbank kommt niemand zu einer
vernünftigen Lösung.

Diese klimatische Maßnahme ist Ihr erster Schritt bei der Ablehnung der lockenden Richterrolle. Genauso konsequent lehnen Sie im
nachfolgenden Gespräch die Richterrolle ab: Wenn Mitarbeiter von
Ihnen ein Urteil verlangen, geben Sie keines! Sie sind kein Richter. Sie
sind Führungskraft!

Sobald Sie den Richter spielen, gibt es mindestens einen Verlierer.
Verlierer gibt es immer dann, wenn zwei sich streiten und ein Dritter
die Lösung sagt. Die Lösung kann (objektiv) noch so richtig sein, mindestens einer ist subjektiv sauer, weil er verloren hat. Umgekehrt gilt:
Die Lösung kann (objektiv) noch so falsch sein, alle akzeptieren sie,
wenn alle bei der Lösung mithelfen durften. Kein Mensch fühlt sich
als Verlierer, wenn sein Mosaiksteinchen in der Lösung steht. Also:

- Lösen Sie nicht.
- Lassen Sie lösen.
- Verweigern Sie jede eigene Lösung und verführen Sie – daher das
  Wort Führungskraft – die Mitarbeiter zum Selberlösen.

Sie können dazu die Moderationstechniken einsetzen, die im 4. Kapitel ausführlich geschildert wurden.

Auf einen Blick: Das Gerichtssaal-Spiel

• Wie wird gespielt?	• Bei Auftauchen eines Problems wird nicht nach der Lösung, sondern nach dem Schuldigen gesucht. Die Leute klagen sich an und rechtfertigen sich.
• Warum wird gespielt?	• Schon als Kinder haben wir gelernt: Nicht lösen, sondern verteidigen, und Angriff ist die beste Verteidigung.
• Wie steigen Sie aus?	• Lehnen Sie die Robe ab.
	• Lassen Sie lösen, anstatt Richter zu spielen: Moderieren Sie.
	• Bringen Sie Tangential-Transaktionen mit der Blumen-Strategie zum Thema zurück.

Das Makel-Spiel

Er pickt sich immer nur die Fehler raus

Auf einem Seminar erzählte mir ein Teilnehmer folgende haarsträubende Geschichte: Der Teilnehmer übernahm als Projektleiter ein Projekt, das alle Beteiligten schon für tot erklärt hatten. Das Unternehmen sollte für einen Kunden eine Entwicklung machen, die sich total festgefressen hatte. Die Situation war so hoffnungslos verfahren, dass der Finanzvorstand bereits damit rechnete, die vereinbarte Konventionalstrafe von mehreren hunderttausend Mark berappen zu müssen. Zum Erstaunen aller bog der Projektleiter das Projekt mit übermenschlicher Anstrengung noch um, und zwar so, dass der Kunde sogar höchst zufrieden mit dem Ergebnis war.

Als der Projektleiter voll Stolz seinem Vorgesetzten die Projektunterlagen zum Abschluss vorlegte und innerlich mit einem dicken Lob, vielleicht mit einer Beförderung, aber zumindest mit einem fetten Bonus rechnete, sagte der Vorgesetzte nur: »Wie ich Ihren Unterlagen entnehme, haben Sie Ihr Budget um 300 Mark überzogen. Sagen Sie mal, war das nötig?«

Der Projektleiter war sprachlos. Nicht nur, dass der Vorgesetzte seinen grandiosen Erfolg mit keinem Wort erwähnte. Er pickte sich auch noch die belangloseste aller Trivialitäten heraus und redete über nichts anderes mehr. Dem Vorgesetzten waren läppische 300 Mark offensichtlich wichtiger als die 300 000 Mark eingesparter Vertragsstrafe.

Wie reagieren Sie?

Kommt Ihnen das Beispiel bekannt vor? Haben oder kennen Sie einen Boss, der immer nur das Negative sucht und findet? Wie reagieren Sie? Die häufigste Reaktion ist die berechtigte Empörung: »Aber Chef, ich habe Ihnen 300 000 Mark gespart! Ich habe 18 Stunden am Tag gearbeitet, um das Projekt noch zu retten. Was soll ich denn noch alles tun! Ich war ja total überlastet!« Wird das den Vorgesetzten zur Vernunft bringen? Nein, er wird antworten: »Aber Sie wissen doch, wir müssen sparen. Jede Mark zählt. Oder sind Sie da anderer Meinung?«

So kommt man mäkelnden Chefs nicht bei! Wenn ein Angreifer die Gegend unsicher macht, dann sollte man sich nicht als Opfer anbieten. Wer sich rechtfertigt, tut jedoch genau das. Er spielt Opfer.

Es gibt auch noch einen zweiten Spielverlauf. Möglicherweise platzt dem Projektleiter der Kragen, und er sagt: »Sind Sie noch zu retten? Ich bringe ein Millionenprojekt sicher in den Hafen, spare Ihnen 300 000 Mark Strafe, und Sie feilschen wegen lächerlichen 300 Mark? Suchen Sie sich das nächste Mal einen anderen Dummen.« Offene Eskalation oder Abgang mit Türknall. Bei dieser Variante konkurriert der Projektleiter mit dem Vorgesetzten um die Angreiferrolle. Ist das besser, als Opfer zu spielen?

Natürlich nicht. Der beste Zug in einem Bürospiel ist, nicht zu ziehen, sondern auszusteigen. Beim Makel-Spiel kann der Ausstieg jedoch aus einem besonderen Grund schwer fallen: Sie streiten sich gerne mit Ihrem Chef. Sie brauchen den Adrenalinstoß einer knallharten Auseinandersetzung. Wenn das der Fall ist, dann spielen Sie weiter! Viel Feind, viel Ehr. Sie haben ja was davon. Wenn Sie aber die

Streiterei satt haben und es nicht länger aushalten, statt Anerkennung Tadel einzufangen, dann steigen Sie aus.

Warum mäkelt ein Chef?

Welcher Teufel reitet Vorgesetzte, die krankhaft nach Fehlern suchen? Warum greift ein Vorgesetzter einen Projektleiter wegen lächerlicher 300 Mark an? Natürlich, um von anderen Problemen abzulenken. Seit Jahrhunderten überfallen Despoten ihre Nachbarländer, wenn sie ihre eigenen Probleme nicht lösen können oder wollen. Wer sich klein fühlt, kann auch dadurch wachsen, dass er andere klein macht. Wenn der Vorgesetzte seinem Projektleiter beweist, dass er doch nicht so hervorragende Arbeit geleistet hat, dann ist das ein Ventil für den Vorgesetzten, seine negativen Gefühle loszuwerden. *Oft steckt ein tief verborgenes Minderwertigkeitsgefühl dahinter, wenn jemand das Makel-Spiel spielt.* Ohne dass dem Spieler das selbst klar ist, tut er nur einfach das Einzige, was ihm möglich ist, um sich selbst besser zu fühlen. Für viele Teilnehmer meiner Seminare ist allein diese Erkenntnis schon eine Offenbarung. Der Chef ist kein verdammter Sadist, sondern ein armer Schlucker: Er braucht das Spiel für seinen Seelenfrieden. Fast könnte man Mitleid mit ihm haben. Und manche haben das auch. Sie ärgern sich nicht länger über jemanden, der lediglich die falsche Strategie hat, zu sich selbst eine gute Einstellung zu bekommen.

Mit dieser Erkenntnis im Hinterkopf fällt es leichter, aus dem Spiel auszusteigen. Die Angreiferrolle wird unattraktiv. Man schlägt nicht auf einen armen Teufel ein. Auch die Opferrolle schreckt nur noch ab: Wer ordnet sich schon gerne einem zahnlosen Tiger unter?

Der Ausstieg aus dem Makel-Spiel

Ein Lehrling erzählte mir, wie er mit seinem Makel-spielenden Ausbilder umging. Der Ausbilder sagte häufig: »Das ist falsch, dies stimmt nicht und auch jenes haben Sie wieder versaut. Das schreibe ich mir alles auf, das kommt in Ihre Beurteilung!« Dabei machte der Lehrling eigentlich gute Arbeit und wusste das auch. Deshalb fragte er: »In Ordnung, aber über wie viel Prozent meiner Arbeit sprechen Sie gerade?« Darauf musste der Ausbilder zugeben: »So ungefähr zwei Prozent.«

- *Lehrling:* »Also sind 98 Prozent in Ordnung?«
- *Ausbilder:* »Ja, im Großen und Ganzen.«
- *Lehrling:* »Und – schreiben Sie das auch auf?«

Ein schönes Beispiel dafür, wie man mit etwas gesundem Menschenverstand aus einem Spiel aussteigt. Wenn der Chef nur den minimalen Anteil sieht, der vielleicht danebenging, und Ihre Erfolge einfach ignoriert, dann:

1. Fragen Sie nach dem Prozentsatz, über den er gerade spricht.
2. Ziehen Sie sofort den Umkehrschluss.

Damit bringen Sie den Vorgesetzten dazu, auch Ihre Erfolge anzuerkennen. Meist verläuft das Gespräch dann in ganz normalen Bahnen. Die Luft ist raus. Der Makel-Spieler findet selten zu seinem Angriff zurück. Und selbst wenn er das tut, vergewissern Sie sich einfach hin und wieder: »Wir sprechen jetzt nur über diese zwei Prozent, nicht?«

Auf einen Blick: Das Makel-Spiel

• Wie wird gespielt?	• Sie haben Erfolg und erwarten Anerkennung. Aber Ihr Chef meckert nur über etwas völlig Belangloses.
• Warum wird gespielt?	• Ihr Chef erträgt Ihren Erfolg nicht. Er lädt seine negativen Gefühle bei Ihnen ab, in der meist unbewussten Hoffnung, sich selbst dann besser zu fühlen.
• Wie reagieren Sie falsch?	• Wenn Sie sich für den belanglosen Makel rechtfertigen, spielen Sie das hilflose Opfer. Wenn Ihnen der Kragen platzt, eskaliert das Gespräch.

- Wie reagieren Sie richtig?   1. Fragen Sie, über wie viel Prozent Ihrer
                                  Leistung Ihr Chef spricht.
                               2. Ziehen Sie den Umkehrschluss.

Das Holzbein-Spiel

Der eingebildete Chancenlose

Ist das nicht wunderbar? Wir alle könnten unseren Traumjob haben, den Traumpartner heiraten und unsere Träume wahr machen – aber wir tun es nicht, denn:

- »In meinem Alter findet man keinen neuen Job mehr.«
- »In diesem Verkaufsgebiet ist eben nicht mehr drin.«
- »Wir stecken mitten in der Rezession!«
- »Mit unseren Produkten ist eh kein Blumentopf zu gewinnen.«
- »Wirklich attraktive Frauen stehen nicht auf kleine Männer.«
- »Ich glaube, ich bin nicht sein Typ.«

Tja, zu dumm aber auch. Frauen stehen nun mal nicht auf kleine Männer – wer's glaubt! Wer's glaubt, spielt ein Spiel: das Holzbein-Spiel. Dieses Spiel verbaut uns Karriere und Lebensglück. Denn tatsächlich, faktisch und statistisch wechseln jährlich Tausende 45-Jährige ihren Job, schnappen sich Bewerber ohne Abitur gut dotierte Posten und heiraten atemberaubend attraktive Frauen Männer unter einsachtzig. Aber das sieht nicht, wer Holzbein spielt. Der Traumprinz läuft an uns vorbei, aber wir besorgen uns nicht mal seine Nummer, weil wir ein »Holzbein« haben.

Nicht nur, dass wir nicht seine Nummer besorgen – wir sehen ihn überhaupt nicht mehr, wenn wir Holzbein spielen. Eine 54-jährige Abteilungsleiterin erzählt: »Ich dachte, in meinem Alter findet man keine neue Stelle mehr. Dann rief mich eine Kollegin an, um mir zu berichten, dass sie den Job gewechselt habe. Sie ist zwei Jahre älter als ich. Die Stellenanzeige, auf die sie sich bewarb, stand in meiner Wochenzeitung – ich habe sie glatt übersehen.« Weil sie schon gar nicht mehr nach Jobangeboten suchte, denn »in meinem Alter...«. Das Holzbein-Spiel wird mit einer Brille geliefert, die wesentliche Teile der Realität wie Stellenanzeigen, Statistiken oder Beispiele von Freunden und Kollegen massiv ausblendet. Wir sehen nur noch, was wir sehen wollen. Wobei das, was wir wollen, und das, was uns gut tut, zwei paar Stiefel sind. *Wer Holzbein spielt, glaubt, die Realität zu sehen. Dabei sieht er nur das, was seine Brille durchlässt.*

Das Spiel läuft immer nach demselben Motto ab. Der Spieler sagt sich und allen, die es nicht interessiert: »Wie kann man denn von einem Menschen mit X erwarten, dass er Y erreicht?« X und Y werden je nach Bedarf mit der jeweiligen eingebildeten oder tatsächlichen Behinderung und der jeweiligen Erfolgsaussicht ausgefüllt. Der Schaden durch das Holzbein-Spiel kostet die deutsche Wirtschaft jährlich Milliarden.

Einem alten Bekannten, Geschäftsführer eines Maschinenbauunternehmens, gingen wegen des Spiels etliche 100 000 Mark Umsatz durch die Lappen. Jahrelang hatte das Unternehmen Maschinen gebaut und verkauft, von denen die teuerste circa 30 000 Mark kostete. Dann expandierte der Betrieb. Er baute ganze Anlagen, die nun zwischen 250 000 und 500 000 Mark kosteten. Als das Konzept stand, hielt der Geschäftsführer vor seinen Verkäufern eine kleine Motivationsrede. Er stellte mehr Umsatz und mehr Provision in Aussicht, neue Arbeitsplätze und mehr Sicherheit für die bestehenden Jobs – genau das, was Deutschland in diesen Krisenzeiten braucht. Und was sagten die Verkäufer auf diese frohe Botschaft?

– »Unsere Kunden können keine 300 000 Mark für eine Anlage ausgeben!«
– »So viele betuchte Firmen gibt's gar nicht.«
– »Das ist für den Kunden eine zu große Investition – im Moment investiert doch eh keiner.«
– »Bis so eine Großinvestition durch alle Instanzen ist, dauert es Monate – so lange kann kein Verkäufer dranbleiben. Wir müssen unsere Familien ernähren!«

Kurz: (Fast) jeder Verkäufer präsentierte ein anderes Holzbein. Als Verkaufsleiter oder Geschäftsführer ist man mit so einer Holzbein-Truppe natürlich übel dran. Der Markt ist da, die Produkte sind da, die Kunden wollen die Produkte – aber die Verkäufer wollen sie nicht verkaufen, weil ... und weil ... und weil ... Das Geld liegt auf der Straße – doch wer kann sich mit Holzbein schon bücken? Wobei die entgangenen Umsätze noch die geringsten Kosten des Holzbein-Spiels sind. Viel teurer kommt der durch das Spiel ausgelöste Sauriereffekt. Wer nicht fähig ist, sich an eine veränderte Umwelt anzupassen, ist zum Aussterben verurteilt.

90 Prozent der deutschen Unternehmen sind zurzeit stark im Wandel begriffen. Überall laufen Restrukturierungen, Reorganisationen, Reengineering oder Fusionen. Alles muss billiger, besser und vor allem schneller laufen, um mit der globalen Konkurrenz mithalten zu können. Wer den Wandel nicht schafft, geht den Weg der Dinosaurier. Fast jeder Betrieb betreibt derzeit beispielsweise eine Beschleunigung der Durchlaufzeit. Bei einer Lieferzeit von 90 Tagen sagt die Prozess-Daumenregel zum Beispiel: Zehn Tage wird der Auftrag tatsächlich bearbeitet – 80 Tage liegt er auf irgendwelchen Schreibtischen herum oder sitzt zwischen Schnittstellen auf Halde. Wenn nun ein Werksleiter weiß, was die Stunde geschlagen hat, und vor seine Mitarbeiter hintritt und sagt: »Leute, so geht das nicht weiter, die Konkurrenz drängt uns aus dem Markt. Jeder Auftrag muss in 40 Tagen raus!«, stimmt ihm zunächst alles zu: »Natürlich, unbedingt, auf jeden Fall!« Und dann regnet es Holzbeine:

– »Natürlich müssen wir die Wartezeiten verkürzen – leider geht das bei mir aber nicht, weil ich immer auf meinen Zulieferer warten muss.«
– »Ich würde ja gerne schneller arbeiten, aber mit dieser EDV! Solange die Zugriffszeiten so hoch sind, geht es eben nicht schneller.«
– »Wir würden schon lange viel schneller arbeiten, aber nach der letzten Verschlankung müssen wir froh sein, dass die Aufträge überhaupt fertig werden.«

Die Konsequenzen erleben wir täglich: Die Auftragszeiten bleiben zu hoch, die Konkurrenz schnappt die Aufträge weg, die Firma kommt in Schwierigkeiten, Mitarbeiter werden entlassen. Wer heute ein Holzbein vorschützt, ist vielleicht morgen schon ohne Job. Und so fordert in Deutschland jeder den Wandel im Allgemeinen – und im Besonderen die Verschonung seines Arbeitsplatzes vom Wandel, weil er ja ein Holzbein hat.

Selbst im Privatleben gibt es Zeiten und Tage, an denen jede einzelne Konversation aus dem Holzbein-Spiel zu bestehen scheint. Wo man früher über die Politiker lästerte, klagt heute der Kegelfreund am Stammtisch über die Einführung von Computern an seinem Arbeitsplatz: »Ich habe mein Leben lang nichts mit Computern zu tun gehabt, und jetzt lerne ich das nicht mehr.« Das Seltsame daran: Als Hobby restauriert der Kegelkumpan alte Oldtimer, er repariert sogar deren Zündungen, was viel komplexer ist als jede Software, die auf seinem neuen PC läuft. Deshalb tröstet man ihn: »Red doch keinen Quatsch! Mit deinen technischen Kenntnissen kapierst du das schneller als jeder andere!«

Doch jetzt fängt das Spiel an: »Ach was, das lässt sich doch nicht vergleichen. Ein Oldtimer hat eben keinen Computer.« Das Holzbein-Spiel geht in ein Ja-aber-Spiel über. Und je mehr Sie den alten Kumpel trösten, desto mehr wehrt er sich dagegen und desto stärker haben Sie das Gefühl, dass der Abend irgendwie schief läuft. Oder der alte Freund kontert jede Trostspende mit einem neuen Holzbein: »Wenn ich mit all diesen Kaufleuten im Seminar sitze, dann kapieren die das doch viel schneller. Am Ende kapiert das der Büroazubi schneller als ich! Diese Blamage möchte ich mir ersparen.«

Wir lieben unser Holzbein

Je mehr man sich Mühe macht, einem eingebildeten Beinamputierten das Holzbein abzunehmen, desto stärker wehrt er sich. Er besteht darauf, dass er ein Holzbein hat und vor allem: dass man damit nicht laufen kann. Das ist der grundsätzliche Irrtum des Holzbein-Spielers. Mein Vater hat von einer Begegnung mit einem Granatsplitter in den letzten Tagen des Zweiten Weltkrieges ein echtes Holzbein vom Knie an abwärts. Früher fragten mich Schulkameraden öfters ungläubig danach. Denn so wie mein Vater ging, konnte man sich eine Prothese gar nicht vorstellen. Er machte sogar Bergtouren, während viele seiner Kriegskameraden schon auf ebener Strecke mit dem berüchtigten Holzbeingang mühsam einherhumpelten. Als ich ihn einmal danach fragte, sagte er: »Ja, die meisten der anderen Beinamputierten konnten sich schon im Lazarett nicht vorstellen, dass das was taugt. Sie trauen dem Holzbein nicht, weshalb sie ganz vorsichtig auftreten – und humpeln.« Er dagegen entschied sich von den ersten Gehversuchen an dafür, dass man das künstliche Bein »genauso benutzen kann wie ein echtes«. Und genau dafür ist so eine Prothese ja da! Von einem Holzbein auf eingeschränkten Gang zu schließen ist einfach ein Irrtum. Dass so viele Menschen mit Handicaps diesem Fehlschluss erliegen, macht ihn nicht richtiger. Und das wissen viele der Gehandicapten insgeheim auch. Sie wollen nur nicht daran glauben, dass ihnen sehr viel mehr Möglichkeiten offen stehen, als sie sich selbst zugestehen.

Denn das Holzbein-Spiel wirft wie jedes psychologische Spiel einen Gewinn ab. Der Gewinn heißt: angenehmes Leben. Für einen 45-jährigen Buchhalter ist es eben bequemer, angenehmer, sicherer, einfacher und mit weniger Aufwand verbunden, über seine »schreckliche Firma« zu lästern und das eigene Alter zu beklagen, als jedes Wochenende fünf Bewerbungen zu schreiben, unzählige Absagen einzustecken und die Zurückweisungen zu verdauen. *Das bekannte Übel ist leichter zu ertragen als Veränderung, die immer mit Angst verbunden ist.* Manche Menschen leben recht gut mit ihrer Lebenslüge. Ab Mitte 40 halten sie sich einfach für zu alt und beklagen das dann die restlichen 20 Berufsjahre täglich. Wenn man das aushalten möchte …

Und aushalten lässt es sich recht gut. Denn das Holzbein-Spiel ist ein Prozess, der sich selbst bestätigt. Wer beispielsweise glaubt, ohne fließendes Englisch – wie es in der Stellenanzeige verlangt wird – den Job nicht zu bekommen, agiert im Vorstellungsgespräch unsicher. Er hat ja das Holzbein nicht ausreichender Sprachkenntnisse. Der Personalchef sieht das Holzbein nicht – in den seltensten Fällen spricht der Personalchef besseres Englisch als der Bewerber. Er sieht nur, dass der Bewerber unsicher, nervös und passiv ist und zieht den verständlichen Fehlschluss: »Fehlendes Engagement und Interesse.« Der Bewerber bekommt aufgrund dieser Fehlbeurteilung den Job nicht und fällt nun sein eigenes Fehlurteil:

- »Siehst du«, sagt er zu seiner Frau, »mit meinem Englisch habe ich eben keine Chance.«
- »Aber Judith spricht auch nicht fließend und hat trotzdem einen Job bekommen, der fließende Kenntnisse voraussetzte!«
- »Ja, aber Judith ist eine Frau – da sieht man leichter über Qualifikationsmängel hinweg.«

Und der Papst ist evangelisch. Jedenfalls bestätigt sich durch diese Absage das Spielmotto des Bewerbers: »Mit meinen Englischkenntnissen – keine Chance.« Und er blendet konsequent alle Fakten aus, die das Motto widerlegen könnten. Er nimmt zum Beispiel nur noch Freunde und Bekannte wahr, denen es ähnlich geht wie ihm. Wer trotz spärlicher Kenntnisse einen Job bekommt, den blendet er sofort aus – und ohne es zu merken! Denn die Brille wirkt unbewusst, dafür aber umso gründlicher. Es ist verblüffend, welche Fähigkeiten wir haben, Dinge *nicht* wahrzunehmen. Wahrscheinlich hat jeder schon diese Erfahrung gemacht: Wenn die Horizonterweiterung stattgefunden hat, kann man es gar nicht fassen, wie man jahrelang etwas so Offensichtliches übersehen konnte.

Natürlich lebt man mit Holzbein bequemer. Doch diese Bequemlichkeit ist teuer erkauft! Man bleibt arbeitslos oder latent unzufrieden mit dem Job, bringt es nicht weiter, und die eigene Frau ist sauer. Trotzdem behalten wir die Lebenslüge bei. Wieso? Woher kommt der Glaube ans Holzbein? Nein, nicht was Sie vielleicht denken: Man muss das Holzbein nicht schon in der Kindheit erworben haben. Das Holzbein ist ganz einfach ein schöner Schutzmechanismus gegen die Angst vor dem Neuen und gegen das Neue selbst. Wer ein Holzbein hat, muss nicht die neuen Produkte verkaufen, sich unbekannten Personalchefs vorstellen oder völlig neue EDV-Anwendungen lernen. Jeder hat vor etwas anderem Angst, deshalb hat jeder sein eigenes Holzbein.

Eine 50-jährige Sachbearbeiterin hatte beispielsweise keinerlei Bedenken, ein Jahr lang allein durch Südafrika zu reisen, während sie »den blanken Horror vor unserer neuen EDV« hatte. Ihre Bürokollegin, die den Auftrag für einen Kundenbesuch in New York bekam, rief dagegen entsetzt aus:»Als Frau allein nach New York?«, während sie die Afrikatramperin überhaupt nicht versteht:»Was hast du denn? An dem neuen PC kann man doch wunderbar herumspielen!« Die eine entwickelte prompt ein Holzbein wegen der neuen EDV (»habe Familie, keine Zeit für berufsbegleitende Kurse«), die andere wegen der New-York-Reise (»bekomme als gebürtige Ungarin bestimmt kein USA-Visum«). Jede(r) hat vor etwas anderem Neuen Angst, und davor schützt sie/ihn ein Holzbein.

Runter mit dem Holzbein

Ein Holzbein ist reine Ansichtssache. Trägt man eine Brille, die einen nur sehen lässt, was zu den eigenen Glaubenssätzen passt, ist die Geburt in Ungarn ein Nachteil. Setzt man sie ab, ist sie ein Vorteil (»die Amis stehen derzeit total auf Ostblockleute aus dem Business«). Das kommt uns bekannt vor: ein und dasselbe Glas ist einmal halb voll, das andere Mal halb leer – je nachdem, wie man das sieht.

- A:»In meinem Alter hat man keine Chance mehr.«
- B:»Mit meiner langjährigen Erfahrung habe ich alle Chancen.«

Welche Aussage ist richtig? Keine und beide. Das Glas ist nämlich tatsächlich halb voll *und* halb leer. A *und* B sind subjektiv richtig, aber das ist eigentlich völlig egal. Denn A zementiert den Jobfrust, während B einen neuen Job verschafft. Beide Aussagen stimmen, aber die eine ist hilfreicher. *Nicht die objektive Wahrheit zählt, sondern die bessere Bewältigungsstrategie.*

Wo ist Ihr Holzbein? Welche Träume haben Sie längst aufgegeben, weil...? Womit geben Sie sich resignierend zufrieden, weil eben...? Was wollten Sie schon immer tun, haben es aber nie angepackt, weil...? Haben Sie sich mit der Ausrede arrangiert? Dann lebt sich's garantiert bequem. Denn wenn man etwas nicht tut, muss man sich keine Mühe machen. Verzichten ist bequemer als seine Träume wahr zu machen. Wenn aber noch der gewisse Funke in Ihnen glimmt, sollten Sie das Holzbein abschnallen. Versuchsweise. Mal sehen, vielleicht machen Sie doch noch einen Ihrer Träume wahr?

Ein bisschen Arbeit macht das schon. Denn man kann einen jahrelang gepflegten Glaubenssatz nicht wechseln wie ein altes Hemd. Vielleicht kann ich mich dazu überreden, ein halb leeres Glas als halb voll
zu betrachten – aber nicht, wenn ich einen Mordsdurst habe! Dann
denke ich automatisch: »Och, nur halb voll – da stehe ich durstig vom
Tisch auf!« Wenn man mitten im Holzbein-Spiel steckt, ist es eine
Heidenarbeit, sich von der alten Sichtweise loszureißen. Aber sie ist
zu schaffen, wenn man die richtigen Werkzeuge hat. Die grundlegende Technik ist das Einblenden. Man blendet einfach konsequent
jene Fakten und Erfahrungen wieder ein, die man vorher massiv ausgeblendet hat. Also zum Beispiel, dass 95 Prozent der über 50-jährigen
Frauen ohne Führerschein zwar diesen auch dann nicht mehr erwer-
ben, wenn der Mann stirbt und damit der Chauffeur wegfällt (»in meinem Alter ...«). Dass aber die restlichen fünf Prozent immer noch etliche tausend Frauen repräsentieren, die das tatsächlich schaffen. Wir
können fast körperlich fühlen, dass die eine Zahl genauso gut ist wie
die andere. Und dass wir die freie Entscheidung haben: Welche Zahl
wählen wir? Wozu wollen wir gehören?

Hartnäckigen Holzbein-Spielern empfehle ich gern, eine kom-
plette Liste der ausgeblendeten Fakten anzufertigen. Ein 12-jähriger
Junge litt beispielsweise heftig an seiner Körpergröße. Im Basketball-
training überragten ihn alle »Bohnenstangen«. Deshalb spielte er verkrampft und unter seinem Niveau. Nun sind gute Trainer oft hervorragende Psychologen. Und dieser Trainer sagte ihm eines Tages, als
der Junge wieder über seine mangelnden Zentimeter klagte: »Weißt du
nicht, dass die besten Spielmacher in der NBA (der US-Profiliga) alle
unter 1,90 sind? Dass du viel schneller im Antritt bist als die Bohnenstangen? Dass du unter denen einfach durchdribbeln kannst? Bis die
sich runtergebeugt haben, bist du doch längst durch die Abwehrkette
durchgeschlüpft. Außerdem sind die langen Leute viel häufiger ver-
letzt als die normal großen.« Unter dieser geballten Ladung von Argu-
menten ging das Holzbein des Jungen kaputt. Wer sein Holzbein mit
einer Liste von Gegenargumenten bombardiert, hat meist Erfolg. Man
kann sogar gute Freunde bitten, einem bei der Suche nach anderen
Sichtweisen auf ein vermeintliches oder tatsächliches Handicap zu
helfen. Denn kein Ding der Welt hat nur eine Seite. Und wenn fünf

Leute suchen, hat man danach mindestens zehn gute Argumente, die aus einer argwöhnisch beäugten Eigenschaft einen Vorteil machen. Als eine Kollegin klagte, sie leide unter ihrer Sturheit, die man ihr ständig vorwerfe, widersprachen die anderen im Büro spontan:

- *Kollegin A:* »Stur? Nein, du bist charakterstark.«
- *Kollegin B:* »Dich wirft wenigstens nichts so schnell um.«
- *Kollegin C:* »Auf dich können wir uns verlassen. Du redest nicht heute so und morgen so.«

Das wirkte. Denn guten Freunden glaubt man. Und in jeder Schwäche ist eine Stärke verborgen. Man muss sie nur entdecken.

Die Was-wäre-wenn-Technik

Eine sehr bewährte Methode ist auch die Was-wäre-wenn-Technik. Was wäre, wenn ich es positiv statt negativ betrachtete? Diese Frage spielt man in allen Konsequenzen durch. Beispielsweise: Wenn ich mich als zu alt ansehe, agiere ich unsicher und bekomme den Job wahrscheinlich nicht. Wenn ich mein Alter als Summe meiner Erfahrungen sehe, trete ich überzeugend auf und bekomme vielleicht den Job. Und jetzt beginnt etwas Wunderbares: Die positive Vorstellung verselbstständigt sich. Denn natürlich wollen wir alle Erfolg. Und wenn wir ihn über die Was-wäre-wenn-Technik einblenden, zieht er uns in seinen Bann. Wir malen uns aus, wie wir dastehen mit dem neuen Job, wie der Chef uns dazu gratuliert, wie die Familie sich freut und wie wir vor den alten Kumpels damit angeben können – und schon haben wir eine gefühlsmäßige Bindung an den Erfolg entwickelt, die uns weiter trägt. Dieses Gefühl zu entwickeln ist der Kernpunkt des Holzbein-Abschnallens. *Sobald das Gefühl für den Erfolg da ist, glaubt man an sich und den Erfolg.* Je stärker das Gefühl, desto stärker der Glaube (nicht umgekehrt). Je stärker der Glaube, desto entschlossener das Handeln. Und je entschlossener das Handeln, desto wahrscheinlicher der Erfolg.

Und plötzlich läuft der ehemalige Teufelskreis in die andere Richtung! Man kommt vom Bewerberinterview nach Hause und sagt zum

Mann: »Siehst du, Schatz, hab ich dir doch gleich gesagt. Mit meiner Erfahrung bekomme ich jeden Job.« Das heißt, jetzt blendet man die anderen Fakten aus: Dass eine 50-Jährige kaum eine statistische Chance auf einen neuen Job hat, dass Physiotherapeuten derzeit keine Anstellung bekommen, dass die Jungen alle das Rennen machen, dass viele 50-Jährige trotz ausgezeichneter Erfahrung auf der Straße stehen. Doch jetzt wirkt die Illusion im Gegensatz zur Holzbein-Illusion konstruktiv: Sie verhilft zum Erfolg. Und das allein zählt. Wir wissen alle, wie wertvoll unsere kleinen, persönlichen Illusionen sind – und jeder hat schon einmal erlebt, wie leicht es ist, sich selbst durch Gedanken zu beeinflussen. Und zwar, wenn wir mal wieder nur das Schlimmste angenommen haben und es dazu auch prompt eingetreten ist.

Warum diesen Mechanismus nicht in die andere Richtung nutzen? Man könnte es das umgekehrte Holzbein-Spiel nennen. Und tatsächlich kannte der Evangelist Markus es schon: »Der Glaube versetzt Berge.« Selbst wer ein objektives, offizielles, amtlich beglaubigtes und aktenkundiges Handicap hat, kann seine kühnsten Träume verwirklichen – sofern er das inverse Holzbein-Spiel spielt. Bestes Beispiel dafür ist der 55-jährige Beamte, der seinen Job hinwarf. Seine Familie tobte und hielt ihm wütend ein ganzes Holzbein-Arsenal vor: »In deinem Alter! Und auch noch als Beamter! Wer stellt schon Beamte ein! Und etwas Praktisches hast du auch nicht gelernt! Und in diesen schweren Zeiten!« Und so weiter. Den Mittfünfziger interessierte das alles nicht. Er nahm die Argumente gar nicht wahr, denn er wandte die inverse Holzbein-Technik an. Er ließ sich seine Pension auf einen Schlag auszahlen und verstudierte sie (Aufschrei der Verwandtschaft). Nicht nur, dass er in seinem Alter noch studierte, sondern auch noch ausgerechnet Psychologie (die Verwandtschaft tobte). Danach machte er eine eigene therapeutische Praxis auf – mit 60 Jahren! Und praktizierte erfolgreich und von seinen Kollegen und Klienten geschätzt und geehrt bis in seine Achtziger hinein!

Was für ein Meister des inneren Spiels! Er nahm seine »Behinderungen« einfach nicht wahr. Er weigerte sich strikt und stur, der zivilisatorischen Massenhypnose zu erliegen, die uns suggeriert, dass man als »alter« Mensch gebrechlich, passiv und auf Besitzstandswahrung aus sein muss. Er wies jedes bequeme Holzbein zurück, das ihm Politiker, Literatur und Gesellschaft aufdrängen wollten: Nimm das Holzbein und verhalte dich ruhig!

Natürlich sollte man als 70-jähriger Exbeamter und lebenslanger Nichtsportler nicht beim Ironman-Triathlon mitmachen, bloß weil man sein Alter nicht wahrhaben will. Was physisch zunächst unmöglich ist, bleibt unmöglich, auch wenn wir uns selbst etwas vorschwindeln. Doch selbst 70-Jährige machen Triathlon – eben so schnell, wie es das Alter und der Trainingsstand zulassen. Ich spreche hier nicht davon, dass man seine Handicaps vergessen soll. Ein Holzbein ist eine objektive Tatsache. Aber dass man damit nicht laufen können soll, ist lediglich ein Mythos. Sie können den Mythos leben und tagein, tagaus daherhumpeln. Oder Sie können sich Ihren eigenen Mythos schaffen, an ihn glauben und auch mit Holzbein Bergtouren unternehmen. Natürlich lief sich mein Vater bei diesen Bergtouren oft wund am Knie, wo das Holzbein (das heute natürlich nicht mehr aus Holz ist) ansetzt. Aber dann setzte er eben zwei Tage aus, cremte das Knie ein, ließ die Haut regenerieren – und schnürte den Rucksack für die nächste Tour.

Mitarbeiter mit Holzbein

Wir leben in Zeiten des Wandels. Ständig müssen Dinge reorganisiert, angekurbelt oder die Kosten gesenkt werden. Bei diesem Prozess stößt man natürlich häufig auf Menschen, denen das mehr Angst als Lust bereitet, die davor zurückschrecken, mit Neuem konfrontiert zu werden – und darum Holzbein spielen.

Das Holzbein-Spiel hat zwei Opfer: das Unternehmen und den unmittelbaren Vorgesetzten. Denn bei Mitarbeitern, die Holzbein spielen, ist die eigene Karriere gefährdet. Was fängt man an mit solchen Mitarbeitern? Meist greifen Manager zu zwei Taktiken:

1. *Gut zureden* (»Motivieren« auf Managerdeutsch): »Leute, natürlich ist die EDV zu langsam, aber wir können doch andere Einsparungspotenziale nutzen.« Gegenzug der Holzbein-Spieler: »Ohne

schnelle EDV nützt das nicht viel!« Jeder Versuch, den Mitarbeitern das Holzbein abzunehmen, wird mit erbittertem Widerstand quittiert.

2. *Glattbügeln:* »Erzählt mir keine Märchen. Die Durchlaufzeit wird halbiert und damit basta!« Konsequenz: Die Leute halten zwar den Mund und packen die Sache an. Aber so halbherzig, dass sie scheitert, worauf die Mitarbeiter dann sagen: »Sehen Sie, haben wir ja gleich gesagt.«

Egal, welche Taktik man wählt, das Holzbein-Spiel wird man nicht los. Holzbein-Spieler sind hartnäckig. Man kann ihnen das Holzbein nicht einfach ausreden. Man kann dieses Spiel nur gewinnen, wenn man es nicht mitspielt. Der oben erwähnte Geschäftsführer, dessen Verkäufer die neuen Anlagen nicht verkaufen wollten, fand einen perfekten Spielausstieg. Er sagte ungefähr: »Ihr wollt die Anlagen nicht verkaufen? Auch gut, dann mache ich es selbst.« Sprach's, ging zu den Kunden und verkaufte im Handumdrehen ein gutes Dutzend Anlagen. Danach war das Thema gegessen – die Verkäufer warfen das Holzbein weg, weil sie keine Angst mehr vor den neuen Anlagen hatten. Dieser Spielabbruch funktionierte jedoch nur, weil der Geschäftsführer

1. eben ein guter Verkäufer war,
2. sich Zeit nahm, ein Beispiel zu geben,
3. das Gesicht der Verkäufer wahrte.

Hätte der Geschäftsführer sinngemäß gesagt: »Ihr Nieten, euch zeige ich, wie man verkauft!«, hätten die Verkäufer das Spiel nicht so schnell aufgegeben, weil sie, um den Gesichtsverlust wieder gutzumachen, möglicherweise eine Revanchepartie Angreiferspiel begonnen hätten.

Leider hat man als Führungskraft nicht immer die Zeit und die Kompetenz, es besser als die Mitarbeiter zu machen. Denn welcher Geschäftsführer kann schon tagelang auf Verkaufstour gehen? Also verlassen sich viele Manager auf die Managementtechnik Nr. 1: Druck machen. Das kann funktionieren. »Wenn ihr nicht losgeht und verkauft, dann schmeiße ich euch alle raus!« Wenn die Mitarbeiter sehen, dass das Holzbein-Spiel mehr Ärger macht als Nutzen bringt, werden sie möglicherweise zähneknirschend einlenken. Möglicherweise auch nicht. Denn Druck erzeugt leicht Gegendruck. Wenn die Mitarbeiter nur den leisen Verdacht haben, dass der Vorgesetzte nachher sagt: »Na also, geht doch!«, werden sie alles daran setzen, ihm das Gegenteil zu beweisen. Sie arbeiten schlecht, um zu beweisen: »Siehst du, ging eben nicht!« Wenn es nur ums Rechthaben geht, sitzen die Mitarbeiter am längeren Hebel: Sie bestimmen, was Erfolg hat und was nicht. Genau das machte der Geschäftsführer im obigen Beispiel richtig. Er sagte: »Mal sehen, vielleicht bringe ich die Anlagen los.« Danach konnte jeder verkaufen, ohne das Gesicht zu verlieren.

Man kann das Holzbein-Spiel auch umgehen, indem man es an den Wurzeln anpackt. Wer sich ein Holzbein umschnallt, hat Angst vor Neuem. *Verschwindet die Angst vor dem Neuen, verschwindet auch das Holzbein.* Leider ist diese Angst genau der Grund, weshalb so viele Manager von ihren Holzbein-Mitarbeitern jahrelang ausgetrickst werden: Sie haben Angst vor der Angst der Mitarbeiter und kontern das Holzbein mit einem Holzbein: »Ich bin doch nicht der Therapeut meiner Mitarbeiter!« Die Mitarbeiter halten ihre Holzbeine hoch, der Manager auch – und das Leben bestraft beide. Beeindruckend ist, wie dagegen erfahrene Führungskräfte mit der Angst der Mitarbeiter umgehen. Als der Vorstand eines süddeutschen Werkzeugbauers 1997 eine 10-prozentige Umsatzsteigerung beschloss, blieben zwei von drei Sparten weit hinter dem Ziel zurück. Die dritte Sparte steigerte sich sogar um zwölf Prozent. Der Spartenleiter hatte seinen 25 Verkäufern die 10-prozentige Umsatzsteigerung verschwiegen und das große Ziel einfach in so viele kleine Unterziele zerlegt, dass keiner mehr Angst davor hatte. Die anderen beiden Sparten waren so geschockt von der großen Zahl, dass sie das ganze Jahr wie vor Schreck gelähmt verkauften. Wenn man eine große Änderung in viele kleine Änderungen zerlegt, teilt man damit auch die große Angst vor dem Neuen in viele kleine, handhabbare Aufgaben.

Ein anderer Weg der Angstbewältigung ist einfach ein gutes Training. Je besser die Mitarbeiter an den neuen Maschinen, Anlagen oder Produkten geschult werden, desto kleiner wird die Angst. Je mehr man weiß, desto weniger neu ist das Neue und desto kleiner das Holzbein. Man kann das Holzbein sogar loswerden,

- wenn man nicht versucht, es wegzureden. »Leute, auch ohne neue EDV ist das zu schaffen!« Das provoziert sofort Widerspruch.
- wenn man nicht versucht, die Angst wegzureden: »Keine Bange, so schlimm ist das doch alles nicht.« Es nützt nichts, einem kleinen Kind zu sagen, dass die Dunkelheit nicht böse ist; es hat trotzdem Angst.
- wenn man stattdessen den Auslöser der Angst angeht: das Neue.

Eine Innendienstleiterin bei einem Finanzdienstleister hat diese Methode perfektioniert. Ihr Credo: »Es gibt eigentlich nichts Neues – also muss man sich vor nichts fürchten.« Egal, welche hoch innovativen und absolut neuen Produkte die Marketingabteilung auch auskocht, ihre Damen vom Call-Center lassen sich davon nicht mehr ins Bokshorn jagen, weil die ID-Leiterin es immer wieder schafft, das absolut Neue auf absolut Bekanntes zurückzuführen: »Das erinnert doch von Preis und Umfang her stark an unser XYZ-Produkt. Erinnert ihr euch noch? Und das habt ihr doch einfach super verkauft. Eigentlich ist nur die Laufzeit anders – alles andere ist doch fast gleich!« So lässt sie die Luft aus dem Riesenballon Neuem heraus, bis es nur noch ein kleiner Ballon Neues ist.

Das große Neue, das die Mitarbeiter flugs das Holzbein umschnallen lässt, ist nämlich meist gar nicht so groß und so neu. Die Angst macht es nur so groß. Wer vor Angst flach auf dem Bauch liegt, dem scheint jeder Maulwurfshügel wie der Mount Everest. Oder wie Albert Camus sagte: »Man macht sich immer übertriebene Vorstellungen von dem, was man nicht kennt.« Lässt man die Luft aus dem Neuen, indem man das Alte darin zeigt und es nacheinander in kleine, verdaubare Häppchen zerlegt, wird aus dem großen, unüberwindlich Neuen eine Reihe überwindbarer Situationen, wie man sie schon hundertmal bewältigt hat.

Auf einen Blick: Das Holzbein-Spiel

• Das Spiel-Motto:	• »Wie kann man denn von einem Menschen mit X erwarten, dass er Y erreicht?«
• Warum wird gespielt?	• Der Spieler hat Angst vor Neuem. Wer ein Holzbein vorschützt, muss das Neue nicht wagen.
• Wie reagieren Sie falsch?	• Sie rutschen immer dann ins Spiel hinein, wenn Sie versuchen, dem Spieler das Holzbein oder seine Angst auszureden. Er wird sich wehren, und seine Gegenwehr verlängert das Spiel.
• Wie reagieren Sie richtig?	• Machen Sie aus dem großen Neuen nacheinander lauter kleine, handhabbare Aufgaben. Zeigen Sie das Alte im Neuen. Verweisen Sie auf frühere Erfolge mit ähnlichen Vorhaben.

Das Wenn-du-nicht-wärst-Spiel

Ein beliebtes Spiel zur Sabotage von Veränderungen ist das Wenn-du-nicht-wärst-Spiel. Es startet ähnlich wie das Holzbein-Spiel. Der Vorgesetzte oder ein Kollege kommt herein und sagt: »Also, diesen Missstand müssen wir schleunigst beheben.« Und er erntet folgende Erwiderung: »Superidee, das ist genau das, was wir brauchen. Das sage ich ja schon lange. Und das hätten wir auch schon lange gemacht, aber unser Chef/die Kollegen/die Penner aus der X-Abteilung/die Stadtverwaltung/die Feuerwehr von Landsberg lässt das nicht zu.«

Man denkt noch bei sich: »Was hat die Feuerwehr damit zu tun?« Doch man hat bereits gelernt, Irritation als Spielindiz zu deuten: Hier ist das Wenn-du-nicht-wärst-Spiel im Gange. Motto: »Ich würde ja schon gerne X tun, aber Y ist dagegen!« Beliebte Partien des Spiels werden nach folgenden Partituren gespielt:

- *Abteilungsleiter:* »Mit meinen Qualifikationen könnte ich echt wahnsinnig Karriere machen – aber meine Frau will nicht weg aus diesem Kaff!«
- *Mutter:* »Wir würden gerne mal wieder in die Berge, aber mit zwei kleinen Kindern...«
- *Verkaufsleiter:* »Wir wären schon lange Marktführer in unserer Branche, aber mit diesen Verkäufern!«
- *Verkäufer:* »Wir wären schon lange Marktführer in unserer Branche, aber mit diesem Verkaufsleiter!«
- *Vorstandssprecher:* »Wir könnten viel mehr Leute einstellen, wenn die Gewerkschaften nicht so überzogene Forderungen stellen und wenn die Politiker endlich die Rahmenbedingungen schaffen würden!«
- *Geschäftsführer:* »Wir würden gerne mehr Lehrlinge einstellen, wenn die Schulabgänger besser qualifiziert wären!«

Ein Spiel voller Fallen: Es lenkt erstens den Blick von den wahren Verantwortlichen ab und verursacht zweitens den Opfern Schuldgefühle. Merke: Schuld sind immer nur die anderen.

Nach diesem Motto lässt sich alles sabotieren: der Vorgesetzte und längst nötige Veränderungsprojekte, aber auch der eigene Erfolg und die eigene Karriere. *Egal, was unbedingt getan werden muss, immer lässt sich irgendwer finden, der angeblich dagegen ist.* Verkäufer lassen Abschlüsse sausen, »weil der Kunde das eh nicht will«. Beförderungen werden versäumt, »weil mein Chef mir nicht grün ist«. Träume werden schal und sterben, weil der unwillige Partner, die viel zu kleinen Kinder, die armen, alten Eltern, der uneinsichtige Chef sie nicht zulassen.

Das Vertrackte am Wenn-du-nicht-wärst-Spiel: Wer es spielt, weiß nicht, dass er es spielt – wie bei jedem Spiel. Denn der Verkaufsleiter oben ist wirklich wenig führungskompetent. Also ist es einfach, ihm die Schuld in die Schuhe zu schieben: »Wenn nur der Kerl endlich weg wäre, würde ich glatt zehn Prozent mehr Umsatz machen!« Der Spieler glaubt das wirklich felsenfest. Manchmal über Jahre hinweg. Nur selten meint es das Schicksal gut mit uns und lässt das Spiel platzen, indem es Y aus unserer Umgebung entfernt. Eine höhere Macht erhört beispielsweise den Ruf des Verkäufers, beruft den Verkaufsleiter tatsächlich ab – und der Umsatz bewegt sich keinen Deut nach oben. Die Kinder sind schon lange aus dem Haus, aber sie hat noch immer keinen Job. Von der Ehefrau ist mann schon lange geschieden, aber er hat immer noch kein Segelboot am Mittelmeer. Da merkt auch der hartnäckigste Spieler plötzlich: Das war alles nur ein Spiel. Er hat sich selbst was vorgelogen. Oder er spielt, um diese schmerzhafte Erkenntnis des Selbstbetrugs zu vermeiden, ganz schnell eine neue Runde: »Ja doch, die Kinder sind aus dem Haus, aber welcher Arbeitgeber stellt schon eine 40-Jährige ein!«

Man rutscht so leicht in dieses Spiel hinein, weil niemand sich gern selbst Vorwürfe macht. Wenn das Verkäufer-Unterbewusstsein angesichts eines zehn Prozent zu geringen Umsatzes die Wahl hat zwischen

- *Hypothese 1:* »Alles meine Schuld« und
- *Hypothese 2:* »Alles die Schuld vom Verkaufsleiter«,

dann wählt es natürlich Hypothese 2 – denn, so der Irrglaube, irgendwer muss ja Schuld haben. Und wir bemerken den Selbstbetrug noch nicht einmal, eben weil er unterbewusst abläuft. Außerdem bemerken wir ihn nicht, weil sich das Spiel kurzfristig durchaus lohnt. Das Spiel

- schützt das eigene Ego: »Ich bin gut – andere sind schuld«,
- erhält das eigene, positive Selbstbild aufrecht,
- vermeidet das Eingeständnis eigenen Versagens,
- verschafft eine gute, da schwer nachprüfbare Ausrede für Misserfolg,
- schützt einen bequemen Sündenbock vor, der sich nicht wehren kann,
- vermeidet Anstrengungen. Denn Leistung erfordert Einsatz.

Das Spiel hält eine durchaus positive Eigenillusion aufrecht: »Ich wäre ja gut, wenn man mich nur ließe!« Und es hält die pauschale Entschuldigung aufrecht: »Schuld sind immer nur die anderen!« Gerade an dieser Illusion kann man das Spiel aber erkennen. Denn wenn der Abteilungsleiter, der angeblich wegen seiner ortsgebundenen Gattin keine Karriere machen kann, diese tatsächlich fragte, würde sie möglicherweise antworten: »Aber ja, sicher, anderswo ist es doch auch ganz schön!« Also fragt er sie erst gar nicht, sonst geht sein schönes Spiel kaputt.

Es ist bequem, Wenn-du-nicht-wärst zu spielen: Man muss nichts ändern. Leider verursacht das Spiel einen üblen Kater. Es sabotiert Lebensglück und Berufserfolg des Spielers,

- weil er selbst die tollsten Erfolgschancen auslässt, denn: »Nicht meine Sache!«
- weil er auf jede Menge Spaß verzichtet, da immer irgendwer dagegen sein könnte.
- weil er auf den verdienten Berufserfolg verzichtet: Er versucht gar nicht, vorwärts zu kommen, weil ja Herr/Frau Y dagegen ist.
- weil er zwar alles beim Alten lassen kann, aber trotzdem in der Opfer-Position an der eigenen Erfolglosigkeit leidet und ständig irgendwelchen verpassten Chancen nachtrauert.
- weil er sich in Krisensituationen selbst zur Handlungsunfähigkeit verdammt: Da immer nur die anderen schuld sind, kann er ja nichts machen!
- weil er mit der Zeit an Ansehen verliert. Wenn man alles auf den Verkaufsleiter schiebt, andere Verkäufer aber super verkaufen, nimmt einem die Umwelt die Ausrede nicht mehr ab. Man wird in diesem Punkt unglaubwürdig und leidet darunter. Auf Dauer wirkt die angebliche Verschwörung der bösen Mächte einfach lächerlich.

Das Wenn-du-nicht-wärst-Spiel ist eine denkbar schlechte Bewältigungsstrategie für das tägliche Leben. Es ist eine wahre Selbstsabotage-Strategie, die Misserfolg, Missachtung und den Karriereknick nach sich zieht. Indem man sich selbst zum Opfer macht, verzichtet man freiwillig und grundlos auf Erfolg, Spaß und Zufriedenheit. In einem Satz: Der Spielausstieg lohnt mächtig!

Sind Träume nur Schäume?

»Die meisten Menschen führen ein Leben stiller Verzweiflung«, sagte der Philosoph Thoreau. Na ja, vielleicht nicht der Verzweiflung, aber unzufrieden sind wir doch alle ein bisschen, nicht? Es könnte besser

laufen, der Arbeitsplatz könnte sicherer und das Privatleben ein bisschen erfüllter sein, und was ist eigentlich aus unseren Träumen geworden? So mit 17, da waren wir doch voller Ideale, verrückter Träume
und hochfliegender Pläne. Inzwischen sind wir vernünftiger geworden. Wir haben die Illusionen und Luftschlösser als solche erkannt
und sind erwachsen geworden. Von wegen!

Wir sind nicht erwachsen geworden, wir spielen: Holzbein oder
Wenn-du-nicht-wärst. Wieso ist eine Jacht im Mittelmeer eine Illusion? Warum ist Chef der eigenen Firma zu sein ein Luftschloss? Und
warum soll eine Mutter von zwei Kindern nicht wieder in den Job einsteigen? Ein Luftschloss? Nein, das Spiel gaukelt es uns nur vor. Also
ist ein idealer Punkt für den Spielausstieg gerade diese Gaukelei. *Jeder
aufgegebene Traum, jeder unerfüllte Wunsch, jede abgelegte Illusion
ist ein Hinweis auf ein Spiel.* Wer das Spiel nicht länger spielen will und
seine Träume endlich wahr machen möchte – bevor er den letzten
Schnapper tut, wie der Schwabe sagt –, sollte prüfen:

- Ist mein Traum wirklich, faktisch und statistisch unrealistisch?
- Ist Y wirklich dagegen, oder glaube ich das nur?

Gehen Sie zu Ihrem Sündenbock. Sprechen Sie mit ihm/ihr. Bringen
Sie die Sache zur Sprache und klären Sie: Fakt oder Fiktion? »Ach
was«, sagt Susanne, die Skeptikerin, »meinen holden Gatten brauche
ich doch gar nicht zu fragen, der ist doch eh gegen alles Neue.« Inzwischen wissen Sie: Das ist kein Argument, das ist der Gegenschlag der
Spielmaschine. Das Spiel schützt sich mit Scheinlogik vor der Entlar-
vung. Wer wirklich wissen will, ob seine Träume wahr werden könnten, hat nur eine Wahl: fragen. Wenn Y wirklich dagegen ist, weiß man
wenigstens sicher, dass man sich nicht selbst etwas vormacht. Doch oft
genug passiert eine Überraschung. Y zieht die Brauen hoch und sagt:
»Hey, mach das doch – das ist doch überhaupt kein Thema für mich!«
Und nicht selten kommt es noch besser: »Ich finde gut, dass du das
machst. Ich unterstütze dich dabei.«

Selbst wenn Y Ihre Befürchtungen bestätigt, »Nee, du, das will ich
nicht haben«, ist der Traum nicht gestorben. Denn Sie können sich
immer noch fragen: Was ist mir wichtiger? Die Ehefrau und Mutter,
die ihr Leben lang davon geträumt hatte, einmal mit dem Motorrad

durch die USA zu kreuzen, sagte zu ihrem Mann: »Ich verstehe, dass du nicht begeistert bist. Aber deine Mutter kümmert sich um dich und die Kinder, und drei Wochen sind keine Ewigkeit.« Sie wusste, dass sie keinen Ehemann mit Trennungsgedanken, sondern »nur« einen etwas unglücklichen Partner zurückließ. Manchmal muss man eben für das große Glück kleinere Beschwerlichkeiten in Kauf nehmen. Schließlich hat auch der Gatte langfristig nichts von einer frustrierten Ehefrau und Mutter. Und wenn sie ihm aus den USA eine Originalausgabe für seine Unikat-Sammlung mitbringt, ist er schnell wieder zufrieden.

Eine zweite Möglichkeit zum Spielausstieg kennen wir bereits. Wer über den Betonkopf Y klagt, sollte sich fragen: Wie werden die anderen mit ihm fertig? Wer schafft es trotzdem? Wer macht trotz Verkaufsleiter vollen Umsatz? Denn wenn auch nur ein einziger Verkäufer sich nicht vom angeblichen Bremser der Abteilung aufhalten lässt, liegt der Verdacht auf ein Wenn-du-nicht-wärst-Spiel nahe. Wenn es nur ein Einziger geschafft hat, dann ist der Traum nicht unrealistisch, sondern realistisch, denn mindestens einer hat ihn bereits realisiert. Ahnen Sie den Gegenzug? Nämlich folgender: »Aber bei dem ist das doch ganz was anderes. Den kann man doch nicht mit mir vergleichen!« Das Spiel schützt sich selbst, indem es zum Ja-aber-Spiel wechselt. Fragen Sie sich:

- Ist er/sie wirklich so ganz anders als ich?
- Und ist sie/er in den entscheidenden, Erfolg verursachenden Punkten so unterschiedlich?
- Ist er/sie wirklich total verschieden oder überwiegen die Gemeinsamkeiten, was die Erfolgsfaktoren anbelangt?

Normalerweise gilt: Wenn es andere geschafft haben, kann ich es auch schaffen. Wenn andere mit 40 Jahren Bereichsleiter sind, kann ich es auch. Wenn andere nach der Kinderpause in den Beruf eingestiegen sind, schaffe ich es auch. Diese Logik hilft. Wer sich jedoch jahrelang Erfolglosigkeit eingeredet hat, braucht möglicherweise neben der Vorbild-Logik noch eine zweite. Ich selbst habe mit 40 noch das Snowboardfahren gelernt. Wenn mich Altersgenossen fragen, ob man mit 35, 40 oder 45 so etwas noch lernen kann, sage ich: »Ich hab's gelernt, also kannst du es auch.« Doch der Blick bleibt skeptisch. Man sieht förmlich, wie das Spiel im Kopf Eigenschaften sucht, die ich habe und die der andere nicht hat, weshalb er es also nicht schaffen kann.

Wer so massiv von Selbstzweifeln geplagt ist, dem hilft auch das leuchtendste Vorbild nicht weiter, aber die einfache Frage: »Okay, das Vorbild überzeugt Sie nicht. Aber was konkret müssten Sie tun, um Ihren Traum trotzdem zu verwirklichen?« Ein Angestellter träumte von der Jacht im Mittelmeer. Dass einige Mitglieder seines Segelklubs eine hatten, obwohl sie nicht mehr als er verdienten, überzeugte ihn nicht – er akzeptierte ihr Vorbild nicht. Also fragte ich ihn: »Was müssten Sie dafür tun?« Er zählte auf: sich zehn Jahre lang jeden Pfennig vom Mund absparen oder einen Selbstbausatz kaufen und fünf Jahre lang jeden Abend drei Stunden im Jachthafen basteln oder eine ausrangierte Gebrauchte restaurieren. Und dann stellte er sich die Fragen:

- Bin ich dazu bereit?
- Ist es mir das wirklich wert?
- Lohnt der Traum den Aufwand?

Wer sich diese Fragen ehrlich beantwortet, gewinnt immer. Entweder das Spiel platzt, weil es sich nicht lohnt, für das bisschen Mittelmeer fünf Jahre lang den Buckel krumm zu machen. Oder das Spiel platzt, weil man sich endlich den Traum wahr macht. *Träume w e r d e n entgegen der Redewendung nicht wahr, man muss sie wahr m a c h e n.* Die Leute, die »über Nacht« reich wurden, haben meist am Vorabend kräftig dafür in die Hände gespuckt.

Passive Mitarbeiter? Joker setzen!

Wenn Mitarbeiter passiv und unmotiviert sind, haben sie dafür meist ausgezeichnete Ausreden: »Wir würden gerne wie die Weltmeister verkaufen, aber die Kunden wollen ja keine Qualität, die wollen nur das billige japanische Zeug.« Da kann man sich als Führungskraft den Mund fusselig reden, Motivationstrainer noch und noch engagieren, die Incentives bis zur Decke schrauben – die Mitarbeiter bringen immer wieder dieselben Ausreden. Doch dagegen ist ein Kraut gewachsen. Gerade Verkaufsleiter haben es bei diesen Spielen zur Meisterschaft gebracht.

Eine Möglichkeit des Spielabbruchs ist die Joker-Technik. Spielen Sie das Spiel ruhig mit und setzen Sie an der entscheidenden Stelle den Joker. Der Verkaufsleiter eines Hochdruckreinigerherstellers hatte jedes Mal, wenn ein neues Produkt vorgestellt wurde, dieselbe Diskussion. Die Verkäufer sagten: »Zu teuer. Lässt sich nicht verkaufen.« Jahrelang versuchte der Verkaufsleiter ihnen das auszureden. Schließlich gab er es auf, spielte das Spiel mit und setzte den Joker:

– »Aber Chef, das ist doch wieder viel zu teuer. Ein Händler kauft das doch nicht zu diesem Preis, wenn er es vom Mitbewerber billiger haben kann. Da wäre er ja schön blöd!«
– »Das stimmt. Und offensichtlich sind 300 deutsche Händler blöd. Denn so viele haben unsere alten Produkte, die auch alle teurer als die Konkurrenz waren, gelistet. Haben wir ein Glück, dass 300 Händler nicht rechnen können!«

Daraufhin waren die Verkäufer erst mal sprachlos. Sie hatten, wie üblich, mit Widerspruch gerechnet. Dass ihnen jemand Recht gab und sie gleichzeitig ad absurdum führte, überraschte sie. Der Verkaufsleiter nutzte den Überraschungseffekt: »Leute, kein deutscher Händler ist dämlich. Die können alle rechnen. Offensichtlich sehen sie triftige Gründe für einen höheren Preis. Zum Beispiel die höhere Spanne, das elegantere Design, den besseren Service – vielleicht sogar die besseren Verkäufer!«

Eine härtere Variante erfuhr ich von einem Verkaufsleiter, dessen Verkäufer schon jahrelang ziemlich demotiviert auf Reisen waren. Als sie zum wiederholten Male das Standard-Preisargument vorbrachten, setzte er den Joker: »Aber Chef, was bringt uns die beste Technik und der beste Service – der Kunde schaut doch nur auf den Preis!«

»Ja, das stimmt allerdings. Dem Kunden geht es nur um den Preis. Die fragen auch immer sofort nach Rabatten. Deshalb haben die Geschäftsleitung und ich überlegt, wie wir den Kunden diese Rabatte geben können. Wir haben dabei nicht an die popeligen fünf Prozent gedacht. Wir müssen schon besser als die Konkurrenz sein. Wir dachten so an 20 bis 30 Prozent. (Die Verkäufer rissen begeistert Mund und

Augen auf.) Aber so eine Spanne schaffen wir nur bei extremen Kosteneinsparungen. Also dachten wir, dass wir den Außendienst auflösen (den Verkäufern fiel die Kinnlade herunter). Damit sparen wir genug Kosten ein. Da die Kunden ja sowieso nur auf den Preis schauen, haben wir damit den günstigsten Preis und können übers Internet verkaufen – jeder Kunde hat schließlich einen Anschluss.«

Die Verkäufer schwiegen erst entsetzt, dann brach ein Sturm der Empörung los:

- *Verkäufer 1:* »Ohne persönlichen Kontakt kauft kein Kunde!«
- *Verkäufer 2:* »Über das Internet kann man doch unmöglich individuell beraten!«
- *Verkäufer 3:* »Der Kunde erwartet eine persönliche und emotionale Ansprache.«
- *Verkäufer 4:* »Man muss doch auch manchmal mit dem Kunden plaudern.«

»Prima«, sagte der Verkaufsleiter, »das sind genau die Gründe, weshalb unsere Produkte teurer sind: Wir haben einen Außendienst, der den Kunden all das bietet, was ihr eben aufgezählt habt. Und die Kunden, die das bezahlen, honorieren das. Sonst würden sie nicht kaufen!«

Die Joker-Technik sorgt immer für Überraschung. Und wenn Sie die Argumente nach der ersten Überraschung hin und wieder wiederholen und die Mitarbeiter an die überraschenden Fakten erinnern, prägt sich das auch ein. Jeder Spielabbruch will wiederholt werden, damit er sich verfestigt. Viele Blockaden lassen sich per Joker ausräumen. Wenn die Blockade jedoch eine andere Abteilung involviert, müssen Sie möglicherweise zusätzliche andere Strategien anwenden. Sie kennen das ja:

- »Wir könnten viel besser verkaufen, wenn die Entwickler uns gescheite Produkte gäben.«
- »Wir würden viel bessere Produkte entwickeln, wenn die Verkäufer uns endlich sagten, was die Kunden eigentlich wollen.«

Jede Abteilung hat mindestens eine Sündenbock-Abteilung, die an allem schuld ist – und meist funktioniert das auch umgekehrt. Wenn das der Fall ist, zieht der Joker zwar auch, aber nicht immer. In manchen

Unternehmen behindert diese jahrelange Feindschaft zwischen den Abteilungen die Produktivität und Rentabilität so sehr, dass laufend entlassen werden muss – obwohl niemandem so genau klar ist, weshalb.

Der Geschäftsführer eines großen Autohauses hatte den seit Jahren andauernden Zank zwischen Auftragsannahme und Werkstatt irgendwann satt. Die Auftragsannahme klagte ständig: »Die Werkstatt hält keinen der zugesagten Termine ein. Wir stehen immer wie die Idioten vor den Kunden da!« Die Werkstatt konterte: »Kein Wunder, weil eure Diagnosen alle Mist sind, müssen wir immer erst zeitaufwändig neu diagnostizieren!« Man beachte die Absolutbegriffe; untrügliches Zeichen für Spielbetrieb. Diese Feindbilder sind so stark, dass man sie auch nicht mit dem schönsten Joker zerstreuen kann. Deshalb orderte der Geschäftsführer einen professionellen Moderator. Er hätte auch einen geschulten Moderator oder einen methodenkompetenten, neutralen Manager aus dem eigenen Haus nehmen können, aber er hatte keinen. Der Moderator wusste, dass man ein derart verfestigtes Feindbild zwischen den Abteilungen nicht mit guten Worten auflösen kann. Die Mitarbeiter sahen in den Kollegen nur noch die »Blödmänner von der anderen Abteilung«. Also musste man sie dazu bringen, wieder die Menschen hinter dem Feindbild zu sehen.

Der Moderator setzte einen eintägigen Workshop an und teilte die Mitarbeiter beider Abteilungen in viele kleine Gruppen ein, die Einzelaufgaben zur Problematik lösen sollten. Die Aufgaben waren komplex, die Zeit knapp, der Erfolgsdruck hoch: Keine Gruppe wollte sich vor der anderen blamieren. So arbeiteten alle zuerst zähneknirschend, dann immer leichter mit den »Blödmännern« der jeweils anderen Abteilung zusammen. Am Ende waren zwar auch die Sachaufgaben gelöst, doch die Teilnehmer am Workshop hatten noch viel wichtigere Dinge gelernt:

- Die »Blödmänner« sind keine, sondern Menschen wie du und ich mit Kindern, Eigenheimen und Lieblingsfußballvereinen.
- Die Auftragsannahme kann oft keine exakten Diagnosen stellen, weil der Kunde ihr keine Zeit dafür lässt.
- Die Werkstatt kann die Termine oft nicht halten, weil die Auftragsannahme – um sicherzugehen – die Termine meist knapper be-

misst, als mit dem Kunden ausgemacht. Also schlägt die Werkstatt – weil sie nicht weiß, welcher Termin denn jetzt genau gilt – immer pauschal etwas Zeit drauf.

Diese Zerstörung der Feindbilder und das Ergründen der Konflikturssachen muss nicht immer per Workshop geschehen. Bei kleineren Konflikten, die noch nicht so stark verhärtet sind, reicht oft eine gut moderierte, mehrstündige Aussprache. Wenn der Vorgesetzte Moderationskompetenz hat, kann er sie auch selbst moderieren. *Entscheidend ist, dass der Konflikt zur gemeinsamen Aufgabe gemacht wird und die Mitarbeiter sanft gezwungen werden, statt gegen- jetzt miteinander am Konflikt zu arbeiten.*

Eine besonders gefährliche Spielvariante

Es kostet ein Unternehmen jährlich locker einige 10 000 Mark, wenn sich einzelne Abteilungen bekriegen: Produktivitätsverlust, unnötige Reibungskosten, gesteigerte Schnittstellenkosten, entgangene Aufträge... Unternehmensbedrohend wird das Wenn-du-nicht-wärst-Spiel jedoch, wenn es Topmanager mit ihrem Chef spielen. Besonders stark hierarchisch geführte, traditionsbewusste, von einem charismatischen Geschäftsführer oder Vorsitzenden geleitete sowie viele mittelständische, kleine und natürlich Familienunternehmen erfahren nicht selten existenzielle Bedrohung durch das Wenn-du-nicht-wärst-Spiel. Das Spiel wird hier in der Lass-das-bloß-den-Chef-nicht-hören-Variante gespielt.

Nehmen wir das Beispiel eines deutschen Werkzeugbauers mit ungefähr 600 Mitarbeitern, bei dem ein frisch eingestellter Controller eines Tages einige unerklärliche Unstimmigkeiten in der Kostenkontrolle entdeckte. Pflichtbewusst meldete er es seinem Abteilungsleiter. Der sagte: »Ja, wissen wir längst – und das ist nicht mal die Hälfte der Macken im System. Aber lassen Sie das bloß den Chef nicht hören! Der hat das System damals noch zusammen mit dem Enkel vom Firmengründer eingeführt. Das ist quasi sein Baby. Wenn Sie das schlecht machen, kriegt er einen Tobsuchtsanfall.« Der Controller rollte zwar entsetzt mit den Augen, aber so kurz nach der Einstellung wollte er seinen neuen Job nicht gefährden. Also schwieg er.

Als er jedoch aus reiner Laune einmal die Kosten der fehlerhaften Systemroutinen ausrechnete und unglücklicherweise am selben Nachmittag eines der seltenen Meetings mit der obersten Firmenleitung anberaumt war, ließ er unvorsichtigerweise eine Bemerkung über den Zustand des Systems fallen. Die anwesenden Topmanager wurden kreidebleich, alles Papierraschen verstummte, und der große Vorsitzende bekam tatsächlich seinen Tobsuchtsanfall. Er brüllte: »Seid ihr alle auf den Mund gefallen? Warum hat mir das nicht längst einer gesagt? Das ist mein Baby, und ihr lasst es so verkommen? Seid ihr völlig meschugge?« Als der Unternehmensberater, der daraufhin gerufen wurde, das System in Ordnung gebracht hatte, sanken die Kosten um glatte fünf Prozent, das entsprach einem zweistelligen Millionenbetrag.

In vielen Unternehmen ist dieser Effekt zu beobachten. Immer wenn einige Topmanager in Demutsstarre vor einem mächtigen Potentaten verharren, kann man sicher sein, dass das Wenn-du-nicht-wärst-Spiel gespielt wird. Natürlich kommt es vor, dass der Hierarch eine bestimmte Veränderung ablehnt. Doch das passiert weit weniger häufig, als das Spiel gespielt wird. Der Widerstand des Potentaten gegen ein bestimmtes Thema strahlt unbewusst auf andere Themen aus. Dieses Phänomen erklärt, weshalb dem Hierarchen oft ein Widerstand unterstellt wird, den er nicht einmal andeutungsweise entwickelt, wenn man vernünftig mit ihm spricht. Wenn die Leute, die es wissen müssten, ihr Wissen nicht nach oben weitergeben, weil sie Wenn-du-nicht-wärst spielen, ist der Saurier-Effekt, das Aussterben wegen mangelnder Wandlungsfähigkeit, die logische Konsequenz.

Natürlich stellt sich dem gewissenhaften Manager eine schwere Wahl: Sagt er dem Chef die Wahrheit und riskiert, in ein Kill-the-messenger-Spiel zu geraten? Oder schweigt er, macht sich mitschuldig an den Problemen des Betriebs und riskiert auch noch, dafür später zur Rechenschaft gezogen zu werden? Interessant, welche Lösungen clevere Führungskräfte dafür finden. In einem norddeutschen Softwarehaus schickt die Führungsebene 1 – also die Bereichsleiter – immer ihren Benjamin vor, wenn es schlechte Nachrichten zu vermelden gibt. Denn: »Ihm reißt der Boss nie den Kopf ab – dafür mag er ihn zu sehr.« Der Benjamin spielt mit. Denn erstens hat er einen guten Draht zum Boss und kann ihm auch Unangenehmes mitteilen. Und zweitens schulden ihm dann die Kollegen etwas.

Die Führungsriege eines Druckmaschinenherstellers lädt sich pro Brandherd immer einen kompetenten Trainer ein – möglichst einen, von dem sie annimmt, dass er sich zwar gegen den Chef gut behaupten kann, bei ihm aber auch gut ankommt.

Eine Automobilzulieferer-Topmanager-Crew hat das Problem etwas weniger aufwändig gelöst. Ein Abteilungsleiter sagt: »Wenn wir einzeln beim Chef vorsprechen, kann es schon sein, dass er einen Vorschlag abschmettert. Deshalb stimmen wir uns in strategisch wichtigen Fragen untereinander ab. Dann gibt es keine Probleme – welcher Geschäftsführer möchte schon seine gesamten Topmanager gegen sich haben?«

Auf einen Blick: Das Wenn-du-nicht-wärst-Spiel

• Das Spiel-Motto:	• »Wenn Y nicht dagegen wäre, hätte ich schon längst X getan!«
• Warum wird gespielt?	• Der Spieler hat Angst vor Veränderung. Wer einen Sündenbock vorschützt, muss seine Träume nicht in die Tat umsetzen.
• Wie reagieren Sie falsch?	• Wenn Sie selbst spielen: den Selbstbetrug für bare Münze nehmen. Wenn Ihre Mitarbeiter spielen: versuchen, den Widerstand auszureden – das verstärkt den Widerstand nur noch oder treibt ihn in den Untergrund.
• Wie reagieren Sie richtig?	• Wenn Sie selbst spielen: scharfe Selbstbeobachtung, den Sündenbock nach seiner echten Meinung fragen; den Traum wahr machen. Wenn Ihre Mitarbeiter spielen: mitspielen und dann mit dem Joker das Argument der Mitarbeiter ad absurdum führen. Bei verkrusteten Konflikten zwischen Gruppen: Moderationskompetenz einsetzen.

Solo-Spiele

Spielen Sie mit sich?

Für ein Spiel benötigt man nicht unbedingt Mitspieler. Man kann auch mit sich selbst spielen. Erinnern Sie sich an die letzte Aufgabe, in der Sie richtig schön feststeckten? Sie dachten vielleicht: »Warum gibt der Chef immer nur mir diese total unmöglichen Jobs?« (Opferspiel mit unterstützenden Absolutbegriffen). Oder: »Ich war eben noch nie gut mit diesen Budgetgeschichten.«

Vielleicht spielen Sie das Angreiferspiel tatsächlich so, als ob Sie sich selbst gegenüberstünden; Sie duzen sich (schließlich kennen Sie sich schon länger): »Du bist eben eine totale Niete, wenn es um Controlling geht.« Solche Spiele arten nicht selten in stunden-, ja tagelange Krisen der Selbstanklage aus. Wenn nicht ein Retter auftaucht: »Trink erst mal einen Kaffee, danach sieht das alles ganz anders aus.« So rettet man sich selbst.

»Ich bin viele«, sagen multiple Persönlichkeiten. Zumindest sind Sie drei: Angreifer, Opfer und Retter in einer Person. Wenn Sie weniger als drei sind, kann das Spiel in eine Endlosschleife geraten: Der Retter fehlt. Sie quälen sich tagelang mit demselben »Problem« herum und bekommen es einfach nicht aus dem Kopf. Diese Schleife kann eskalieren, wenn man bemerkt, was man da spielt, und aus dieser Einsicht nicht eine Rettung, sondern einen neuen Angriff bastelt: »Mein Gott, wie gehst du wieder mit dir um? Drehst dich endlos im Kreis. Hast du eigentlich nichts gelernt bei dem Stress-Seminar?«

Der innere Dialog ist das wichtigste Gespräch im Leben. Zumindest ist er das folgenschwerste. Denn mit Angreifer-Solo-Spielen kann man sich ganz schön in die Depression spielen. Das muss nicht sein. Der innere Dialog wirkt genauso gut in die andere Richtung. Manche Menschen sind Meister des inneren Spiels. Sie brechen schon nach wenigen Zügen aus selbstzerstörerischen Solo-Spielen aus und bauen sich auch nach großen Misserfolgen schnell wieder auf, anstatt im Angreifer-Solo-Spiel zu versinken. Wie schaffen sie das?

Ausstieg aus Solo-Spielen

Es gibt eine einfache Art, aus Solo-Spielen auszusteigen. Wenn Sie bemerken, dass Sie sich selbst heruntermachen, aber nicht aus der Abwärtsspirale herauskommen, stellen Sie sich einfach geistig vor sich hin und entschuldigen Sie sich bei sich: »Es tut mir leid. So wollte ich nicht mit mir umgehen.«

Das holt meist den gesunden Menschenverstand zurück. Ist das Problem jedoch komplexer, dann kontert der Angreifer im Kopf: »Lass den Psycho-Quatsch, die Lage ist ernst, und du baust wirklich Mist.« Wenn Ihr Angreifer das meint, kein Problem, dann können Sie auch ganz ernsthaft werden. Setzen Sie sich hin und schreiben Sie das Problem auf. Beim Schreiben kommt der gesunde Menschenverstand zurück. Das Schreiben durchbricht den fruchtlosen inneren Monolog. Aber hüten Sie sich. Ihr Angreifer wird einwenden: »Lass den Unsinn. Was soll denn das nun wieder bringen?« Wie Autofahren, Tennisspielen und Maschineschreiben ist auch diese Technik trainingsbedürftig: Probieren geht über Studieren. Die Methode ist übrigens anwendbar auf sämtliche Probleme. Schreiben Sie also erst einmal auf:

1. Der (M)Istzustand:
- Was ist eigentlich faktisch los?
- Und wie fühle ich mich dabei?
- Was kann ich bereits als Ursachen erkennen?
- Schreiben Sie einfach wild drauflos.

2. Der Wunschzustand:
- Wie hätte ich's denn gerne, wenn eine gute Fee käme und mir über Nacht wirklich jeden Wunsch erfüllen könnte?
- Wie sieht also mein idealer Wunschzustand aus?
- Wie fühle ich mich dabei?

Schreiben Sie so, als ob Sie bereits in diesem Idealzustand wären. Wenn beispielsweise Ihr momentaner Job Sie nervt, dann schreiben Sie Ihren Wunschzustand zum Beispiel als Brief an einen guten Freund: »Lieber XYZ, endlich habe ich meinen Traumjob. Mein Chef ist ein echter Kumpel, aber hoch kompetent. Er lässt mir total freie Hand, wenn wir mal die Ziele vereinbart haben. Ich fühle mich wirklich frei, alles zu versuchen, was ich gelernt habe. Ich komme pfeifend zur Arbeit, und die Kollegen sind echt super. Alle jung geblieben, intelligent und kreativ…« Wenn Sie nicht mindestens eine A4-Seite mit Ihrem Wunschzustand füllen können, dann kann das nicht Ihr Wunschzustand sein. Denn über seinen Idealzustand kann man endlos schwelgen…

3. Lösungsmöglichkeiten. Bereiten Sie, wenn Sie mit Punkt 1 beginnen, schon einen dritten Zettel vor, auf dem Sie mögliche Lösungen notieren. Allein schon durch die Spannung zwischen Ist und Soll fallen Ihnen viele Möglichkeiten ein. Jedenfalls bedeutend mehr, als wenn Sie drüber nachgrübeln und ein Opfer- oder Angreiferspiel spielen. Dabei rennt man sich nur fest.

Nach dieser Schreibübung verspürt man dann keinerlei Veranlassung mehr, sich als Opfer zu fühlen. Man will loslegen. Das Schreiben leert den Kopf und macht Platz für neue Ideen.

Erkennen Sie das Solo-Spiel

Es ist nicht leicht, ein Solo-Spiel zu erkennen. Wir sind Meister darin, uns selbst hinters Licht zu führen. Wir denken, dass wir »ernsthaft« über ein »gravierendes« Problem nachdenken. Dabei haben wir uns schon lange festgefressen und spielen Opfer. Das stresst, kostet Kraft und vermiest die Laune. Also ist es gut, wenn Sie das Spiel möglichst schnell erkennen: Wann immer Sie sich ohne äußeren, plausiblen Grund schlecht fühlen, ist mit hoher Wahrscheinlichkeit ein Solo-Spiel im Gange.

Mit der realen Situation hat das meist nichts zu tun, obwohl wir das glauben. Aber in dieser Hinsicht sind wir alle Meister der Selbstdemontage. Als ob das nicht genug sei, führen Solo-Spiele oft zu äußeren Spielen. Erst machen wir uns selbst runter, dann kommt die Kollegin mit den letzten Montageteilen aus dem Testlabor, und es entwickelt sich folgender Dialog:

– *Kollegin:* »Zu hohe Toleranz.«
– *Sie:* »Hm, das habe ich mir gedacht. Mir läuft in letzter Zeit wirklich alles schief. Ich packe das einfach nicht. Gott, das ist auch wieder eine völlig unmögliche Aufgabe. Warum passiert immer nur mir so etwas?«

Das innere Opferspiel hat zu einem äußeren Opferspiel geführt. Und dann wird das äußere wieder zu einem inneren Spiel. Die Kollegin sagt nämlich: »Du siehst das alles viel zu schwarz. Sei doch nicht so negativ.«

Worauf die Stimme in unserem Inneren weiterschimpft: »Jetzt hast du auch noch die Kollegin verärgert, die bislang immer zu dir gehalten hast. Du bist wirklich ein selten dämlicher Hund!« Eskalationen dieses Spiels enden nicht selten im Alkoholmissbrauch – oder im Krankenhaus, weil man sich krank macht mit dieser pessimistischen Sicht auf sich selbst.

Auch an äußeren Spielen können Sie innere Spiele erkennen. Das erleichtert das Entdecken. Aber die interessantere Frage ist: Warum tun wir uns das an? Warum spielen wir überhaupt so oft und so ausgiebig Solo-Spiele?

Kapitel 6

Die zwölf Verbote

Warum stellen wir uns selbst ein Bein? Warum machen wir uns spielend fertig? Warum laufen diese inneren Spiele mit einer unschönen Regelmäßigkeit ab, als ob sie einem geheimen Drehbuch folgten, das jeden Spielzug diktiert? Weil es dieses Drehbuch tatsächlich gibt. Die Transaktionsanalyse nennt es Skript. Wir verhalten uns danach, ohne es zu merken. Dieses geheime innere Drehbuch hat nur ein Thema: »Du bist nicht gut genug, so wie du bist.«

Wie kommen wir zu einem solchen Glaubenssatz? Woher stammt unser Skript? Sie tippen richtig, aus der Kindheit. Es wurde uns, fast immer unbewusst, von unseren Eltern vermittelt. Meist über Verbote, auch »Einschärfungen« genannt. Die Psychologen unterscheiden zwölf davon. Bei welchen Verboten finden Sie sich wieder?

1. Verbot: »Sei nicht!«

Das Verbot »Sei nicht!« spricht dem Kind die Lebenserlaubnis ab. Das muss nicht einmal über eine massive Misshandlung geschehen. Es reichen schon häufig wiederholte Aussprüche von frustrierten Eltern wie: »Wenn du nicht gekommen wärst, hätte ich meinen Doktor gemacht!« oder: »Wegen dir mussten wir damals in München bleiben und konnten nicht nach Hamburg.« Das Kind wird ständig für eine Panne im Leben der Eltern verantwortlich gemacht und zieht daraus den Schluss: »Ich bin unerwünscht. Tot wäre ich meinen Eltern lieber.« Diese Überlegung kann im Extremfall zu einer späteren Suizidgefährdung führen. Zumindest haben diese Kinder später Probleme, eigenen Lebensraum in Anspruch zu nehmen, da sie nie eine unbedingte Erlaubnis zum Leben erfahren haben, im Sinne von: »Es ist schön, dass du da bist.«

Um trotzdem leben zu können, basteln sie sich als Überlebensstrategien Glaubenssätze wie: »Wenn ich besonders brav/besonders folgsam bin, dann darf ich hier sein.« Damit sind sie prädestiniert für Retterrollen. Solange sie retten, dürfen sie sein. Das berichten sie auch stolz: »Immer muss ich irgendwem etwas erklären. Zu meiner eigenen Arbeit komme ich erst nach Büroschluss.« Auch ein Zeitmanagement-Seminar ändert nichts daran. *Zwangsretter vernachlässigen lieber ihre eigene Arbeit, bekommen Krach mit dem Chef und kriegen einen Riesenstress, bevor sie ihr Helfersyndrom abstellen.* Denn wenn sie niemand mehr retten können, kommen sie in existenzielle Bedrängnis. Dann entfällt buchstäblich ihr Lebensrecht. Sie müssen immer das Gefühl haben, gebraucht zu werden, um eine Existenzberechtigung zu haben. Wenn sie das Gefühl haben, nicht mehr gebraucht zu werden, werden sie hilflos bis depressiv.

Kinder, die eigentlich nicht hier sein dürften, entwickeln als Überlebensstrategien auch Glaubenssätze wie: »Wenn ich immer der Beste/ immer perfekt bin, dann darf ich leben.« Als Erwachsene springen diese Perfektionisten aus dem Fenster, wenn sie bei der Beförderung übergangen werden oder ihr Unternehmen in Konkurs geht. Sie haben in ihren eigenen Augen ihre Existenzberechtigung verloren, weil sie nicht perfekt waren.

2. Verbot: »Sei nicht du!«

Dieses Verbot tritt in zwei Formen auf. Die erste Form ist: »Sei nicht das Geschlecht, das du bist.« Speziell Mädchen wurde das früher eingeschärft. Da die Familie – meist der Vater – lieber einen Jungen hätte, wird das Mädchen wie ein Junge erzogen. Es bekommt Anerkennung, wenn es sich mit anderen prügelt, auf Bäume klettert und Fußball spielt. Da gemacht wird, was belohnt wird, entwickelt sich das Mädchen auch zum Jungen. Das funktioniert ganz gut. Bis zur Pubertät. Dann bekommt das Mädchen Probleme mit der Rolle. Es wird plötzlich etwas, was nicht belohnt wird. Es kann sich selbst und oft den

Partner nicht akzeptieren, weil der Partner etwas akzeptiert, was es selbst nicht akzeptieren kann. Solche Mädchen spielen später gerne Angreiferspiele, bei denen ihr männlicher Anteil stark zur Geltung kommen kann. Das sind Frauen, die dem Kollegen auf die Schulter hauen und in rauchigem Bariton schmettern: »He, was geht ab, Alter?!« Natürlich kommt frau so mit vielen männlichen Kollegen besser zurecht. Doch das Einvernehmen ist um einen hohen Preis erkauft. Alles, was frau eigentlich ist, muss permanent geleugnet werden.

Die zweite Variante des Verbots »Sei nicht du!« tritt in Form eines ständigen Vergleichs mit einem anderen Familienmitglied auf: »Du bist genauso wie Onkel Hugo!« Irgendwann nimmt das Kind diese angebotene Rolle an: »Ich soll offensichtlich so sein wie Onkel Hugo.« Denn Kinder können sich schlecht selbst definieren. Sie lernen ihre Rolle im Leben über die Definitionen, die sie von ihren Eltern bekommen. Das nimmt manchmal paradoxe Verläufe. Wenn einem Kind oft und mit Nachdruck gesagt wird: »Du machst immer nur Unsinn!«, dann kommt das beim Kind nicht als subtile Ironie rüber, sondern als Definition der eigenen Rolle. So funktioniert Erziehung. *Wenn einem Kind nur oft genug gesagt wird, dass es immer Unsinn macht, dann macht es irgendwann immer Unsinn.* Denn es hat gelernt, dass das seine Rolle ist.

Wenn der Verwandte, mit dem das Kind immer verglichen wird, der Familienheilige ist, dann spielt das Kind später Retterspiele. Wenn der Onkel das schwarze Schaf der Familie ist, dann spielt es Angreifer- oder Opferspiele. Im Übrigen kommt es häufig zu Ähnlichkeiten im späteren Lebenslauf zwischen Kind und Rollenvorbild. Vielleicht ist der Onkel schon lange tot. Aber er hat dem Kind ein reiches Erbe hinterlassen.

3. Verbot: »Zeig keine Gefühle!«

Das ist ein sehr häufig ausgesprochenes Verbot. Wenn beispielsweise das Kind vor Freude auf dem Sofa rumhüpft, dann wird ihm gesagt: »Tobe hier nicht rum!« Wenn es wütend ist: »Geh auf dein Zimmer.

Wenn du dich beruhigt hast, kannst du wieder herunterkommen.«
Wenn es traurig ist:»Nun stell dich nicht so an.« Oder das altbekannte:
»Große Jungs weinen nicht.« Wenn das Kind Angst hat:»Dummkopf,
das ist doch gar nicht schlimm.« Was wollen Eltern mit solchen Verboten? Wollen sie, dass das Sofa nicht kaputtgeht? Das ist nur das vorder-
gründige Motiv. In Wirklichkeit sind den Eltern starke Gefühle fast
körperlich unangenehm. Meist, weil sie als Kind dasselbe Verbot
bekamen. *Das Verbot führt dazu, dass das Kind seine Gefühle schluckt
und stattdessen permanent seinen Verstand einsetzt.*

Wer Gefühle runterschluckt und später Chef wird, wird ein Chef,
der alles glasklar auseinander nimmt. Er/sie kommuniziert wie ein
Roboter. Und wenn sie/er spielt, dann sind das meist zynische Spiele.
Wobei das natürlich auch seine Vorzüge hat. Ohne Gefühle macht
man besser Karriere. Da gibt es einen deutschen Verlagsleiter, der ver-
weigerte einem Angestellten einen Tag Urlaub, um bei der Geburt seines Kindes dabei zu sein, mit den Worten:»Sentimentaler Quatsch.
Das Kind kommt auch ohne Sie zur Welt.« Die Belegschaft war
sprachlos vor Entsetzen, der Chef wusste nach eigenem Bekunden
nicht, worüber seine Mitarbeiter sich so maßlos aufregten.

Leider hat die Karriere ohne Gefühle einen Preis. Da man Gefühle
zwar verleugnen, aber nicht abschaffen kann, wird man irgendwann
geschieden, die Kinder, Kunden und High Potentials laufen davon,
und es verschleißt der Gesundheitsapparat wegen emotionaler Unaus-
geglichenheit. Kurz: Burnout. Doch bis es so weit ist, spielt der
Betroffene hoch intelligente Angreiferspiele, bei denen er seine Gesprächspartner mit zynischer Logik auseinander nimmt.

4. Verbot: »Werde nicht erwachsen!«

Dieses Verbot bekommen vor allem Einzelkinder oder Nesthäkchen –
immer implizit – zu hören. Klar, die Eltern wollen das putzige Baby
möglichst lange behalten. Sie fürchten die Nestflucht und den Verlust
der gewohnten Elternrolle. Die Mutter sagt zum 20-jährigen Sohn:
»Zieh dir einen Schal an, draußen ist's kalt.« Diese fürsorgliche Umar-
mung erzieht zur Unselbstständigkeit. Ungerechte Welt: Das Kind

badet das Rollendefizit der Eltern aus. Bloß weil diese kein eigenes Leben haben, muss das Kind herhalten. *Überbehütete Kinder, die nicht erwachsen werden durften, haben später Probleme mit der Eigenständigkeit.* Sie wurden künstlich klein gehalten und brauchen nun die ständige Bemutterung. Wenn Sie einen ewigen Clown, einen richtigen Kasper, einen Benjamin in der Abteilung haben, dann wissen Sie, woher das kommt. Er lebt sein geheimes Drehbuch.

5. Verbot: »Sei kein Kind!«

Das ist das Gegenteil des vorangegangenen Verbotes. Das kriegen die ältesten Kinder oder auch Einzelkinder zu hören. Wer Kinder hat und keine mag, hat festgestellt, dass das putzige Ding eine Heidenarbeit macht und möchte nun am liebsten die Bestellung retour gehen lassen. Aber das geht nicht. Also vermittelt man dem Kind versteckt, unbewusst und vor allem ständig wiederkehrend: »Lass das kindische Verhalten.« Das ist verrückt, nicht? Das, was ein Kind ausmacht, soll es unterlassen. Die altklugen Kinder, die diese Methode hervorbringt, kennen Sie vielleicht aus Ihrem Bekanntenkreis. Kinder, die nicht spielen können. Kinder, die auf erschreckende Weise nützlich und produktiv sind. Kleine Erwachsene, die am liebsten nicht mit Kindern, sondern mit Erwachsenen zusammen sind.

Besonders die Ältesten unter Geschwistern geraten in diese Falle, wenn aus irgendeinem Grund die Eltern ihre Rolle nicht ausreichend wahrnehmen (können). Dann erziehen die ältesten Kinder ihre kleineren Geschwister. Machen sie das gut, werden sie anerkannt. Sobald sie wie Kinder spielen, können sie ihre Verantwortung für ihre Geschwister nicht mehr tragen und bekommen Probleme mit den Eltern. Also werden sie eben sehr schnell erwachsen. Das hat durchaus Vorteile. Sie übernehmen im Erwachsenenleben gerne Verantwortung für Aufgaben und für andere. Sie sind prädestinierte Führungskräfte, weil sie ihre Retterrolle so gut draufhaben. Aber da sie nie die innere Erlaubnis hatten, Kind zu sein, haben sie Probleme damit, kreativ zu sein und ungewöhnliches Verhalten zu zeigen.

Sie werden auch leicht Opfer ihrer Retterrolle. Denn Retter helfen anderen, sich selbst helfen sie nicht. Ich hatte eine 50-jährige Klientin, die ihr ganzes Leben lang in Beruf und Familie immer nur für andere da gewesen war. Sie lebte ihr Retter-Drehbuch. Sich selbst vernachlässigte sie. Wie weit diese Vernachlässigung der eigenen Bedürfnisse schon ging, stellten wir beide ziemlich erstaunt fest, als ich ihr vorschlug, nach der Sitzung 50 Mark völlig sinnlos, aber für sich selbst auszugeben. Die Klientin hatte ein Riesenproblem. Was sie für 50 Mark für ihre Enkel, Kinder, Kollegen kaufen könnte, wusste sie sofort. Für sich selbst fiel ihr absolut nichts ein. Normalerweise ist es ein Kampf, das Geld beisammen zu halten. Diese Frau kämpfte jedoch stundenlang mit wachsender Erschöpfung, um ihr Geld für irgendeine unnütze Nettigkeit auszugeben, konnte es aber nicht. Sie hatte dafür nicht die innere Erlaubnis.

Kinder, die zu schnell erwachsen wurden, haben als Erwachsene eine ungeheure Sehnsucht, sich innerlich loszulassen, fallen zu lassen, ohne Fragen, ohne Zweifel, ohne Verpflichtung, ohne Ziel. Einfach die Seele baumeln zu lassen. Aber sie können es nicht, weil sie sich dafür nicht die innere Erlaubnis geben. Häufig enden sie als Opfer: »Ich habe mich immer für andere geopfert.« Und brennen oft genug aus.

6. Verbot: »Sei nicht gesund!«

Natürlich sagt kein Mensch zu seinem Kind: »Sei krank!« Aber trotzdem erziehen manche Eltern zum Kranksein. Denn egal, was sie sagen oder nicht sagen: Gemacht wird, was belohnt wird. Wenn das Kind krank ist, dann bekommt es die besondere Aufmerksamkeit der Eltern, die selbst Retter-Drehbücher spielen und deshalb bei Krankheiten besonders »gebraucht« werden. *Wenn das Kind gesund ist und draußen mit seinesgleichen spielt, kann es nicht gerettet werden. Also ist ein krankes Kind ein gutes Kind.* Die Wartezimmer der Kinderärzte sind voll von guten Kindern. »Was ist los? Du siehst so blass aus! Ab zum Arzt.« Der Arzt kann natürlich nichts finden und schickt Elternteil und Kind heim. Diese Ärzte! Gott sei Dank gibt es die Selbstmedikation. Der Anteil der Selbstmedikation am Umsatz der Apotheken soll inzwischen 60 Prozent ausmachen. Da hilft auch keine siebte Stufe der Gesundheitsreform.

So wird Krankheit kultiviert und das Kind gezielt, wenn auch unbewusst, für seine spätere Opferrolle erzogen. Es wird tatsächlich, zumindest mit kleineren Krankheiten, öfter krank als andere Kinder. Unter anderem auch deshalb, weil das Kind spürt, dass es für seine Eltern wichtig ist, ab und zu krank zu machen. Außerdem ist in Zeiten der Krankheit das Verhältnis zu den Eltern eben sehr innig. Dadurch wird es interessant für das Kind, oft krank zu sein. Nicht komisch ist dann, wie solche Opfer als Erwachsene ihr Drehbuch auch noch verteidigen: »Es tut mir echt leid, dass ich den Termin für die Besprechung verpasste, aber ich war schon als Kind ziemlich kränklich.«

Kleine Atempause

An dieser Stelle der Verbote machen wir Halbzeit. Denn jetzt müssen Sie innerlich verschnaufen. Es sei denn, Ihr Skript enthält das dritte Verbot (»Zeig keine Gefühle!«), und der kleine Selbsterfahrungstrip lässt Sie völlig kalt. Sollte dem nicht so sein, sind Sie möglicherweise leicht erschüttert. Das ist normal. Sich selbst zu begegnen ist ein überraschendes Erlebnis, wenn man bedenkt, dass ein Großteil unserer geistigen Anstrengungen darauf abzielt, uns selbst aus dem Weg zu gehen. Wer ist schon gerne mit sich selbst zusammen, solange etwas Besseres im Fernsehen läuft? Wir können uns angenehmere Gesellschaft als uns selbst vorstellen.

Vielleicht sind Sie bei mehr als einem Verbot zusammengezuckt, weil Sie Spuren Ihrer selbst wiedererkannten. Das ist normal. Ein Drehbuch enthält in der Regel mehrere Verbote, die in unterschiedlichen Situationen und Lebensphasen unterschiedlich stark hervortreten. Generell gilt jedoch: *Je mehr Stress wir erleben, desto eher und stärker greifen wir vollautomatisch auf unser Skript zurück.* Das erklärt, warum erwachsene Menschen aus Sitzungen gehen, sich eine Zigarette anstecken und dann plötzlich stöhnen: »O Gott, es ist mir schon wieder passiert! Schon wieder habe ich wortlos etwas angenommen, von dem ich mir doch geschworen hatte, es nie wieder zu tun!«

Der skriptprogrammierte, unbewusste Opfer-Autopilot war stärker als der gesunde Menschenverstand.

Natürlich gilt: Wenn Ihre Eltern ein einziges Mal zu Ihnen sagten »Spinn hier nicht rum«, dann heißt das noch lange nicht, dass Sie von nun an nach dem Skript leben »Zeig keine Gefühle!«. Damit ein Verbot wirkt, muss es ständig wiederholt oder mit schockartiger Intensität gegeben werden.

Warum leben wir alle brav und widerspruchslos nach unseren Skripten? Weil Skripte *geheime* Drehbücher sind. Üblicherweise bemerkt man sein Drehbuch nicht, weil es sich selbst bestätigt. Der Pausenclown der Abteilung (Verbot 4: »Werde nicht erwachsen!«), der wieder mal beim Arbeitsgespräch superkomisch war, weil er innerlich nicht erwachsen sein darf, zuckt resigniert mit den Schultern: »Mich nimmt wohl keiner ernst. Ich bin eben nicht erwachsen genug.« Ein schöner Zirkelschluss. Der Glaubenssatz provoziert das Verhalten und bestätigt sich dann über die Rückkopplung des Verhaltens selbst. Das perfekte geistige Gefängnis? Vielleicht perfekt, aber nicht ausbruchsicher! Denn täglich brechen Gefangene aus.

Wir sind nicht Opfer unserer Eltern

Dass viele Verbote uns in der Kindheit »eingeprägt« wurden, heißt noch lange nicht, dass das so bleiben muss. Wir sind nicht unsere Glaubenssätze. Wir können auch anders. *Jeder kann jederzeit aus seinem geheimen Drehbuch aussteigen und ein neues Skript schreiben.* Das ist nicht immer einfach und erfordert etwas Aufwand und Ausdauer. Aber es ist möglich und wird täglich praktiziert.

In meinem persönlichen Skript spielte das Verbot »Sei nicht gesund!« eine große Rolle. Meine Kindheit war von Kamillendampfbädern, Hustensaft und Nasenspray geprägt. Bis zu meinem Studium glaubte ich, Opfer einer seltsam therapieresistenten und chronischen Nebenhöhlenentzündung zu sein. Bis ein befreundeter HNO-Arzt mal schnell auf Höhlenerkundung ging und leicht tadelnd meinte: »Was für ein Quatsch. Da ist nichts, was nicht da sein sollte.« Das war natürlich ein krasser Gegensatz zur gelebten Überzeugung meiner überfürsorglichen Mutter. Aber es reichte aus, um mich spontan gesunden zu lassen.

Manchmal reicht schon diese Art von Anstoß, um die Befreiung vom alten Skript in Gang zu setzen. Manchmal braucht es etwas mehr. Manchmal schaffen Sie das Auswechseln Ihres Drehbuchs alleine, manchmal müssen Sie sich von Partnern, guten Freunden oder Coaches helfen lassen. Wie der Ausbruch aus einem Skript aussehen kann, wollen wir uns jetzt am Beispiel des Verbotes »Sei kein Kind!« anschauen.

Abschied vom Verbot »Sei kein Kind!«

Kinder, denen man »Sei kein Kind!« einschärft, werden schnell erwachsen. Sie lernen früh, Verantwortung zu übernehmen und andere zu führen. Weil sie das so gut können, steigen sie im Beruf rasch in Führungspositionen auf. Ihr Pflichtbewusstsein ist enorm, doch mit Menschen haben sie Probleme.

Denn das Pflichtbewusstsein macht es ihnen schwer, sich einfach mal ganz locker zu geben und unbefangen mit Menschen umzugehen. Sie kennen nur ihre Arbeit. Wenn sie mit ihren Mitarbeitern reden, geht es um die Arbeit. Sie können nicht nur mal so einen Kaffee mit den Leuten trinken und ein bisschen plaudern. Deshalb gelten sie als steif und humorlos. Sie werden gemieden bis geschnitten. Darunter leiden sie.

Hinzu kommt, dass Berufsretter ihre eigenen Bedürfnisse vernachlässigen, weil sie zu sehr damit beschäftigt sind, andere zu retten. Sie retten noch, wenn sie sich eigentlich Ruhe gönnen, ausspannen und das Leben genießen sollten. Das ist dem Zwangsretter durchaus bewusst, doch er kommt nicht raus aus seiner Zwickmühle: »Eigentlich wollte ich dieses Wochenende mit meiner Frau in die Berge. Aber jetzt hängt die EDV wieder fest!« Das heißt: Solange es etwas zu retten gibt, denkt der Retter nicht an sich. Und zu retten gibt es immer etwas… Deshalb enden Zwangsretter oft im Burnout: Eskalations-Stufe 3. Doch das Skript, das den Retter in den Burnout statt in die Berge schickt, kann auch umgeschrieben werden. *Egal, welches geheime Drehbuch Ihnen das Leben schwer macht, Sie können sich davon befreien.* Schreiben Sie Ihr Skript um, und zwar in drei Schritten:

1. Entdecken Sie Ihr geheimes Drehbuch.
2. Erlauben Sie sich den Ausbruch.
3. Hören Sie auf Ihren inneren Dialog.

1. Schritt: Entdecken Sie Ihr geheimes Drehbuch

»Selbsterkenntnis ist der erste Schritt zur Besserung«, sagt der Volksmund. Ein Skript kann erst geändert werden, wenn es entdeckt ist. Geheime Drehbücher sind zwar schwer zu entdecken, eben weil sie geheim sind, das heißt: unbewusst ablaufen. Aber es gibt zwei deutliche Anzeichen für Skripte:

• Feedback von innen,
• Feedback von außen.

Dass Sie sich manchmal wie eingesperrt in Ihrem Leben fühlen, ist zwar lästig. Denken Sie an den Manager, der in die Berge will, aber dann doch widerwillig in der EDV landet. Dieser Widerwille ist ihm sicher lästig. Er ist jedoch gleichzeitig ein hervorragendes Warnsignal. Wenn Sie sich in einer Situation unwohl fühlen, können Sie fast sicher sein, dass Ihnen gerade Ihr Skript ein Bein stellt. Das geheime Drehbuch hat sich selbst verraten.

Leider haben wir uns angewöhnt, nicht mehr auf unsere innere Stimme zu hören. Gut, dass es auch äußere Stimmen gibt, beispielsweise:

– »Mensch, nimm das doch nicht so bierernst!«
– »Hey, guter Witz, so kennen wir dich gar nicht!«
– »Gerade habe ich Sie das erste Mal lachen sehen!«

Solche Äußerungen von Kollegen und Mitmenschen entlarven eindeutig das Verbot »Sei kein Kind!«. Manchmal kann dieses Feedback so wachrütteln, dass das geheime Drehbuch nicht nur entdeckt, sondern sofort aufgegeben wird. Ein Seminarteilnehmer erzählte über seinen Abschied vom Verbot »Sei nicht gesund!«: »Als ich wegen eines Schnupfens eine Woche lang im Bett wehklagte, sagte meine Frau irgendwann: ›Du brauchst keine Frau, du brauchst eine Krankenschwester.‹ Das hat gesessen. Ich hatte nie wieder Lust auf Schnupfen.« Doch nicht immer führt die Erkenntnis allein zum Ausbruch aus dem Skript.

2. Schritt: Erlauben Sie sich den Ausbruch

Manchmal reicht es nicht aus, sein geheimes Drehbuch zu entdecken. Man muss es aktiv aushebeln, indem man ihm zuwider handelt. Wer beispielsweise nie Kind sein durfte (Verbot 5), der muss sich irgendwann die ausdrückliche innere Erlaubnis geben, Kind zu sein. Denn dass man erwachsen ist, heißt noch lange nicht, dass man keine kindlichen Bedürfnisse mehr hätte. Jeder Mensch braucht Spiel und Spaß. Sonst gäbe es keine Fußball-Bundesliga. Also müssen sich Berufsretter irgendwann erlauben, Kind zu sein. Das hört sich leichter an, als es ist. Denn wer sein Leben lang ein pflichtbewusster Retter war, der kann nicht auf Kommando wie ein Kind spielen, faulenzen und genießen. Er hat es buchstäblich verlernt.

Stellen Sie sich vor, erwähnter Manager geht mit seiner Frau in die Berge statt in die EDV-Abteilung. Das schlechte Gewissen würde ihm – und vor allem seiner Frau! – jede Bergtour verderben. Er hat verlernt, sich über schöne Dinge zu freuen. Sein inneres Kind war so lange unterdrückt, dass es jetzt völlig abgetaucht ist. Es muss zurückgeholt werden. Am besten in Situationen, in denen man Kind sein kann und darf. Es ist schon vorgekommen, dass ich Managern empfohlen habe, sich die Zeit zu nehmen, intensiv mit einem oder mehreren Kleinkindern zu spielen. Denn Kinder wissen am besten, wie man Kind ist. Einigen Managern fiel es erst einmal gar nicht leicht, sich in diese »kindische« Situation hineinzubegeben, auf dem Bauch zu liegen und mit Bauklötzchen und Matchbox-Autos zu spielen oder Sandburgen zu bauen. Aber sie entdeckten sehr schnell, wie viel Spaß das macht.

Natürlich fühlt sich jeder in einer ihm fremden Situation zunächst unwohl. Jemand, der sein Leben lang pflichtbewusst und kontrolliert war, hat anfänglich Schwierigkeiten, loszulassen, die Verantwortung abzugeben und einmal nur Spaß zu haben. Aber man kann es üben. Jemand, der aus seinem Skriptverhalten ausbrechen will, braucht den Mut, sich immer wieder ungewohnten Situationen zu stellen – und seien sie auch »kindisch«.

Wer sich als Berufsretter nicht überwinden kann, wieder in den Sandkasten zu steigen, dem stehen auch andere Möglichkeiten offen. Sicher kennen Sie Kollegen, die manchmal ziemlich kindisch sein können. Sie machen ihre Späße und blödeln rum. Machen Sie mit! Geben Sie sich die Erlaubnis dazu, lassen Sie kein Nein zu. Meist wird man sehr schnell von der guten Laune angesteckt. Für Ausbrüche aus jedem Skript finden Sie täglich genügend Vorbilder, die anstecken können.

»Ach, für so etwas habe ich doch keine Zeit!«, wenden viel beschäftigte Manager darauf ein. Jede freie Minute wird für einen Rettungsversuch verplant. Und zwar ganz automatisch. Jeder, der anklopft, bekommt einen Termin, denn es könnte ja einer sein, der »Hilfe« braucht. Solchen besonders verplanten Managern empfehle ich gerne, ihr Skript mit den eigenen Mitteln zu schlagen: Geben Sie sich einfach selbst einen Termin. Dann können Sie, wenn wieder jemand anklopft, sagen: »Tut mir echt leid, aber ich habe schon einen Termin.« Und das stimmt ja auch. Nur ist man zur Abwechslung dann einmal für sich selbst da. Dieser simple Trick funktioniert recht zuverlässig.

Ein ebenso simpler wie erfolgreicher Trick ist das Verkleiden. Berufsretter bekommen die »Hausaufgabe«, einmal ganz verrückte Klamotten anzuziehen. Also Kleidung, die sie normalerweise niemals anziehen würden. Anzugtypen laufen dann im handgestrickten Pullover herum und Pullovertypen im piekfeinen Anzug. Natürlich nicht bei der Arbeit! Aber vielleicht am Wochenende oder zu einer Party. Die Ergebnisse dieser simplen Taktik sind oft dramatisch. Das unterdrückte Kind-Ich bricht mit aller Macht hervor.

Eine erfolgreiche Managerin litt sehr unter ihrem Graue-Maus-Image. Sie war zwar beruflich, aber nicht gesellschaftlich erfolgreich.

Das Verbot »Sei kein Kind!« verhinderte das. Ich riet ihr, sich zu einer Party mal so richtig rauszuputzen und ein Kleid anzuziehen, das sie normalerweise niemals zu tragen wagen würde. Der Effekt war umwerfend. Die vormals graue, schüchterne und gehemmte Maus war plötzlich charmant, witzig, geistreich und die Party-Queen. Alle Kollegen himmelten sie an. Der Effekt hielt an. Nach der Party traute sie sich Dinge zu, an die sie vorher nicht einmal gedacht hätte. Dieser Verkleidungstrick ist übrigens weit verbreitet. Viele Leute praktizieren ihn intuitiv am Fasching. Sie kleben sich nicht nur die übliche Pappnase an, sondern wählen ein wirklich ausgefallenes Kostüm. Sie fallen für drei Tage total aus der Rolle und profitieren dann wochenlang von diesem Rollenwechsel.

3. Schritt: Hören Sie auf Ihren inneren Dialog

Beobachten Sie, mit welchen inneren Anweisungen Sie Ihr geheimes Drehbuch am Zügel führt. Wenn beispielsweise ein Kollege blödelt, denken Sie sich: »So ein Kindskopf!« Schon haben Sie Ihr Skript ertappt! Ersetzen Sie diesen Kommentar durch die Aufforderung: »Mitmachen!«

Oder Sie überkommt der Drang, in der Runde auch mal einen Witz loszuwerden, und Ihr Skript flüstert: »Lass das, was sollen denn die anderen denken?« Streichen Sie den Kommentar und ersetzen Sie ihn: »Der Witz ist gut, und dann sehen die anderen, dass ich auch ganz lustig sein kann.«

Auch wenn gelegentliche Ausbruchsversuche voll gelingen, Ihr geheimes Drehbuch werden Sie nie ganz abschütteln können. Es kommt immer wieder heimlich angeschlichen und stellt Ihnen ein Bein. Rückfälle sind die Regel. Also seien Sie nicht ungeduldig mit sich selbst. *Je aufmerksamer Sie Ihren inneren Dialog beobachten und ihm aktiv zuwiderhandeln, desto häufiger werden Sie Ihrem geheimen Drehbuch entkommen.*

Exkurs für Skeptiker

Vielleicht haben Sie inzwischen einen Haken entdeckt. Das geheime Drehbuch ist ja nicht umsonst da. Es hat einen Nutzen. Wer kein Kind sein durfte, der hat gelernt, dass es ihm nützt, wenn er schnell erwachsen wird. Und als Erwachsener hat er gelernt, dass Retter angesehen sind. Retter sind Helden! Nun ja, anstrengend ist es manchmal schon – aber wenn ich kein Retter mehr sein darf, dann fehlt mir was! Dann bin ich nicht mehr wichtig!

Deshalb halten hartnäckige Retter noch an ihrer Retterrolle fest, wenn sie bereits Burnout-Symptome zeigen. Doch Retter sind nicht wichtig, sie kommen sich nur so vor. Da jedem im Unternehmen klar ist, dass der Retter sowieso immer einspringt, wird er gnadenlos ausgenutzt. Er wird nicht respektiert, sondern eher bemitleidet. Da der Retter immerzu und für jeden da ist, wird seine Rettung auch nicht besonders geschätzt. Sie ist dafür zu selbstverständlich.

Wenn der Retter aber plötzlich sagt: »Tut mir leid, keine Zeit«, dann wird seine Rettung zum knappen Gut und er zum geschätzten Mann, wenn er dann tatsächlich mal hilft. Außerdem gewinnt er dadurch Zeit für sich selbst zurück und wird selbstbewusster. Und beides nützt mehr als der fragwürdige Ruf, viel zu gutmütig zu sein.

Auf den folgenden Seiten werden Sie nun die nächsten sechs Verbote kennen lernen und darüber hinaus jedes Mal eine Erläuterung sowie Ratschläge zum Gegensteuern finden.

7. Verbot: »Schaff's nicht!«

Hans Kehler ist ein Topverkäufer für Investitionsgüter. Als sein Vater stirbt, übernimmt er dessen Bürogroßhandel. Ein blühendes Geschäft, das Hans Kehler binnen kürzester Zeit mit katastrophalen Fehlentscheidungen an den Rand des Ruins treibt. Er mietet eine viel zu große Bürofläche an, startet eine kostspielige, aber wirkungslose Werbekampagne und schießt auch sonst einen Bock nach dem anderen. Als die Krise unübersehbar wird, engagiert er einen externen Berater.

Der Berater sieht, dass vor allem der Umsatz wieder gesteigert werden muss, und reaktiviert den Topverkäufer in Hans Kehler. Da er früher toll verkaufen konnte, soll er es jetzt wieder tun. Beide vereinbaren, dass Hans Kehler jeweils den halben Tag Großkunden akquirieren soll. Als der Berater nach zwei Wochen wieder hereinschaut, hat Hans Kehler keinen einzigen Tag akquiriert und präsentiert so fadenscheinige Ausreden wie »Am Dienstag kam dies und das dazwischen, am Mittwoch musste ich meinem Mitarbeiter X helfen...« Der Berater greift zu drastischen Mitteln. Er erteilt seinem Klienten »Hausverbot«: Hans Kehler darf sich nicht mehr im Betrieb sehen lassen, sondern muss akquirieren. Und das tut er denn auch. Binnen zwei Wochen erreicht der Umsatz sagenhafte Höhen.

Doch schon bald wird Hans Kehler rückfällig. Er unternimmt wieder Aktionen, die viel kosten und wenig bringen und vor allem nicht mit seinem Berater abgesprochen sind. Der Betrieb rutscht wieder in die roten Zahlen. Der Berater rauft sich die Haare. Wenn er mit Hans Kehler spricht, dann weiß dieser alles, was man wissen muss, um ein Geschäft zu führen – aber er handelt nicht danach. Entnervt wirft der Berater das Handtuch.

Es ist unverständlich, wie sich Hans Kehler benimmt. Warum stellt er sich so dumm an? Sein Verhalten wird erst verständlich, wenn man den verstorbenen Vater mit ins Bild nimmt. Der Vater hatte immer Angst, dass sein Sohn einmal erfolgreicher werden könnte als er selbst. Damit wäre er nicht klargekommen. Also verstand er es, ihm immer wieder zu vermitteln: »Du schaffst das nicht!« Diese Überzeugung prägte Hans Kehler, weil er ihr so lange ausgesetzt war: Der Vater bildete den Sohn im eigenen Betrieb aus. Sobald Hans Kehler in einem anderen Unternehmen war, konnte er seinem geheimen Drehbuch entfliehen: Er wurde ein erfolgreicher Verkäufer. Doch im väterlichen Betrieb schaffte er das nicht. Dort würde Erfolg bedeuten, dass er dem Vater Konkurrenz macht, und das durfte nicht sein. Also verhinderte er unbewusst seinen eigenen Erfolg.

Natürlich hat der Vater nie gesagt: »Sei nicht erfolgreicher als ich, denn das ertrage ich nicht!« Er hat auch nie wortwörtlich gesagt: »Du schaffst das nicht!« Aber das brauchte er auch gar nicht. Seine versteckten Botschaften waren genauso zielsicher und effektiv. Wann immer Hans Kehler einen Fehler machte, kommentierte der Vater: »Wenn du schon mal anfängst zu denken, dann geht das doch immer schief!« Oder: »Überlass das Denken den Pferden, die haben größere Köpfe.« Wenn Hans Kehler eine Aufgabe anpackte, kommentierte der Vater: »Wie willst du das denn bewältigen?« Oder: »Lass lieber die Finger davon, das ist eine Nummer zu groß für dich.« Die verdeckte Botschaft war immer: »Du schaffst das nicht.«

Dieses Verbot kann auf zwei Arten wirken: entweder als Motor oder als Bremse. Wenn das Verbot als Motor wirkt, dann versucht der Betroffene ständig zu beweisen, dass er es doch schafft. Solche Menschen sind richtige Erfolgsmenschen. Sie erzielen einen Erfolg nach dem anderen, sind aber nie damit zufrieden. Wenn sie ihren Doktor machen, dann sind sie unzufrieden, weil sie noch nicht Professor sind. Wenn sie Professor sind, dann sind sie unzufrieden, weil sie noch nicht an der »richtigen« Universität sind. Wenn sie an der richtigen Uni sind...

Das Verbot »Schaff's nicht!« wirkt immer weiter. Ständig muss man beweisen, dass man es doch schafft. Doch nichts kann dies endgültig beweisen, weil kein Beweis innerlich anerkannt wird. Selbst wenn der Betroffene gerade das Bundesverdienstkreuz erhält, relativiert er: »Ach, das ist doch auch Glück, ein anderer hätte das genauso, wenn nicht mehr verdient.« Im Grunde seines Herzens glaubt der Ausgezeichnete nämlich immer noch, dass er ein Versager ist, egal, wie viel Erfolge er anhäuft. Die äußere Bestätigung reicht nicht so tief hinein, dass sie den im Grunde des Herzens sitzenden Glaubenssatz »Ich bin ein Versager« erreichen kann.

Wenn Sie Führungskraft sind, dann bereiten Ihnen Mitarbeiter mit dem Verbot »Schaff's nicht!« Probleme. Jedes Mal, wenn Sie ihnen Anerkennung geben, erwidern sie: »Ach, da hatte ich nur Glück«, »Keine Ursache, das gehört doch zu meinem Job.« Menschen, denen »Schaff's nicht!« eingeschärft wurde, erzielen große Erfolge und können keinen genießen. Sie stehen immer unter Dampf, sind ehrgeizig, aber unzufrieden. Tief im Innern quälen sie die alten Versagensängste und vor allem die Angst, dass es irgendwann »mal herauskommt, dass ich's doch nicht kann, dass ich nur Glück habe, dass ich eigentlich ein Hochstapler bin«. Deshalb benutzen sie oft auch ausgeprägte Absicherungsstrategien. Auf jeden kleinen Anlass bereiten sie sich mit unverhältnismäßigem Aufwand vor, bringen Aktenberge in Meetings mit, schreiben seitenlange Protokolle, beschäftigen sich und ihre Mitarbeiter stunden- und tagelang mit völlig unproduktiven Aktivitäten, die einzig und allein dem Zweck dienen, sich nach allen Seiten und gegen alle Eventualitäten abzusichern.

Was spielen Menschen, denen »Schaff's nicht!« eingeschärft wurde? Sie spielen Retter, weil sie damit »Erfolg« erzielen können. Sie spielen auch oft Angreifer, weil sie dann mit der Brechstange zeigen können, wer hier der Bessere ist. Aber innerlich fühlen sie sich immer als Opfer: »Eigentlich bin ich ein Betrüger, denn ich kann's ja nicht wirklich.«

Sobald eine neue Aufgabe auf sie zukommt, bricht die alte Angst wieder aus: »Das packe ich nicht.« Das ist das innere Opferspiel, in dem Vater oder Mutter wieder einreden: »Du schaffst das nicht!« Dann rappeln sich die Betroffenen auf, um das Gegenteil zu beweisen, beweisen das Gegenteil und glauben doch nicht an das, was sie erreicht haben.

Wenn das Verbot »Schaff's nicht!« nicht als Motor wirkt, wirkt es als Bremse. Der Betroffene versucht nicht, das Gegenteil zu beweisen, sondern akzeptiert resigniert sein Los bei jeder neuen Herausforderung: »Das schaffe ich doch nicht.« Solche Menschen sind unheimlich froh, wenn sie eine Sache tatsächlich mal beherrschen und sich dann darauf ausruhen können. Sie sind ständig in der Opfer-Position und warten auf den Retter. Sie geben sich mit sehr wenig Erfolg zufrieden, obwohl sie damit keineswegs glücklich sind. Sie sind unglücklich, weil sie nur so wenig erreichen, aber es ist ja nicht mehr drin, weil sie es »ja sowieso nicht schaffen«.

Es existiert noch eine dritte Variante. Es gibt Menschen, die gehen mutig in eine neue Herausforderung hinein, machen dann aber kurz vor dem Ziel ganz dumme Fehler. Wie beispielsweise der Gruppenleiter, der seine Beförderung nach jahrelanger guter Arbeit schon in der Tasche hatte und dann kurz vor dem offiziellen Beförderungstermin plötzlich sturzbesoffen zur Arbeit kam: Er hatte Angst vor dem Erfolg. Richtig, Angst. Denn innerlich befürchtete er, dass etwas Schlimmes passieren könnte, wenn er Erfolg hätte. Als Kind hat er nämlich gelernt, dass seine Eltern zwar schimpften, wenn er versagte. Aber wenn er Erfolg hatte, dann schimpften sie nicht mal, sondern reagierten mit Liebesentzug. Wenn er versagte, dann wurde zwar geschimpft, aber wenigstens kümmerte sich dann jemand um ihn. Er hatte gelernt: »Ich bin niemandem gefährlich, wenn ich versage. Aber wenn ich erfolgreich bin, wird's gefährlich für mich, weil mich dann niemand mehr mag.« Und irgendwann ist das so in sein Selbstbild übergegangen, dass er sich heute überhaupt nicht mehr vorstellen kann, jemals Erfolg zu haben, und alles tut, um ihn zu verhindern.

Solche Menschen stellen sich immer die Frage: Steht mir so viel Erfolg überhaupt zu? Habe ich das verdient? Oft kann man beobachten, dass sie es irgendwie immer schaffen, nicht mehr als der Vater zu verdienen. Sie fühlen sich unwohl, wenn sie mehr verdienen. Sie spielen in erster Linie Opfer und lassen sich aufbauen. Ständig klagen sie: »Das packe ich nicht« oder verdeckt: »Eine unmögliche Aufgabe, ich weiß nicht, wie ich das hinbiegen soll!« Sie möchten aufgebaut werden, aber wenn man das tut – »Das schaffst du schon, da hast du doch schon anderes geleistet!« –, dann wird meist ein Ja-aber-Spiel daraus: »Ja, schon, aber damals war ich noch jünger, waren die Verhältnisse ganz anders, hatte ich Glück...« Das heißt, die Resignierten lassen sich nicht beweisen, daß sie's doch können.

Eine sanfte Version des Verbotes »Schaff's nicht!« ist das Überbehüten: »Oje, das ist doch viel zu schwer für das kleine Mädchen!« Indem man dem Kind alles abnimmt, vermittelt man ihm die Botschaft: »Das schaffst du doch nicht.« Das Kind lernt nicht, an sich zu glauben. Und das verbindet alle Versionen des Verbotes »Schaff's nicht!«: *Die Betroffenen glauben nicht an sich.* Weder der Erfolgreiche noch der Resignierte, noch der Überbehütete, noch derjenige, der kurz vor dem Ziel Panik bekommt. Deshalb nützt es nichts, wenn der Erfolgreiche von Erfolg zu Erfolg eilt: Kein Erfolg wird innerlich anerkannt. Genauso wenig nützt es, wenn man den Resignierten aufmuntert: Er glaubt das nicht. Von außen kann man das geheime Drehbuch nicht aufbrechen. Das muss von innen geschehen.

Wie man es doch schafft

Wessen Glaubenssatz »Ich schaff das nicht« lautet, der kann diesen
Glaubenssatz weder über äußeren Erfolg widerlegen noch von außen
wohlmeinend zerstreuen lassen – im Grunde seines Herzens glaubt er
nämlich weder dem Erfolg noch der Aufmunterung. Äußere Anerkennung hilft nicht, wenn die innere fehlt. Das ist sogar in Grenzen
umkehrbar: Man braucht nicht viele äußere Erfolge, um sich innerlich
anzuerkennen. Wer an sich glaubt, braucht das nicht ständig zu beweisen.

Menschen, die das Verbot »Schaff's nicht!« überwinden wollen,
müssen sich irgendwie diese innere Anerkennung verschaffen. Dafür
gibt es einige Hilfsmittel:

• **Das Erfolgstagebuch.** Menschen, die mit dem Verbot »Schaff's
nicht!« leben, sind wie einäugige Buchhalter. Sie sehen nur die Soll-
Seite der Bilanz, nicht die Einnahmen. Selbst nach dem größten Erfolg
sehen sie nur das, was sie noch nicht erreicht haben. Mit einem
Erfolgstagebuch lässt sich diese Fehlsichtigkeit korrigieren. Abend
für Abend oder fortlaufend über den Tag werden die Erfolge eingetragen, auch die kleinen und kleinsten. Das ist dann ganz beeindruckend:
»Ich wusste gar nicht, dass ich so viel leiste!« Die Tagebuchtechnik
allein macht aber noch nicht den Unterschied. Man muss die notierten
Erfolge auch als solche würdigen. Das bringt uns zu

• **Erfolge feiern.** Der Grund, weshalb manche Erfolgsmenschen
auch nach den größten Erfolgen noch unzufrieden sind, liegt darin,
dass sie sie innerlich nicht anerkennen. Alle Welt klopft ihnen auf die
Schulter, nur sie selbst sich nicht. Sie müssen sich innerlich erst dafür
die Erlaubnis geben. Das gilt auch für die Resignierten, die ja nie so
erfolglos sind, wie sie meinen. Die eigenen Erfolge innerlich anzuerkennen erfordert aber zuerst einmal eine Menge Einsicht, Mut und
manchmal auch Übung. Wer sich ein ganzes Leben lang für einen Versager hielt, dem fällt das erste Eigenlob schwer. Aber: Eigenlob
stimmt! Gerade zwanghafte Erfolgsmenschen können keine Erfolge
feiern. Kaum ist ein Projekt erfolgreich abgeschlossen, eilen sie schon

zum nächsten. Auch die Resignierten feiern nicht. Sie glauben ja, es gäbe nichts zu feiern. Folgerichtig ist das Selbstwertgefühl dauernd auf null. Was man nicht pflegt, das wächst auch nicht. Deshalb ist entscheidend, sich nicht nur innerlich die Erlaubnis zum Feiern zu geben, sondern Erfolge auch äußerlich zu genießen, zu feiern und sich ein wenig darauf auszuruhen.

Menschen, die das können, sind sehr erfindungsreich und haben oft richtige Rituale entwickelt. Diese Rituale sichern, dass ein Erfolg nicht in der aktivistischen Tageshektik untergeht. Denn wenn man sich lediglich vornimmt, Erfolge zu feiern, dann ist das ein Silvestervorsatz, der im Alltag untergeht. Man braucht konkrete Erinnerungshilfen, eben Rituale. Ein Controller bei einem Mittelständler hat vor sich auf dem Schreibtisch immer eine dicke Havanna-Zigarre liegen. Das ist seine »Zigarre des Triumphes«, wie er sie nennt. Wann immer er eine besonders schwere Aufgabe erledigt hat, steckt er sie sich an und genießt eine Zigarre lang seinen Erfolg.

• **Inneres Fragespiel.** Oft ist es gar nicht leicht herauszufinden, woher denn die eigene Erfolglosigkeit oder Unzufriedenheit stammt. Es muss ja nicht immer das Verbot »Schaff's nicht!« sein. Es gibt auch andere Arten, sich ein Bein zu stellen. Eine gute Methode, das Verbot »Schaff's nicht!« bei sich zu entdecken, ist die Szenario-Technik. Stellen Sie sich vor, sie haben einen ganz konkreten Erfolg errungen. Wählen Sie aus: beruflicher, privater, sportlicher oder gesellschaftlicher Art. Von diesem Erfolg erzählen Sie nun Ihren Eltern: Wie läuft der Film in Ihrer Phantasie ab? Was erwidern die Eltern? Antworten sie negativ? Sehen sie am errungenen Erfolg nur das Fehlende? Das, was Sie noch nicht erreicht haben? Dann steckt in Ihrer Glaubenssatz-Kiste mit hoher Wahrscheinlichkeit das Verbot »Schaff's nicht!«.

• **Vor dem Spiegel.** Diese Übung liest sich lächerlich einfach. Aber es gibt Menschen, die behaupten, sie sei ihnen schwerer gefallen, als die letzte Gehaltserhöhung einzufordern. Wenn Sie vermuten, dass Ihnen das Verbot »Schaff's nicht!« öfter ein Bein stellt, dann stellen Sie sich einfach vor einen Spiegel, schauen Sie sich in die Augen und sagen Sie: »Du packst das. Vielleicht wird's hart, aber du schaffst das.« Möglicherweise sagt darauf Ihre innere Stimme: »Lass den Unsinn. Führst du jetzt schon Selbstgespräche?« Oder sie sagt: »Morgens pressiert es mir immer so ins Büro, da habe ich keine Zeit für solche Spielchen.« Was auch immer. Der Versager-Glaubenssatz wehrt sich vehement und mit unglaublich logisch klingenden Scheinargumenten gegen seinen Rauswurf. Denken Sie daran: Je größer der innere Widerstand, desto stärker stimmt hier etwas nicht. Welchen Glaubenssatz will die innere Stimme mit ihrem Widerstand schützen? Die Spiegelübung ist bei einiger Praxis übrigens eine sehr wirkungsvolle Technik. Eine Sekretärin erzählte mir, dass sie sich vor jedem schwierigen Gespräch mit ihrem Chef durch ein paar Suggestionen vor dem Spiegel Mut macht.

Die Dinge in die Hand nehmen

Bei der Menge der bis hierher erörterten Verbote könnte der Eindruck entstehen, dass wir auf Gedeih und Verderb unseren Eltern ausgeliefert sind. Man braucht nur einen Vater, der nicht weiß, was er sagt, und prompt ist man fürs Leben geschädigt. Es gibt Menschen, die behaupten das. Inzwischen kennen Sie die Gattung. Das sind Opferspieler.

Natürlich schärfen die Eltern uns Dinge ein, die uns im späteren Leben behindern können. Aber nicht die Verbote der Eltern sind entscheidend. Entscheidend ist, was wir daraus machen, welche Schlussfolgerung wir daraus ziehen. Wenn ein Vater beispielsweise einschärft »Du schaffst das nie!« und die Tochter schlussfolgert »Papa ist selber ein Versager. Was der sagt, zählt nicht«, dann wirkt das Verbot nicht. Oder wenn der Großpapa auf das Verbot des Vaters einwendet »Hör nicht auf ihn, der spinnt sowieso« und das Kind die Schlussfolgerung des Großpapas teilt, dann kann das Verbot keine Wirkung entfalten.

Entscheidend ist, ob ein Kind das Verbot für sich selbst akzeptiert. Akzeptiert es das Verbot, dann wirkt es. Insofern schreiben wir unsere Verbote selbst. Das ist allerdings übel: Jetzt sind wir auch noch selbst an unserem Unglück schuld! Mag sein, doch das ist gleichzeitig ein Segen: *Wenn wir unsere Verbote selbst schreiben, dann können wir sie jederzeit auch selbst umschreiben.* Und damit sind wir keineswegs auf Gedeih und Verderb den elterlichen Einflüsterungen ausgeliefert!

Es ist eben kein Schicksal, was mit uns passiert. Wir tragen selbst dazu bei. Wir haben auch als Kinder dazu beigetragen. Wie sonst könnte man sich erklären, dass viele Kinder nach einer wahren Horror-Kindheit zu ganz patenten, erfolgreichen und ausgeglichenen Erwachsenen werden? Sie haben eben eine andere Schlussfolgerung aus den Einflüsterungen gezogen, und wenn es lediglich diese war: »Meine Eltern spinnen!« In diesem Sinne können leidgeprüfte Eltern schon fast dankbar sein, wenn die Teenager gegen das Elternhaus rebellieren. Wenigstens übernehmen sie dann nicht die Verbote, die einem täglich so rausrutschen.

Wir sind unserem Schicksal nicht ausgeliefert. Wir können unser geheimes Drehbuch umschreiben. Jederzeit. Natürlich bedarf das einiger Anstrengung. Wer fünfzehn Kinderjahre lang Einflüsterungen erlebt hat, kann diese nicht immer per spontaner Einsicht oder per Wochenendseminar hinter sich lassen. Es ist nicht leicht, sich zu ändern. Aber mit etwas Geduld ist es zu schaffen.

8. Verbot: »Denk nicht!«

Besonders Töchtern mit hoher Intelligenz schärfen Väter häufig ein: »Denk nicht!« Das ist keine böse Absicht, sondern eher ein Erziehungsunfall. Er passiert meist in Situationen, in denen die Tochter den Papa auf dem falschen Fuß erwischt. Beispielsweise möchte der Vater der Kleinen die Welt erklären und sich als kluger Papa profilieren – und die hoch intelligente Tochter stellt Fragen, die er nicht beantworten kann! Er reagiert darauf spontan ungehalten: »Stell keine dummen Fragen!« Die Tochter lernt daraus unterbewusst: Kluge Fragen verursachen Probleme auf der Beziehungsebene. Dumme Fragen sichern dagegen Zuwendung.

Aus diesem unbewussten Lernprozess entsteht die Überlebensstrategie, sich in gewissen Situationen erst einmal dumm zu stellen, um die Anerkennung der Umwelt nicht zu verlieren. Da sich die Strategie in der Kindheit bewährt hat, wird sie auch im späteren Leben beibehalten: Man spielt in bestimmten Situationen blöd (s. Kapitel 5). Beispielsweise, wenn neue Aufgaben anstehen. Da fragt der Blöd-Spieler schon nach den ersten Worten der Einführung: »Moment mal. Wie war das noch gleich? Wie geht das jetzt?« Und dann quält man sich mühsam durch Trivialitäten. Was umso ärgerlicher ist, als man um die hohe Intelligenz des Blöd-Spielers in anderen Situationen weiß.

Sich dumm zu stellen ist auch eine beliebte Strategie bei Aufgaben, die man nicht übernehmen möchte. So fragte der Assistent des Vorstandes eine Referentin während der Kaffeepause eines Seminars: »Wo stehen denn hier die Tassen?« Wohlgemerkt: Der Assistent des Vorstandes, also bestimmt ein hoch intelligenter Bursche, fand keine Tassen in einer Kaffeeküche, in der alle Schränke beschriftet waren. Natürlich war der Assistent nicht zu dumm, die Schildchen zu lesen. Er wollte sich einfach um die Arbeit drücken. In der Kindheit funktioniert das prima: »Mama, ich finde keine Tassen!« »Warte, Peterchen, ich hol sie selber.« Die Mama meint es nur gut mit ihrem Sprössling, aber was sie ihm dadurch ungewollt beibringt, ist: »Denk nicht!«

Das Blöd-Spiel ist auch eine probate Methode, sich Aufmerksamkeit zu holen. Fragt das Kind klug, erfährt es Ablehnung. Fragt es dumm, kann sich Papa profilieren und schenkt Aufmerksamkeit. Als Erwachsener wendet der Blöd-Spieler diese Strategie dann auf andere Autoritätspersonen an, von denen er Aufmerksamkeit wünscht: Lehrer, Vorgesetzte, Ehepartner…

Der Bumerang-Effekt von »Denk nicht!«

Es leuchtet ein, dass intelligente Kinder sich dumm stellen, um die Zuwendung der Eltern zu gewinnen. Leider hat die Überlebensstrategie neben dieser erwünschten Wirkung eine äußerst unerwünschte Nebenwirkung: Wer sich konsequent dumm stellt, bringt es im Leben nicht weit.

Vor einigen Jahren stand die unglaubliche Geschichte eines Mannes in der Süddeutschen Zeitung, den das Verbot »Denk nicht!« ins berufliche und gesellschaftliche Abseits getrieben hatte. Schon als Kind hatte man ihn als »geistig zurückgeblieben« in die Sonderschule gesteckt. Als Erwachsener fristete er mit Hilfsarbeiterjobs sein kärgliches Dasein. Zufällig bekam er dann eines Tages einen Chef, der sich auf seine dummen Fragen hin nicht an die Stirn tippte, sondern ihm in stoischer Ruhe auch die dümmsten Fragen erklärte. Allmählich kam die überragende Intelligenz des Mannes zum Tragen. Als seine Geschichte in den Druck ging, hatte der »geistig zurückgebliebene« Mann sein Abitur nachgeholt, ein Studium abgeschlossen und schrieb gerade an seiner Dissertation.

In einem meiner Seminare saß vor einiger Zeit eine Aushilfsbedienung, die nicht einmal den Hauptschulabschluss hatte. Sie hatte das Verbot »Denk nicht!« besonders heftig mitbekommen und spielte nun intensiv das Blöd-Spiel. Sobald wir es gemeinsam geschafft hatten, dass sie aus ihrem Blöd-Spiel ausstieg, verblüffte sie uns alle. Obwohl sie noch nie etwas vom ziemlich anspruchsvollen Seminarstoff »Transaktionsanalyse« gehört hatte, redete und dachte sie die anwesenden Fachleute nach einiger Zeit glatt an die Wand. Sie hätte locker studieren können, stattdessen bediente sie aushilfsweise.

Das sind zwei Extrembeispiele für die verheerende Wirkung des Verbotes »Denk nicht!«. Meist sind die Folgeerscheinungen weniger extrem, aber noch verheerend genug. Was glauben Sie, wie ein gelegentliches Blöd-Spiel sich auf die Karriere des oben erwähnten Vorstandsassistenten auswirkt? In der Meinung seines Vorgesetzten etwa so: »Ist engagiert und kompetent, hat aber manchmal seltsame Aussetzer.« Mit so einer Beurteilung bleibt man ewig im zweiten Glied. Der Blöd-Spieler stellt sein Licht zwar nur deshalb unter den Scheffel, um Aufmerksamkeit zu bekommen oder um sich um Unangenehmes zu drücken. Aber je öfter er das tut, desto schneller wird er von Kollegen überholt, die nicht unbedingt kompetenter in der Sache sind.

Abschied vom Verbot »Denk nicht!«

Es ist natürlich nicht so, dass Blöd-Spieler ganz bewusst denken: »Jetzt spiele ich blöd.« Es ist vielmehr so wie vor einer Ampel, die von Rot auf Grün springt: Kein Mensch denkt darauf: »Losfahren!« Das Losfahren funktioniert unbewusst und automatisch wie alle Prozesse, die man jahrelang praktiziert.

Blöd-Spieler tun in gewissen Situationen nicht nur so, als ob sie nicht Bescheid wüssten. Sie fühlen sich beispielsweise in neuen Situationen wirklich verwirrt und unklar. Ihre erste, spontane Reaktion ist tatsächlich: »Halt, stopp, wie war das noch gleich?« Die Dummes-kleines-Kind-Rolle hat sich im Lauf der Jahre so automatisiert, dass sie völlig selbstständig anspringt und abläuft – auch wenn man damit ein Eigentor schießt! In bestimmten Schlüsselsituationen wird automatisch und unwillkürlich das innere Denkverbot aktiviert: Das Hirn schaltet sich ab, der Mensch fühlt sich wirklich verwirrt und überfordert und ruft nach dem Retter. Hinterher, wenn das innere Denkverbot nicht mehr wirkt, beißt er sich dann auf die Zunge: »Liebe Güte! Was habe ich eben für dumme Fragen gestellt! Das wusste ich doch alles längst!« Aber dann ist es zu spät. Das spontane Programm springt so blitzschnell an, dass es dann nicht mehr aufzuhalten ist. Doch man kann dieses Programm auch abschalten.

Der erste Schritt dazu ist dann getan, wenn man tatsächlich bemerkt, dass da eben ein Blöd-Spiel ablief. Und da Blöd-Spieler meist hoch intelligent sind, merken sie es – hinterher. Doch das genügt schon. Auch späte Erkenntnis ist der erste Schritt zur Besserung.

Der zweite Schritt ist, zu erkennen und anzuerkennen, dass das Programm in der Kindheit ganz nützlich war. Es hat seine Funktion erfüllt. Es hat Zuwendung gesichert und Ärger verhindert. Man hat lediglich versäumt, es abzuschalten, als sein Kontext sich änderte. Ein Vorgesetzter ist eben kein Vater. Das Programm hat seine Nützlichkeit überlebt. Heute brauche ich eben keine Zuwendung von Vorgesetzten, Kollegen und Kunden, wie ich sie früher von den Eltern brauchte. Diese Art von Zuwendung hole ich mir anderswo. Das ist eine skripterschütternde Einsicht. Ebenso wesentlich ist die Erkenntnis, dass unter Umständen nicht nur der Blöd-Spieler ein Problem hat, sondern auch seine Umwelt. Wenn der Chef und die Kollegen mit einer intelligenten Frau nicht zurechtkommen, dann haben der Chef und die Kollegen ein Problem – und niemand sonst. Sich dumm zu stellen macht es allerdings nur noch schlimmer.

In einem dritten Schritt des Skriptausbruchs lernt der ehemalige Blöd-Spieler dann,

- sich die Zuwendung seines Vorgesetzten mit Mitteln zu holen, die keine so verheerenden Nebenwirkungen wie das Blöd-Spiel haben (Beispiel: konstruktives Feedback);
- sich vor unliebsamen Aufgaben so zu drücken, dass man nicht als Blödmann dasteht (indem man beispielsweise dringende Projektarbeit vorschützt);
- mit der einsetzenden Ablehnung der Umwelt fertig zu werden.

Insbesondere der letzte Punkt ist wesentlich. Sobald man aus der konformistischen Rolle ausbricht und sich nicht mehr für dumm verkaufen lässt, handelt man sich natürlich die Ablehnung der Leute ein, die ein Retterspiel mit einem spielen wollen. Doch damit werden Sie leicht fertig, wenn Sie erst mal erkannt haben, dass es viele Kollegen und Vorgesetzte gibt, die intelligente Mitarbeiter durchaus zu schätzen wissen. Wer aus dem Blöd-Spiel aussteigt, erweitert manchmal schlagartig seinen Bekanntenkreis um gute Freunde, deren Selbstwertgefühl groß genug ist, einen intelligenten Menschen zu ertragen.

9. Verbot: »Sei nicht wichtig!«

Sicherlich sagt niemand zu seinem Kind: »Du bist nicht wichtig!« Im Gegenteil. Alle vernünftigen Eltern werden mit Nachdruck erklären: »Natürlich sind mir meine Kinder wichtig – was denken Sie denn!« Das Dumme an der Erziehung – wie auch an der Menschenführung im Beruf – ist leider, dass nicht entscheidet, was man *sagt*, sondern was man *tut*. Wir erklären zwar ständig, wie wichtig uns unsere Kinder sind, aber wir handeln nicht unbedingt danach. Das beginnt schon mit so trivialen Dingen wie dem Wochenendausflug. Die Eltern planen einen Zoobesuch, aber vielleicht will das Kind auf den Rummelplatz. Das Kind wird aber nicht gefragt. Nicht aus böser Absicht, sondern weil die Eltern einfach davon ausgehen, dass es Teil ihrer Elternrolle ist zu bestimmen, »was gut für das Kind ist«. Wenn Sie hierbei ein verdecktes Retterspiel vermuten, dann liegen Sie richtig.

Kinder sind ja so hilflos und unerfahren! Also muss man ihnen helfen! Dass sie schon ab zwei Jahren beispielsweise sehr wohl wissen,

was sie anziehen möchten und was nicht und dies auch dezidiert artikulieren, das übersieht man dann geflissentlich: »Ich will aber meine
grüne Hose anziehen!!« »Was hast du denn? Das blaue Kleidchen ist
doch soo niedlich. Komm, das ziehen wir jetzt an.« Man beachte das
Personalpronomen: wir. Die Mutter demontiert die Bedürfnisse ihres
Kindes nicht bösartig. Sie verwechselt sie nur versehentlich mit den
ihrigen. Das passiert schon mal und ist auch nicht weiter schlimm. Je
schwerwiegender solche »Erziehungsunfälle« jedoch sind, je häufiger
sie vorkommen und je eher das Kind die entsprechende Schlussfolgerung zieht, desto stärker bekommt es den Eindruck: »Meine Wünsche
zählen hier wohl nicht!«

Die Eltern *sagen* zwar, dass das Kind wichtig ist, aber sie *handeln*
nicht danach. Und das Verhalten der Eltern schärft sich dem Kind
über die Jahre natürlich stärker ein als ihre gut gemeinten Lippenbe-
kenntnisse. Noch viel gravierender wirkt das Verbot der eigenen
Wichtigkeit, wenn die Bedürfnisse des Kindes mit Hinweis auf die
Bedürfnisse anderer übergangen werden: »Hör auf mit dem Lärm,
was sollen denn die Nachbarn denken!« So lernt das Kind, dass die
Bedürfnisse anderer wichtiger sind als die eigenen. Und dieser »Lern-
erfolg« hat tragische Folgen.

Wer nicht wichtig sein darf, wird Retter

Natürlich stört Lärm die Nachbarn, und das möchten die Eltern vermeiden. Schließlich wollen sie keinen Krach bekommen. Das Kind
erkennt diese Logik aber noch nicht und bekommt sie auch nicht verständlich erklärt. Es versteht lediglich, dass es nicht mehr spielen darf,
und zieht daraus den folgenschweren Schluss: »Ich darf nicht auffallen.« Auch wenn beispielsweise die Tante zu Besuch kommt und das
Kind herumtollt, bekommt es zu hören: »Hör damit auf! Geh auf dein
Zimmer!« Das Kind möchte vielleicht nur etwas Aufmerksamkeit. Es
lernt aber postwendend, dass es sich nicht in den Vordergrund spielen
darf und dass es nicht gut ist, auf sich aufmerksam zu machen.

Diese traurige Schlussfolgerung wird nun im Laufe der Entwicklung nicht etwa korrigiert, sondern durch die Institutionen der gesell-

schaftlichen Erziehung wie Kindergarten, Schule oder Bundeswehr tatsächlich noch bestärkt. Denn in diesen Institutionen kommt es nicht gut an, wenn man sich in den Mittelpunkt stellt, besonders kreativ ist oder durch eigene Bedürfnisse auffällt. Nicht Eigenständigkeit, sondern Anpassung wird dort belohnt. Also lernt das Kind, die eigenen Bedürfnisse zurückzustellen und sich an die der Gruppe anzupassen. *Es lernt, dass es einem nur dann gut gehen darf, wenn es allen anderen auch gut geht.* Sonst ist man »ein Egoist«.

Das ist natürlich Unsinn. Wer seine eigenen Bedürfnisse ernst nimmt, ist nicht egoistisch, sondern vernünftig. Wer Hunger hat, muss essen – vom Ignorieren geht der Hunger nicht weg. Aber aus diesem falsch verstandenen Egoismus-Begriff entwickelt das Kind dann seine Überlebensstrategie. Seine eigenen geistigen und seelischen Bedürfnisse kann es genauso wenig leugnen, wie es seinen Hunger leugnen kann. Aber es darf sie nicht befriedigen, weil das »die anderen« schädigt. Also zieht es den logischen Schluss: Erst wenn es allen anderen gut geht, darf es auch mir gut gehen. Und da ich will, dass es mir gut geht, muss ich mich erst mal um alle anderen kümmern. Das Resultat: Das Kind wird zum Retter.

Im späteren Leben begegnen wir solchen Rettern beispielsweise in der Gestalt von Vorgesetzten, die einen Mitarbeiter schon nach Hause schicken, wenn er lediglich ein bisschen weiß um die Nase ist. Sie selbst »halten die Stellung« noch mit 39 Grad Fieber: »Ach, das ist doch nur eine kleine Erkältung!« Als Mitarbeiter eines solchen Vorgesetzten ist man natürlich fein raus – zumindest kurzfristig. Auf lange Sicht sind solche Berufsretter allerdings Burnout-Kandidaten. Sie haben gelernt, die eigenen Bedürfnisse nicht zu äußern, bis sie sie gar nicht mehr wahrnehmen. Internisten berichten, dass sie immer wieder Manager operieren müssen, die die tagelangen Ankündigungen eines Herzinfarktes wie Stechen in der Brust, Atemnot und Beklemmung als »stressbedingte Verspannung« abtaten. Sie haben es buchstäblich verlernt, die eigenen Körpersignale wahrzunehmen. Das muss nicht immer dramatisch im Herzinfarkt enden. Auch die alltäglichen Nebenwirkungen der Retterrolle sind schon schädlich genug.

Fallbeispiel für Selbstsabotage

Vor einigen Jahren schickte mir ein Unternehmen einen Abteilungsleiter ins Coaching, der sich offensichtlich mit dem Verbot »Sei nicht
wichtig!« das Leben schwer machte. Sein Vorgesetzter musste ihm
immer wieder sagen: »Sie leisten hervorragende Arbeit, aber Sie treten
zu wenig in Erscheinung! So kommen Sie beruflich nicht weiter!« Der
Mann war aufgrund seiner Retterrolle ein Arbeitstier, torpedierte aber
systematisch seine Selbstdarstellung. Wann immer er sich auf einer
Präsentation, bei einem Vortrag oder vor einer Gruppe höchster Führungskräfte hätte profilieren können, schickte er einen Mitarbeiter
vor.

Aus Sicht seines geheimen Drehbuches war das ideal. Erstens ver-
stieß er nicht gegen seinen erlernten Grundsatz »Nur nicht auffallen!«. Im Rampenlicht zu stehen machte ihm fast physische Bauchschmerzen. Und zweitens tat er seinem Mitarbeiter, der sich an seiner
Stelle profilierte, auch noch selbstlos etwas Gutes. Das passte ganz zu
seinem Skript: Der gute Mensch denkt an sich selbst zuletzt.

So paradox das klingt: Am schlimmsten war es für den Abteilungsleiter, für eine herausragende Leistung ausgezeichnet zu werden.
Dann wurde er ins Rampenlicht gerufen und musste unter dem Beifall
aller eine Belobigung abholen. Indem sein Chef ihn auszeichnete,
stigmatisierte er ihn – in der paradoxen Sprache des Skriptes – zum
»Egoisten«. Denn wer einen Preis entgegennimmt, verstößt gegen das
oberste Gebot »Nicht auffallen!«. Aus Sicht seiner Mitarbeiter sah
seine Rampenlicht-Flucht zwar wie die edle Bescheidenheit eines großen Mannes aus. Tatsächlich war es Angst. Der Abteilungsleiter hatte
Angst vor einer Auszeichnung! Denn er hatte gelernt: Wer auffällt,
bekommt Ärger!

Zwar galt die Beziehung zwischen Auffallen und Ärger nur für die
Kindheit. Aber da das Programm nie gelöscht wurde, hielt der Abteilungsleiter sich auch als Erwachsener zurück, wo er nur konnte, ver-
hielt sich unauffällig und brachte keine außergewöhnlichen Ideen ein,
die ihn auf der Karriereleiter hätten vorwärts bringen können. Der
Abteilungsleiter hatte zwar als Kind gelernt: Wer auffällt, kriegt Probleme. Im späteren Berufsleben gilt aber das Gegenteil: Wer auffällt,

macht Karriere. Doch noch immer lief das alte Bloß-nicht-auffallen-Programm, weil es nie gelöscht worden war!

Deshalb kommen Menschen mit dem Verbot »Sei nicht wichtig!« selten über Positionen im Mittelmanagement hinaus, obwohl sie es aufgrund ihrer Leistung verdient hätten. Sie können sich nicht profilieren. Doch für einen Aufstieg in höhere Gefilde braucht man eine gute Selbstdarstellung. Schließlich muss man erst einmal die Aufmerksamkeit derjenigen wecken, die einen nach ganz oben befördern sollen. Aufmerksamkeit wecken? Das wird bestraft!, hatte der Abteilungsleiter als Kind gelernt. Erst als er das alte Programm Schritt für Schritt im Coaching zu verlernen begann, ging es auch mit seiner Karriere weiter. Dabei hatte er Glück: Seine Vorgesetzten erkannten sein Potenzial und schickten ihn zum Coach. Nicht alle Menschen, die sich mit dem Verbot »Sei nicht wichtig!« ihre Karriere verbauen, haben so klarsichtige und entwicklungsorientierte Vorgesetzte…

Der Griff zur Notbremse: Flucht in die Opferrolle

Eine Nebenwirkung des Verbotes »Sei nicht wichtig!« ist die starke Harmoniebedürftigkeit der Betroffenen. Sie haben gelernt: Erst muss es den anderen gut gehen, dann darf es mir gut gehen. Sie können sich kaum vorstellen, dass es ihnen auch dann gut gehen könnte, wenn es den anderen nicht so gut geht. Das innere Programm läuft immer nach demselben Muster ab: erst die anderen, dann ich. Dass man sich mit dieser Einstellung buchstäblich für andere aufopfert, ist klar. Denn den anderen geht es niemals gut. Niemals allen, dazu gibt es zu viele von ihnen. Da aber selbst ein sich aufopfernder Dauerretter grundlegende Bedürfnisse wie Essen, Schlafen und etwas Erholung hat, kommt er immer wieder in eine kitzlige Zwangslage: Er möchte etwas für sich selbst, darf aber nicht an sich selbst denken.

Dieses Dilemma führt dazu, dass der Retter sich erst etwas gönnt, wenn er total am Boden ist. Der Umkehrschluss aus seinem Skript lautet nämlich: Erst wenn es mir richtig schlecht geht, darf ich mich um mich kümmern. Also rettet er andere so lange, bis er völlig erledigt ist. Dann wechselt er von der Retter- in die Opferrolle und klagt: »Mir geht's richtig schlecht.« Erst wenn er sich als Opfer fühlt, erlangt er die innere Erlaubnis, sich selbst etwas Gutes zu tun. Seine Retterrolle macht ihn zum Burnout-Opfer. Und über die Opferrolle kann er dann seiner eigenen Retterrolle entfliehen.

Das äußere Verwirr-Spiel

Wenn Sie jemandem mit dem Verbot »Sei nicht wichtig!« begegnen und als mitfühlender Mensch etwas für den Geplagten tun wollen, kann es vorkommen, dass er Sie schwindelig spielt. Zwar ist er so erledigt, dass er an sich selbst denken müsste, aber gleichzeitig darf er laut Skript nicht an sich selbst denken. Das resultierende Verwirr-Spiel könnte beispielsweise so ablaufen:

- *Opfer:* »O Gott, wie soll ich denn das alles schaffen!«
- *Retter:* »Lass mal, die Formulare kann ich ja ausfüllen.«
- *Opfer:* »Ich bin total fertig, die Arbeit bringt mich noch um!«
- *Retter:* »Gib schon her, die Papierarbeit mache ich.«
- *Opfer:* »Nein, danke, aber das schaff ich schon irgendwie.«
- *Retter:* »Komm, stell dich nicht an, das macht doch keine Mühe.«
- *Opfer:* »Nein, nein, das mach ich schon. Du hast doch selbst schon genug Arbeit.«

Was soll das bedeuten? Will er nun meine Hilfe oder nicht? Offensichtlich ist er total am Ende, lehnt aber gleichzeitig jede Hilfe ab! Das ist einer dieser verzwickten Fälle, bei denen man dem Betroffenen keinen Gefallen tut, wenn man ihm gibt, was er seinen Worten nach möchte: nämlich keine Hilfe. Man tut ihm andererseits jedoch auch keinen Gefallen, wenn man ihm gibt, was er eigentlich braucht: nämlich Hilfe. Hilft man ihm, dann hat man auf den Opferköder angebissen und spielt das Opferspiel mit. So lernt der Opferspieler, dass er lediglich fleißig Opfer spielen muss, um Hilfe zu bekommen. Anstatt aus dem Käfig des Verbotes »Sei nicht wichtig!« auszubrechen, wird das Opferspiel verstärkt. Und Sie als Retter spielen kräftig mit. Hier hilft beiden Spielern nur eines: Steigen Sie aus!

Ausstieg aus dem äußeren Opferspiel

Wenn der Opferspieler implizit nach Hilfe ruft – »Das schaffe ich nicht!« –, aber gleichzeitig Ihre Hilfe ablehnt, dann hilft es oft, wenn Sie auch beides ansprechen: »Du, ich habe da ein Problem. Du willst zwar keine Hilfe, aber ich sehe doch, dass du ziemlich erledigt bist. Was stimmt denn jetzt?« Oft reicht dieser Appell an den gesunden Menschenverstand des Opferspielers aus, ihn aus der eingefahrenen Spurrille seines Verbotes »Sei nicht wichtig!« herauszuholen. Wenn man es offen anspricht, bemerkt er, welches Spiel er unbewusst gerade spielt. Manchmal reicht dieser Appell an den gesunden Menschenverstand jedoch nicht. Sollte das der Fall sein, greifen Sie zu stärkeren Mitteln.

Manchmal treffen Sie auf einen besonders hartnäckigen Opferspieler, der sein Spiel eben nicht mehr erkennt, auch wenn man es offen anspricht. Oder eine offene, vertrauensvolle Aussprache ist nicht möglich, weil Sie beispielsweise sein Vorgesetzter sind und/oder nicht diesen direkten Draht auf der Beziehungsebene zu ihm haben. Trotzdem haben Sie keine Lust, Ihre Zeit mit Opferspielen zu vergeuden. Also zeigen Sie dem Opfer mit anderen Mitteln, dass Opferspiele keinen Nutzen bringen. Eine Büroleiterin sagte zu einer Opferspielerin beispielsweise: »Wenn Sie sich's überlegt haben, ob Sie meine Hilfe wollen oder nicht, dann sagen Sie's mir. Bis 16 Uhr kann ich Ihnen helfen. Danach bin ich anderweitig beschäftigt.« Hartnäckige Opferspieler brauchen diese ultimative Klarheit und Offenheit manchmal. Entweder der Opferspieler erkennt dann, dass er die Dinge selbst in der Hand hat, und bricht aus der Opferrolle aus. Oder er verharrt weiter darin, wartet auf den Retter, kommt vielleicht nach 16 Uhr nochmals angeschlichen und bietet ein Opferspiel an, nur um klar und offen zu hören: »Tut mir leid, ich sagte Ihnen doch, dass ich nach 16 Uhr nicht kann.« Das ist vielleicht anfänglich etwas brutal, doch wenigstens ist es der richtige Lernanreiz.

So lernt der hartnäckige Opferspieler nämlich, dass sein Verhalten keinen Retter auf den Plan ruft. Er lernt, dass er nicht das Opfer spielen muss, um Hilfe zu bekommen. Sondern dass er das direkt, offen und klar regeln kann.

Das innere Spiel

Während das Verbot »Sei nicht wichtig!« nach außen Retterspiele mit
Opferausweg provoziert, sind die Spiele, die das Verbot in unserem
Inneren auslöst, anderer Natur. Es sind Angreiferspiele. Eine innere
Stimme sagt beispielsweise: »Mensch, bin ich fertig, jetzt nehme ich
mir einen Gleittag.« Worauf eine andere innere Stimme erwidert: »Bist
du verrückt? Das kannst du doch nicht machen, denk doch mal an die
Kollegen! Wie sollen die zurechtkommen, wenn du blaumachst?«

Auch dieses innere Spiel endet dann in der Opferrolle, aber mit
anderem Ausgang. Die erste innere Stimme flüchtet in die Opferrolle:
»Okay, okay, du hast ja Recht. Also kein Gleittag. Dann quäle ich
mich eben weiter durch die Arbeit.« Und weil der Mensch sich so in
seinem inneren Spiel in die Opferrolle drängt, rettet er im äußeren
Spiel die besagten Kollegen im bekannten Retterspiel. Einen dauer-
haften Abbruch *beider* Spiele erreicht der Spieler nur, wenn er die
Kopf stehenden Prioritäten der Bedürfnisse zurechtrückt: Die Bedürfnisse der anderen sind eben nicht wichtiger als die eigenen Bedürfnisse.

Abschied vom Verbot »Sei nicht wichtig!«

Klienten mit Verbot »Sei nicht wichtig!« zitiere ich gerne das Bibel-
wort: »Liebe deinen Nächsten wie dich selbst.« Darauf nicken sie
meist eifrig: »Ja, das stimmt. Danach lebe ich.« So spricht ein wahrer
Retter. Was er dabei übersieht, ist die zweite Hälfte des Zitats: »… wie
dich selbst.« Ich sage dann immer: »Wenn Sie mit mir so umgingen wie
mit sich selbst, dann möchte ich aber nicht Ihr Nächster sein!«

Wenn die eigene Weltanschauung, zu der man sich noch Sekunden
zuvor aus vollem Herzen bekannte, plötzlich ad absurdum geführt
wird, fällt meist der Groschen. Ein Klient sagte wortgewandt: »Dann
müsste der Satz eigentlich richtig heißen: ›Liebe deinen Nächsten
sowie dich selbst.‹« Das ist der springende Punkt: Auch ich selbst bin
wichtig, nicht nur die anderen. Jeder ist wichtig, und vor allem: Jeder
ist gleich wichtig. Die anderen sind nicht wichtiger, nur weil sie mehr

sind. Masse hat keinen Einfluss auf Wichtigkeit. Aus dieser Einsicht lernen die Menschen dann an ganz alltäglichen Situationen, sich selbst genauso wichtig zu nehmen wie die anderen. Nicht wichtiger – das wäre dann tatsächlich Egoismus –, aber eben genauso wichtig. So entsteht Schritt für Schritt ein neuer Glaubenssatz: »Meine Bedürfnisse zählen genauso viel wie die der anderen. Und ich bin der Einzige, der sie äußern kann!«

Wer sich vom Verbot »Sei nicht wichtig!« löst, macht meist überraschende Erfahrungen. Die anderen reagieren überhaupt nicht allergisch auf die geäußerten Bedürfnisse! Es ist eben nicht mehr so wie in der Kindheit, in der man keinen Lärm machen durfte, wenn die Tante zu Besuch war. Das alte Verbot stimmt überhaupt nicht mehr! Erwachsene Menschen schätzen es sogar meist, wenn man ihnen höflich, aber offen sagt, was man will. Selbst wenn sie das, was man will, nicht geben wollen, schafft eine klare Willensäußerung immer Respekt. Jedenfalls mehr, als wenn man nicht weiß, was man will. Einen Menschen, der nicht weiß, was er will, behandelt man nicht mit Respekt.

Seine eigenen Bedürfnisse wieder zu entdecken und zu ihnen zu stehen, beschert übrigens nicht nur Menschen, die unter dem Verbot »Sei nicht wichtig!« leiden, ein neues Leben, sondern allen Menschen, die

- sich zu sehr anpassen,
- ihre eigenen Bedürfnisse zu oft unterdrücken,
- unter dem allgegenwärtigen Konformitätsdruck leiden,
- dauernd gestresst sind, weil sie nicht Nein sagen können,
- das diffuse Gefühl haben, nicht ihr eigenes Leben zu leben.

So gesehen leiden wir fast alle ein bisschen unter dem Verbot »Sei nicht wichtig!«. Irgendwie haben wir fast alle das Gefühl, dass immer jemand oder etwas wichtiger ist als wir selbst: das laufende Projekt, die Unternehmensziele, das Abzahlen der Hypothek, die Kundschaft, die Familie ... Und wann kommen wir?

10. Verbot: »Komm nicht zu nahe!«

Bei einem deutschen Komponentenhersteller arbeitete vor einiger Zeit ein hoher Manager, der von seinen Mitarbeitern und Kollegen »das Phantom« genannt wurde. Er hatte sich seinen Firmenparkplatz direkt neben einem Seiteneingang zum Bürogebäude geben lassen, kam vor allen anderen, ging nach allen anderen, ging allen so weit wie möglich aus dem Weg und führte seine Geschäfte und Mitarbeiter fast ausschließlich per Telefon. Festivitäten und andere Gelegenheiten mit menschlichem Kontakt mied er. Selten bekam ihn jemand zu Gesicht. Er war so unsichtbar wie ein Phantom. Seine Mitarbeiter und Kollegen fragten sich: Wie kann man bloß so menschenscheu sein?

»Das Phantom« lebte nach einem geheimen Drehbuch mit dem Verbot: »Komm nicht zu nahe!« Vor allem Eltern, die selbst Probleme mit menschlicher Nähe haben, vermitteln dieses Verbot. Sie können nicht mit dem Wunsch ihres Kindes nach Nähe umgehen. Wenn es auf dem Schoß der Mutter sitzen, sonntags ins Bett der Eltern kommen oder auf dem Sofa vor dem Fernseher einfach nur kuscheln möchte, dann wird es auf Distanz gehalten mit Äußerungen wie: »Mach doch nicht dauernd an mir rum!« »Kommst du schon wieder?« »Muss das jetzt sein? Geh doch lieber nach draußen spielen!« Aus dieser wiederholten Zurückweisung lernt das Kind, dass seine Nähe den Eltern eher unangenehm ist und dass die Eltern gereizt reagieren, wenn es auf seinem Wunsch nach Nähe besteht. Es lernt: »Nähe ist gefährlich, weil sie Ablehnung provoziert. Um akzeptiert zu werden, muss ich Distanz halten.« Distanzhalten wird so zur emotionalen und mentalen Überlebensstrategie: Wenn ich Distanz halte, werde ich akzeptiert. Leider stimmt das im späteren Leben nicht mehr, weshalb es Probleme gibt. Wenn Menschen mit Verbot »Komm nicht zu nahe!« als Erwachsene in einer Beziehung vom Partner Nähe und Wärme bekommen, können sie nicht damit umgehen. Entweder sie flüchten, oder sie klammern.

Sie flüchten erschreckt, weil in der Beziehung der alte, lange verdrängte Wunsch nach Nähe nun plötzlich mit aller Macht hervorbricht und diese emotionale Überflutung ihnen Angst macht. Es ist, als ob sie im Kindesalter den Wunsch nach Nähe einfach eingefroren hätten. Und da der Wunsch groß war, ist es ein riesiger Eisberg, den sie da mit sich herumschleppen. Wenn ein einfühlsamer Partner diesen dann zum Schmelzen bringt, herrscht Land unter im Gefühlsleben. Die lange eingefrorenen und nun plötzlich aufgetauten Gefühle sind so übermächtig, dass sie drohen, alles zu überschwemmen – und das macht natürlich Angst, obwohl man es sich doch bislang am meisten wünschte. Menschen, denen man »Komm nicht zu nahe!« einschärfte, träumen immer von Nähe, aber wenn sie sie dann tatsächlich bekommen könnten, bekommen sie Angst und ziehen sich zurück. So pendeln sie stetig zwischen dem Wunsch nach und der Angst vor Nähe hin und her.

Ein anderes, häufig anzutreffendes Verhalten ist das genaue Gegenteil: Man klammert. Wenn Menschen mit der Einschärfung »Komm nicht zu nahe!« plötzlich Nähe erfahren, bekommen sie Angst, diese lange gesuchte und nun endlich gefundene Nähe wieder zu verlieren und in den alten, lieblosen Zustand zurückzufallen. Auch dieses Verhalten führt in eine paradoxe Situation. Denn wer versucht, Nähe krampfhaft festzuhalten, tut damit alles, um sie wieder zu verlieren. »Klammeraffen« hält kein Partner lange aus.

Wenn Menschen mit der Einschärfung »Komm nicht zu nahe!« eine Beziehung eingehen, ist das eigentlich ein Widerspruch zu ihrem Skript. Wie kann man einem Menschen nahe sein, wenn man gleichzeitig Distanz halten muss? Indem man beispielsweise bevorzugt Wochenendbeziehungen eingeht, bei denen die Partner etliche Kilometer voneinander entfernt leben. Einer meiner Klienten war ein Manager, der mit Mitte 30 noch nie eine Beziehung gehabt hatte, bei der seine Partnerin weniger als 70 Kilometer entfernt gewohnt hatte. Das bisschen Nähe, das bei dieser Art »Langstreckenbeziehung« entsteht, konnte er gerade noch ertragen. Sonntags um 16 Uhr wollte er nur noch raus, und montags sehnte er sich bereits wieder nach ihr. Ihre Nähe war ihm bald zu nah, aber war sie ihm fern, war sie ihm zu fern. Er wollte immer das, was er gerade nicht hatte. Es gab stets nur eine kurze Zeit in seinen Beziehungen, in der ihm die Nähe noch nicht zu viel war.

Wohnen beide Partner am selben Ort, wird die Distanz auf andere Weise hergestellt. Bei der üblichen Belastung im Beruf fällt es beispielsweise nicht schwer, seine Arbeitszeiten und Termine so zu legen, dass man den Partner nur – zusammengerechnet – eine halbe Stunde am Tag sieht. Und an den Wochenenden, an denen man zusammen sein »muss«, hält man die Distanz auf andere Weise. Indem man beispielsweise per Angreiferspiel einen Streit vom Zaun bricht, um eine Rechtfertigung zu haben, sich dann schmollend in seine Ecke oder sein Zimmer zurückziehen zu können.

Distanz macht das Berufsleben schwer

Menschen mit Verbot »Komm nicht zu nahe!« lassen entweder niemanden allzu nahe an sich heran oder halten ihre Beziehungen äußerst oberflächlich. Sie wählen Berufe ohne Kunden- oder andere häufige Kontakte. Oder sie geben sich als Hansdampf in allen Gassen, kennen viele Leute, aber immer nur sehr oberflächlich und ohne jeden Tiefgang. Beide Strategien machen im Berufsleben Probleme.

Manager wie »das Phantom« haben beispielsweise immense Schwierigkeiten bei der Führung ihrer Mitarbeiter. Da sie sie ständig auf Distanz halten, haben sie kaum Anhaltspunkte, wie die Dinge aus Mitarbeitersicht aussehen, und managen ziemlich an den realen Bedürfnissen und Stimmungen vorbei. Sie kennen eben nur ihre eigene Sichtweise. Wenn Sie so einen Eigenbrötler zum Kollegen, Mitarbeiter oder Vorgesetzten haben, erleben Sie immer wieder seltsame, unerklärliche Zwischenfälle. Wenn Sie sich beispielsweise ganz harmlos erkundigen: »Na, wie war denn Ihr Wochenende?«, kann es sein, dass der Eigenbrötler Sie schroff anblafft: »Wie ich mein Wochenende verbringe, geht Sie überhaupt nichts an.« Wenn Sie ihm daraufhin empört den Rücken zukehren und ihn fortan links liegen lassen können, haben Sie Glück gehabt. Wenn Sie als Sekretärin, Teamkollege, Assistent oder Vorgesetzter jedoch von Berufs wegen engeren Kontakt zu ihm halten müssen, haben Sie ein Problem.

Dass der Eigenbrötler sich konsequent von der Gemeinschaft absondert, könnte man vielleicht noch tolerieren – obwohl es nicht gerade das Arbeitsklima fördert. Doch er sitzt nicht einfach nur stumm in seiner Ecke. Manchmal fällt er ohne ersichtlichen Anlass über andere Menschen her. Vorgesetzte mit Verbot »Komm nicht zu nahe!« können beispielsweise aus heiterem Himmel heraus ausgesprochen zynisch werden oder das Gegenüber schroff zurückweisen. Als seine Sekretärin »das Phantom« beispielsweise einmal fragte, ob er heute etwas früher Schluss mache, weil er müde aussehe, blaffte er: »Wie ich meine Arbeit einteile, geht Sie überhaupt nichts an. Machen Sie lieber Ihre eigene Arbeit richtig.« Die Frau erschrak: Wollte der Vorgesetzte andeuten, sie mache ihre Arbeit nicht richtig? Hatte sie einen Fehler begangen, ohne es zu merken? Hatte ihr Vorgesetzter sie womöglich schon länger auf dem Kieker und wollte sie gar aus dem Job ekeln? Die Sekretärin war tagelang völlig verunsichert.

Dabei traf keine der Befürchtungen zu. »Das Phantom« war überhaupt nicht unzufrieden mit seiner Sekretärin, es wollte sie nur auf Distanz halten, weil sie ihm mit ihrer Frage nach seinem Wohlbefinden zu nahe gekommen war. Die Sekretärin verstand jedoch den Grund der Attacke nicht und nahm den Angriff persönlich. Das ist das eigentliche Problem mit Eigenbrötlern: Da man nicht weiß, weshalb sie plötzlich patzig werden, nimmt man den Angriff persönlich und reagiert verunsichert. Sobald man versteht, dass sie nur deshalb patzig werden, weil sie Distanz brauchen, können einen Eigenbrötler nicht mehr erschrecken. Sie attackieren nicht aus Bösartigkeit oder Antipathie oder berechtigtem Schuldvorwurf, sondern weil sie Angst haben. Sobald man das versteht, versucht man auch nicht länger, den »armen, einsamen« Eigenbrötler in die Gemeinschaft zu integrieren. Das provoziert nur seine Abwehrreaktion. *Mit Eigenbrötlern kommt man am besten zurecht, wenn man aufhört, sie mit Gewalt integrieren zu wollen, und sie einfach sachlich, aber distanziert behandelt.*

11. Verbot: »Gehör nicht dazu!«

Es gibt Menschen, die passen einfach nicht in eine Gruppe. Vielleicht haben Sie selbst so einen Menschen in Ihrer Abteilung, Ihrem Arbeitsteam oder im Sportverein. Menschen, die die Gruppe so lange brüskieren, bis sie hinausgeekelt werden. Das schaffen sie entweder mit Angreifer- oder mit Opferspielen. Entweder greifen sie beispielsweise mit ständiger Nörgelei und Rechthaberei an: »Das ist doch alles Unsinn, was ihr hier erzählt!« und werden dann hinausgeworfen. Oder sie spielen das Opfer: »Dauernd muss ich die ganze Arbeit machen!« Worauf die anderen erwidern: »Ach, und wir arbeiten wohl überhaupt nichts?« und ihm schließlich ebenfalls unmissverständlich klarmachen, dass er nicht dazugehört. Und genau das will er hören. Denn er lebt nach dem Verbot »Gehör nicht dazu!«.

Dieses Verbot hat gewisse Ähnlichkeit mit dem Verbot »Komm nicht zu nahe!«. Es bezieht sich jedoch nicht auf einzelne Menschen, sondern auf Gruppen. Menschen mit dem Verbot »Gehör nicht dazu!« können im Gegensatz zu Menschen mit Verbot »Komm nicht zu nahe!« sehr wohl intakte Beziehungen zu anderen, einzelnen Menschen pflegen. Sie können das nur nicht mit Gruppen. Denn schon als Kind hat man ihnen eingeschärft: »Gehör nicht dazu!« Entweder, indem man dem Kind sagte: »Was tust du denn wieder? Ein richtiger Schulze tut das nicht.« Oder indem man mit Dritten über das Kind redet, als sei es nicht anwesend. Manche Eltern tun das ja bevorzugt und ausgiebig. Dann heißt es beispielsweise: »Im Grunde ist er kein typischer Schulze, weil er alles ganz anders macht.« Das Kind bekommt die Botschaft: »Du gehörst nicht dazu!«

Es kommt auch vor, dass eine ganze Familie eine Außenseiterrolle einnimmt. Wenn beispielsweise eine Akademikerfamilie auf dem Land wohnt oder eine Arbeiterfamilie im Akademikerviertel, dann bildet sich oft ein Außenseiterethos heraus. Zuerst empfindet man diesen Eindruck passiv: »Wir sind anders als die anderen.« Dann lebt man ihn aktiv: »Wir gehören nicht zu diesem Haufen dumpfer Bauern/hochnäsiger Akademiker!« Auch diese Überlebensstrategie hat ihren Gewinn: Als Snob gehört man zwar nicht dazu, steht aber ständig im Blickfeld der anderen und bekommt so auch eine Art der Zuwendung.

Auf diese Zuwendung möchte der Mensch mit dem Verbot »Gehör nicht dazu!« nicht verzichten, weshalb er es dauernd darauf anlegt, aus irgendwelchen Gruppen hinausgeekelt zu werden. Wenn Sie ihn tatsächlich so weit hinausekeln, dass er kündigt, ist das Problem für Sie erledigt. Wenn er jedoch bleibt, haben Sie ständig einen Störenfried in der Gruppe. Und die Störung ist beträchtlich. Denn natürlich lässt sich ein guter Spieler nicht mit einem einzigen Gegen-

zug aus der Gruppe drängen. Entweder gibt der Spieler auf die Rauswurfversuche der Gruppe Contra und zieht so das Spiel in die Länge,
oder er spielt das Opfer und jammert sich durch mehrere Spielrunden.
Wenn man ihn dann unter starkem Zeitverlust doch aus der laufenden
Diskussion rausgeworfen hat und er womöglich theatralisch die Tür
hinter sich zuschlug, dann ist die Störung noch lange nicht beendet.
Denn dann meldet sich immer einer in der Gruppe, der meint: »Ich
mag ihn zwar auch nicht, aber hat das jetzt sein müssen? Mussten wir
ihn so hart anpacken?« Und jetzt verliert die Arbeitsgruppe noch
mehr Zeit, indem sie hinterher diskutiert, wie man am besten mit dem
Störenfried umgegangen wäre. Man kommt in der Arbeit nicht voran
und fühlt sich hinterher ziemlich mies. Und das ist, wie Sie inzwischen
wissen, immer ein Anzeichen dafür, dass ein Spiel gelaufen ist.

Wenn Sie auf dieses Spiel eingehen, verlieren Sie immer. Beißen Sie
nicht an! Steigen Sie aus. Spielen Sie nicht das Angreifer- oder Opferspiel des Störenfrieds mit, sondern tanzen Sie den Feedback-Walzer
mit ihm:

1. Beschreiben Sie ohne jede Wertung, was Sie stört, beispielsweise:
   »Das Argument hast du uns jetzt drei Mal dargelegt.«
2. Beschreiben Sie die objektive Auswirkung davon: »Wir haben jetzt
   gerade noch 15 Minuten Zeit für die restlichen Tagesordnungspunkte.«
3. Sagen Sie ihm, was Sie konkret von ihm erwarten: »Könnten wir
   das Argument für den Moment nicht beiseite legen und erst die
   restlichen Punkte besprechen?«

Reicht das für den Spielabbruch? Nicht immer. Denn selbst bei wertungsfreiem, höflichem und sachlichem Feedback kann ein guter
Opferspieler aus dem Zimmer stürmen, um seinen Skriptgewinn noch
zu realisieren. Doch was ist Ihre Alternative? Bei dem Spiel mitzuspielen, sich hinterher mies zu fühlen und womöglich noch lang darüber
diskutieren zu müssen, ob man ihn jetzt vielleicht doch ein bisschen
zu hart angefasst hat. Wenn Sie ein sauberes Feedback geben, dann
können Sie möglicherweise ein Hinausstürmen des Spielers nicht verhindern. Aber Sie können verhindern, dass Sie sich danach schlecht
fühlen und auch noch gegenseitig aufhalten.

12. Verbot: »Zeig keinen Ärger!«

Karin Jung ist Produktmanagerin in einem mittelständischen Betrieb. Da sie Investitionsgüter managt, ist sie in ständigem Kontakt mit ihren größten Kunden, meist telefonisch. Ein- bis zweimal die Woche telefoniert sie auch privat, um sich mit Freundinnen zu verabreden oder um dem Babysitter Instruktionen zu geben. Sie weiß, dass man das auch in einem »hoch innovativen und mitarbeiterorientierten« Betrieb – wie es im Imageprospekt heißt – eigentlich nicht machen darf. Aber erstens telefoniert sie immer nur das Nötigste und zweitens macht das eh jede(r). Als ihr Chef eines Tages zufällig während eines ihrer seltenen Privatgespräche durchs Teambüro wandert, regt sich zwar das Arbeitnehmergewissen in ihr, aber o Wunder, der Chef sagt nichts! Sie denkt sich noch: »Er ist verständnisvoller, als ich dachte.« Umso schockierter ist sie, als der Chef zwei Wochen später völlig ausrastet.

Kaum hat sie den Hörer aufgelegt, legt er in einer Lautstärke los, die man noch in der nächsten Abteilung hören kann: »Das habe ich mir jetzt lange genug angesehen! Das lasse ich mir nicht länger gefallen! Sie führen hier ständig Privatgespräche auf Kosten der Firma. Sie wissen genau, dass das nicht erlaubt ist! Das hat ab sofort aufzuhören!« Tragische Ironie: Was Karin Jung eben führte, war kein Privat-, sondern ein Kundengespräch. Mit dem Kunden hat sie lediglich ein besonders herzliches Verhältnis, weshalb sie per du sind. Karin Jung fühlt sich völlig zu Unrecht angegriffen, bricht in Tränen aus und stürzt aus dem Büro. Auf der Toilette denkt sie verbittert: »Ist der Mann völlig übergeschnappt? Warum hat er beim ersten Mal nichts gesagt? Und warum sagt er nur bei mir etwas und nicht bei den anderen? Bis jetzt hat er sich doch nicht im Geringsten über Privatgespräche beklagt!«

Der Schock sitzt bei Karin Jung umso tiefer, als ihr Boss sonst eigentlich ein ganz umgänglicher Kerl ist. Nur alle paar Wochen fällt er aus der Rolle und hält scheinbar willkürliche Gardinenpredigten. Dann regt er sich fürchterlich über Dinge auf, über die er sonst kein Wort verliert. Diese »Anfälle« machen ihn unberechenbar wie einen Vulkan. Wochenlang ist er still und friedlich, um dann urplötzlich und ohne große Vorwarnung auszubrechen. Die ganze Abteilung ist verunsichert. Wie soll man sich verhalten? Nie weiß man, ob man gerade etwas falsch macht oder nicht. Warum benimmt sich der Chef so seltsam?

Karin Jungs Chef lebt nach einem geheimen Drehbuch mit dem Verbot »Zeig keinen Ärger!«. Die Privatgespräche von Karin Jung ärgerten ihn von Anfang an, aber sein Skript verbietet ihm, das auch von Anfang an zu zeigen. Wo jeder andere Mensch zumindest mit einer unartikulierten Äußerung seinem Herzen Luft machen würde, schluckt der Chef seinen Ärger runter. Denn als Kind hat er gelernt, dass es nicht gut ist, seinen Ärger offen zu zeigen. Die Eltern reagierten darauf negativ. Wenn das Kind beispielsweise auf den Jahrmarkt wollte, die Eltern aber dagegen waren und das Kind dann frustriert mit dem Fuß aufstampfte und trotzte: »Ich will aber!«, wurde ihm gesagt: »Ab in dein Zimmer! Du kannst rauskommen, wenn du wieder lieb bist.« Das Kind lernt aus solchen Äußerungen: Es führt zu Kontakt-, Zuwendungsverlust und Isolation, wenn man seinen Ärger zeigt. Die Abwehrreaktion der Eltern ist umso häufiger, je weniger sie selbst gelernt haben, mit Ärger umzugehen. Auf Ärger können sie lediglich mit Nachgeben »Gut, dann gehen wir eben auf den Jahrmarkt!« oder mit Abstellen reagieren: »Jetzt ist aber Schluss mit dem Gemecker! Ab auf dein Zimmer!« Was in diesem Verhaltensrepertoire fehlt, ist beispielsweise das Verständnis für das geäußerte Gefühl: »Ich verstehe, dass du jetzt sauer bist. Aber im Moment geht es wirklich nicht.«

Viele Menschen haben Probleme, mit Gefühlen wie Schmerz, Angst, Trauer, kindlicher Freude oder überschäumendem Enthusiasmus angemessen umzugehen. Das kann daran liegen, dass diese Menschen oft unter ähnlichen Verboten leiden, die das Zeigen von Gefühlen verbieten. Oder sie missinterpretieren beispielsweise den Ärger des Kindes als mangelnden Respekt vor den Eltern. *Egal aus welchem Grund die Eltern den Ärger des Kindes unterdrücken, wenn das Kind die entsprechende Schlussfolgerung daraus zieht, lernt es: »Zeig keinen Ärger!«* Denn Ärger zeigen bedeutet Akzeptanzverlust. Deshalb schluckt es später auch noch als Erwachsener den Ärger oder spielt ihn herunter: »Ich kann mich doch nicht über jede Kleinigkeit aufregen!«

Leider verschwindet der Ärger deshalb nicht. Er ist ein reales Gefühl, und Gefühle verschwinden nicht, nur weil man sie ignoriert. Sie bleiben und sammeln sich an wie Rabattmarken. Wer acht Packungen Kaffee kauft und die Sammelpunkte einlöst, bekommt fünf Mark Treueprämie – aber erst wenn acht Rabattmarken zusammen sind. Ähnlich funktioniert das auch mit ärgerlichen Situationen, die wiederholt kommentarlos hingenommen werden. Irgendwann ist der angesammelte Ärger in seiner Summe groß genug, um das Verbot »Zeig keinen Ärger!« außer Kraft zu setzen. Erst wenn das Maß voll ist, darf der Sammler seinen Ärger zeigen. Manchmal sammelt er auch mehrere Hefte, um dann umso heftiger explodieren zu können. Er kündigt beispielsweise plötzlich seine Arbeit, ohne vorher auch nur einen Ton über seinen Ärger verloren zu haben. Je mehr Hefte zusammenkommen, desto stärker ist der Ausbruch.

Wenn jemand sein Markenheft einlöst, steht der Anlass seines Ausbruchs in keinem Verhältnis zu seiner Heftigkeit, Dauer oder Intensität. Karin Jung führt nur ein einziges Telefongespräch und wird danach so fertig gemacht, als ob sie ein halbes Dutzend Fehler begangen hätte – was indirekt zutrifft. Sie muss nicht nur ihren eigenen, sondern auch das halbe Dutzend Fehler von Kollegen ausbaden, die sich bis dato im Rabattheft des Chefs angesammelt haben. Es ist reiner Zufall – aus Karin Jungs Sicht persönliches Pech –, dass ausgerechnet ihr Fehler das Rabattheft voll macht und sie den Wutausbruch für die Fehler anderer mit bekommt. Fast tragisch zu nennen ist, dass der Marken klebende Chef damit sein altes Skript bestätigt. Da er seinen Ärger auf eine vollkommen unangemessene Art zeigt, erntet er Akzeptanzverlust, wie er es als Kind gelernt hat. Karin Jung rennt aus dem Büro und redet längere Zeit nicht mehr mit ihm. Deshalb bedauert der Chef selbst seinen Ausbruch und schwört sich, sich das nächste Mal »besser zu beherrschen«. Er schluckt also künftig seinen Ärger noch mehr herunter, wartet noch länger bis zum nächsten Ausbruch und bricht dann noch heftiger aus.

»Zeig keinen Ärger!«: Der Dominoeffekt

Das Ärgerliche am Verbot »Zeig keinen Ärger!« ist, dass der aufgestaute Ärger sich in hässlichen Angreiferspielen entlädt. Karin Jung kann ein Lied davon singen. Sie wird regelrecht fertig gemacht. Sie fühlt sich danach am Boden zerstört, und das ist ein sicheres Zeichen dafür, dass sie sich in ein Spiel hat hineinreißen lassen. Karin Jung spielte mit; sie rannte hinaus, nahm also die Opferrolle ein. Sie hätte auch die Angreiferrolle annehmen und Contra geben können: »Nur weil ich zweimal die Woche mit dem Babysitter telefoniere, schreien Sie mich so an? Nennen Sie das angemessen? Und warum sagen Sie nur bei mir etwas? Meinen Sie, ich bin die Einzige, die privat telefoniert? Finden Sie das gerecht?« Danach hätte sie sich auch nur unwesentlich besser gefühlt. Draufhauen bringt nichts. Man fühlt sich danach immer verkatert und gestresst. Außerdem kann man meist nicht mehr aufhören zu spielen, wenn man einmal angefangen hat.

»Zeig keinen Ärger!« produziert per Dominoeffekt weitere Spiele. Karin Jung beispielsweise rennt zu den Kollegen und klagt: »Stellt euch vor, was mein Chef, das alte Scheusal, sich eben wieder geleistet hat…« Und schon stürzen die Retter herbei: »Du hast Recht. Der spinnt ja. Was fällt dem denn ein?« Oft entstehen so viele neue Spiele, die in Jammerzirkeln, Rachefeldzügen und Gegenschlägen ausgetragen werden. Dass darunter Arbeit und Stimmung leiden, versteht sich von selbst. Also muss man raus aus dem Spiel. Wer aussteigen will, muss das so früh wie möglich tun. Dazu muss man erst einmal erkennen, dass man überhaupt einen Menschen mit dem Verbot »Zeig keinen Ärger!« vor sich hat. Wann immer Sie nicht ganz nachvollziehen können, warum jemand sich so heftig oder lautstark oder lange aufregt oder besonders intensiv schmollt, liegt der Verdacht nahe, dass gerade ein Staudamm bricht. Oft erkennen Sie das auch daran, dass der Angreifer Situationen aufzählt, zu denen er bislang kein Wort gesagt hat. Nicht selten leitet er seinen Ausbruch ein durch die Worte: »Jetzt reicht es mir aber!«

Mehren sich diese Anzeichen, dann können Sie davon ausgehen, dass Sie einen Menschen mit dem Verbot »Zeig keinen Ärger!« vor sich haben. Jetzt geht es nur noch darum, sich nicht von seinen Ausbrüchen überraschen zu lassen. Am besten, man hält sich dabei an die taoistische Weisheit: »Bekämpfe das Große, solange es klein ist.« Warten Sie nicht, bis das Maß voll ist! Lassen Sie vor der großen Explosion Dampf aus dem Kessel ab! Die Ausbrüche sind nämlich keineswegs so überraschend, wie Karin Jung glaubt. Sie brechen nicht gänzlich ohne

Vorwarnung herein. Zwar lebt der Chef nach dem Verbot »Zeig keinen Ärger!«, doch ganz kann er seinen Ärger nicht verstecken. Er
zeigt ihn zwar nicht offen und demonstrativ. Aber wenn man genau
hinguckt, sieht man ihm seinem Ärger an. Er runzelt die Stirn, kneift
die Augen zusammen, presst die Lippen aufeinander oder ballt die
Hände. Es gibt Dutzende stummer, nonverbaler Signale, die einen
aufmerksamen Beobachter auf das Rumpeln im Innern des Vulkans
hinweisen.

Entdecken Sie solche Signale, dann geben Sie dem Wütenden
umgehend die Gelegenheit, seinen Ärger zu zeigen, bevor sich zu viel
davon anstaut. Sie können beispielsweise fragen: »Ist das okay? Oder
stört Sie das?« Diese Gelegenheit zum Dampfablassen wird der Angesprochene meist nur zögernd ergreifen: »Nein, nein, ist schon in Ordnung... Aber wenn Sie das nächste Mal daran denken könnten, dann
wäre es schon besser, wenn Sie...« Das ist seine Art, seinen Ärger zu
zeigen, und auch diese gebremste Art des Ärgerzeigens erfüllt ihre
Funktion. Viele kleine Dampfstöße ersparen die große Explosion. Das
ist gleichzeitig auch die Lösung für den Spieler selbst. Wem »Zeig keinen Ärger!« eingeschärft wurde, der befreit sich am besten von diesem
karriere- und beziehungsschädlichen Verbot, indem er sich selbst
erlaubt, den Überdruck in kleinen Stößen abzubauen.

Kapitel 7

Die Antreiber

Stress ist hausgemacht

Wir stehen ständig unter Druck. Manchmal stunden- und tagelang am Stück. Dauerstress ist Alltag. Ständig drängt die Zeit, wir hetzen von Termin zu Termin, erledigen zwei, drei Angelegenheiten gleichzeitig, versuchen mit Überstunden der Aufgabenflut Herr zu werden, und dennoch lässt der Druck nie nach. Weshalb? Betrachten wir zwei alltägliche Stresssituationen:

Um 15 Uhr muss Peter Kurz seinen Bericht abgeben. Als er einen letzten Blick darauf wirft, denkt er: »Nein, so kannst du das nicht vorlegen.« Also fügt er noch drei Tabellen ein, formatiert neu, überarbeitet die Gliederung und kommt plötzlich höllisch in Stress, weil es bereits kurz vor 15 Uhr ist.

Petra Schenck hat die Korrespondenz des Tages fertig, sie will nur rasch noch das Format des letzten Briefes ändern. Schnell die Druckersteuerung modifizieren und fix danebengetippt – und weg ist die Datei, der Brief ist gelöscht. Jetzt kommt echte Panik auf, weil die Post in zehn Minuten schließt!

Beide Geplagten beschweren sich am Abend gegenüber ihrem Lebenspartner über den Stress im Büro. »Dieser Job macht einen ganz schön fertig.« Ganz im Gegenteil. Sie haben sich selbst fertig gemacht: Der Stress war völlig unnötig! Als Peter Kurz nämlich seinen fein geschliffenen Bericht vorlegt, sagt sein Chef nur mürrisch: »Wozu die vielen Tabellen? Ein kurzer Überblick hätte mir genügt.« Jetzt ist Peter Kurz erst recht im Stress: »Ich mache mir solche Mühe, hetze mich ab, und der undankbare Kerl weiß das nicht mal zu schätzen!« Peter Kurz begeht einen Denkfehler. Anstatt zu sehen, dass ihm sein selbst verursachter Stress nichts gebracht hat, sucht er die Schuld beim Chef.

Auch Petra Schenck bringt der Stress nichts. Im Gegenteil. Die künstliche Hektik kurz vor Postschluss provoziert einen Fehler, der mehr Zeit kostet als einspart. Im Gegensatz zu Peter Kurz ist Petra Schenck jedoch ein bisschen weiter fortgeschritten in ihrer eigenen Stressanalyse. Sie sagt: »Immer kurz vor Torschluss mache ich eine solche Hektik!« Da trifft sie den Nagel auf den Kopf. Sie *hat* keinen Stress, sie *macht* sich welchen. Wie wir alle. Stress ist oft unnötig und fast immer hausgemacht. Warum stressen wir uns selbst?

Die verblüffend einfache Antwort lautet: Wir hören auf die falschen Stimmen. Petra Schenck hört auf die innere Stimme, die flüstert: »Schnell, schnell, das geht auch noch rein.« In Peter Kurz' Kopf sagt die Stimme: »So geht das nicht – das muss besser werden!« Die Stimme der Vernunft? Nein, denn es kommt ja nichts Vernünftiges, sondern nur Stress dabei heraus. Deshalb wird diese innere Stimme auch Antreiber genannt. Antreiber sind Stimmen, die uns einflüstern: »Sei doch …!«, Tu das!«, »Tu jenes!« und uns zu Taten antreiben, die mit Sicherheit nur eines einbringen: Druck. Peters und Petras Stresssituationen wurden nicht von äußeren, unveränderlichen Stressursachen ausgelöst, sondern von einem inneren Antreiber. Niemand hat Peter Kurz oder Petra Schenck dazu gezwungen – außer sie sich selbst. Es gibt fünf von diesen Antreibern. Sie flüstern:

1. »Sei perfekt!«
2. »Beeil dich!«
3. »Mach's den anderen recht!«
4. »Streng dich an!«
5. »Sei stark!«

Wann immer wir auf diese Stimmen hören, setzen wir uns selbst unter Druck. Nicht die stressige Umwelt, der hektische Vorgesetzte oder der böse Kunde verursachen Stress, sondern die eigenen Antreiber. Wie die zwölf Verbote, so sind auch die Antreiber Elemente unseres geheimen inneren Drehbuches, das unser Leben bestimmt, meist ohne dass wir es bemerken. Im Gegensatz zu diesen sind sie aber als Gebote formuliert: »Sei doch …! Tu dies, tu jenes!« Und wenn wir es tun, geraten wir unter Druck. Das muss nicht immer tragisch sein. Wer ab und zu auf seinen Antreiber hereinfällt und ihn rechtzeitig erkennt, kann beispielsweise einfach langsamer treten und bewusst den Bericht pünktlich um 15 Uhr abgeben, auch wenn er noch nicht hundertprozentig perfekt ist. Dann erwidert nämlich eine andere innere Stimme dem Antreiber: »Lass gut sein, das geht auch so!«

Manche meiner Seminarteilnehmer meinen an dieser Stelle spontan, dass ein Antreiber hin und wieder doch ganz nützlich sei. Wenn die Zeit knapp ist, sei es doch ganz schön, wenn eine innere Stimme uns sagt »Beeil dich!«, oder? Wenn zum Beispiel eine Lieferung noch ganz schnell zum Kunden muss, dann ist doch Eile angesagt. Das ist leider falsch gedacht, denn der Antreiber hält nicht zur Eile an, sondern verursacht Hektik. Petra Schenck beispielsweise klopft so hektisch auf ihrer Tastatur herum, dass sie die Datei versehentlich löscht. Antreiber haben immer die Tendenz, übers Ziel hinauszuschießen. Sie verursachen

1. Perfektionismus statt guter Arbeit,
2. Hektik statt Eile,
3. Selbstverleugnung statt Flexibilität,
4. Verausgabung statt angemessenen Energieeinsatzes,
5. Einzelkämpferei, Isolation und Burnout, statt dass man Hilfe sucht, wenn man sie braucht.

Verschärfend kommt hinzu, dass uns Antreiber nicht nur hin und wieder Stress machen. Da sie im Skript fest verankert sind, schalten sie sich immer und immer wieder dann ein, wenn wir in unübersichtlichen Situationen unsicher werden: Wir reagieren mit Stress. Der Antreiber hat uns im Griff und lässt uns nicht mehr los – bis wir ihn abstellen. *Jeder von uns hat zwei bis drei Antreiber, die ihm in unsicheren Situationen regelmäßig Stress verursachen.* Welche zwei oder drei erkennen Sie wieder?

1. Antreiber: »Sei perfekt!«

Vor einigen Jahren begegnete ich einem sehr aktiven Unternehmer, der praktisch im Alleingang eine Reinigungskette aufgebaut hatte. Eines Tages hatte er eine tolle Idee. Er wollte dekorative und funktionelle Teppichschmutzmatten für den Eingangsbereich von Firmen verleasen. Der Bedarf dafür war vorhanden. Also konzipierte er sein Angebot und ließ einen juristisch korrekten Leasingvertrag aufsetzen. Dann rieb er sich verwundert die Augen: Obwohl der Bedarf unbestreitbar vorhanden war, nahm keiner das Angebot wahr. Als der Unternehmer diese Geschichte auf einem Seminar in der Kaffeepause erzählte, fragte ein anderer Teilnehmer:

- *Teilnehmer:* »Wie lang ist denn der Vertrag?«
- *Unternehmer:* »Na, drei A4-Seiten.«
- *Teilnehmer:* »Und um welche Summe geht es dabei?«
- *Unternehmer:* »Die Leasingrate ist 100 Mark im Monat.«
- *Teilnehmer:* »Also, für 100 Mark im Monat quäle ich mich doch nicht durch drei Seiten Kleingedrucktes! Da kaufe ich die Matte lieber gleich und bringe sie Ihnen zur Reinigung vorbei!«

Dem Unternehmer ging ein Licht auf. Er kehrte nach Hause zurück und strich den Vertrag auf eine halbe Seite zusammen. Damit war dieser nicht länger juristisch wasserdicht, er wurde in einigen Punkten sogar anfechtbar – aber seither brummt der Umsatz. Der Unternehmer hatte sein eigenes Geschäft geschädigt, weil er auf den Antreiber »Sei perfekt!« gehört hatte. Perfektionismus schadet uns selbst. Zum Beispiel, wenn wir stundenlang an einem Bericht arbeiten, den der Chef dann mürrisch mit »Wann soll ich das alles lesen?« kommentiert. Eine kurze Notiz hätte genügt, aber nein, wir bringen uns mit einem 20-seitigen Dossier erst mal selbst in Stress, und danach gleich nochmals, weil wir mit unserer Detailwut dem Chef auf den Nerv gehen.

Selbst die tägliche Kommunikation leidet unter Perfektionismus. Beispielsweise wenn der Kollege auf die schlichte Frage, ob er den Abschluss getätigt habe, ungefähr antwortet: »Also, ich komme da rein – das Büro des Einkaufsleiters ist übrigens jetzt nicht mehr im dritten Stock, es ist jetzt im zweiten, also dort, wo vorher der Controller saß –, also, ich komme da rein, und der Einkaufsleiter spricht noch mal die Konditionen an, weißt du, den Punkt, über den wir vorgestern noch geredet haben, als du vom Chef kamst, wegen der Müller-Sache, also, der Einkaufsleiter wendet genau das ein, was Susi Meier schon gesagt hatte, weißt du, das Argument mit dem Drehmoment...« Worauf der Gesprächspartner völlig entnervt unterbricht: »Red keinen Roman! Kannst du nicht einfach Ja oder Nein sagen?« Das kann er nicht.

Wen der Perfektionismus treibt, der möchte immer das *ganze* Bild geben, die *ganze* Geschichte erzählen und *alle* Argumente nennen, damit der Partner die Situation *perfekt* nachvollziehen und verstehen kann. Wer auf dem Perfektionstrip ist, kann sich einfach nicht kurz fassen, denn dann fehlt ja etwas! Wenn Perfektionisten sich kurz fassen sollen, haben sie das Gefühl, etwas auszulassen und fühlen sich verunsichert: »Aber da fehlt doch etwas Wesentliches!« So sabotiert man die eigene Karriere. Erst lässt man den Chef ewig warten, weil man »noch nicht so weit« ist, dann gibt man seinem ständigen Drängen nach, liefert mit größten Bauchschmerzen völlig verunsichert etwas »Halbgares« ab und wird prompt getadelt: »So ausführlich wollte ich das überhaupt nicht! Geht das nicht auch kürzer?«

Der Perfektionist hat solche Angst vor Fehlern, weil er als Kind dafür bestraft wurde. Meist geschieht das in der Schulzeit. Ein chronisch schlechter Schüler beispielsweise, der sonst immer mit Fünfen heimkommt, schreibt plötzlich eine Drei und wird geschimpft: »Wenn du diesen und jenen Fehler nicht gemacht hättest, dann hätte es sogar eine Zwei gegeben!« Die Botschaft ist klar:

- Fehler sind schlimm.
- Fehler lösen ein häusliches Drama aus, nicht, was gut gemacht wurde, zählt, sondern allein, was falsch war.
- Also sind Fehler unter allen Umständen zu vermeiden.

Diese Überlebensstrategie erhält sich, macht sich selbstständig und führt dann im späteren Leben dazu, sich ständig unter Druck zu setzen.

Die Spiele der Perfektionisten

Wer im Leben auf privates Glück und Berufserfolg verzichten möchte, sollte unbedingt Perfektionist werden. Sei-perfekt-Anfälle verderben einem Karriere und Lebensglück. Nach einem wunderschönen Abendessen mit Kerzenlicht und den erlesensten Speisen winkt der Getriebene beispielsweise verärgert ab:

- *Perfektionist:* »Ach, das war doch alles nichts.«
- *Partner:* »Aber warum denn? Das Essen war prima, die Stimmung toll, die Dekoration geschmackvoll…«
- *Perfektionist:* »Aber der Feldsalat war versalzen!«
- *Partner:* »Ach was, so eine Kleinigkeit.«
- *Perfektionist:* »Nein, das ärgert mich jetzt. Der Salat hätte nicht so stark gewürzt sein dürfen…«

Während der Partner offensichtlich im siebten Himmel schwebt, hat der Perfektionist nichts vom Glück! Dabei regt er sich nicht bloß »künstlich« über den versalzenen Salat auf – er spürt das angebliche Unglück wirklich in jeder Faser seines Körpers. Glück heißt, Glück auch genießen zu können – aber das kann der Perfektionist nur, wenn es hundertprozentig ist. Und wann ist es das schon? So geht er an jedem kleinen Glück vorbei, das er auf seinem Lebensweg antrifft, weil er das große, makellose sucht. Er wechselt laufend die Partner, weil er nach der »großen Liebe« sucht. Er ist selbst nach dem herrlichsten Wintertag auf der Piste nicht zufrieden, »weil der Schnee etwas zu weich war« für das perfekte Carving-Feeling. Oder wie die Abwandlung eines chinesischen Sprichwortes sagt: Er kann die Reise nicht genießen, weil er sich über jedes Schlagloch aufregt. So verdirbt man sich selbst jede Lebensfreude.

Während eines Sei-perfekt-Anfalls denken wir plötzlich nur noch schwarz-weiß. Entweder ist eine Sache hundertprozentig, oder sie ist ohne Wert. Alles unterhalb von 100 Prozent liegt einem wie eine Last auf der Seele, über die man stundenlang grübeln (und klagen!) kann. Man macht sich selbst Vorwürfe, in bestimmten Situationen nicht das Richtige gesagt oder getan zu haben. Man brütet lange darüber nach, wie man eine längst erledigte Sache hätte besser machen können. Und passiert tatsächlich mal ein Fehler, nehmen wir ihn furchtbar schwer: »O Gott, wie konnte mir das nur passieren? Das ist ja schlimm!« Während andere nur denken: »Was hat er denn? Das ist doch kein Beinbruch!« Fehler locker wegzustecken geht nicht, wenn uns der Antreiber im Griff hat.

Ganz abgesehen davon, dass man sich durch diese fehlerbezogene Denkhaltung selbst die Stimmung verdirbt, schadet sie auch dem eigenen Erfolg. Wer perfekt sein will, ist kaum in der Lage zu improvisieren. Und Improvisation ist die Kunst, aus Niederlagen Siege zu machen. Dazu ein Beispiel. Während eines Kongresses fiel ein Teil der Technik aus. Der Redner klopfte ans Mikro – tot. Er knipste den Projektor an – tot. Mit wachsender Verzweiflung checkte er alle technischen Anlagen durch, raufte sich die Haare und rief: »Also, so kann ich nicht arbeiten!« Ein Kollege, der später am Tag hätte vortragen sollen, sprang ein, legte eine Folie auf den – nicht funktionsfähigen – Projektor und sagte dann: »Also, wenn das Ding funktionieren würde, dann würden Sie jetzt ungefähr Folgendes sehen …« Der Saal brach in Gelächter aus, und das Referat wurde ein voller Erfolg. Das ist gelungene Improvisation – eine Kunst, die man pflegen kann, wenn man nicht vom Antreiber »Sei perfekt!« getrieben wird. Perfektionisten achten auf das, was *fehlt*, und nicht auf das, was (noch) *funktioniert*.

Den Anspruch der Perfektion stellt der Perfektionist an sich und seine Umwelt. Er ist sein größter Kritiker. Während andere ihn wegen seiner guten Leistungen loben, kritisiert er an der eigenen Arbeit Fehlermücken, als ob es Elefanten seien. Auch bei anderen ist er schnell mit Kritik zur Stelle: »Das muss besser laufen!« Das mag sachlich richtig sein, doch der Perfektionist macht wegen seiner großen Abneigung gegen alles Mangelhafte nun in bester Absicht ein Angreiferspiel daraus: »Wieso kriegen Sie das nicht endlich auf die Reihe?« Deshalb sind Perfektionisten oft schwer zu ertragen: Sie drängen andere in die Defensive, ködern sie mit Angreiferspielen und sind dann total erstaunt, wenn man ihnen vorhält: »Du bist immer so pingelig!« »Aber wieso? Da fehlt doch ganz offensichtlich etwas! Wie kannst du das übersehen?« Und schon sind beide Partner sauer – wie bei allen Spielen.

Als Chef delegiert der Perfektionist ungern, weil »ich das schon selber machen muss, wenn es hundertprozentig sein soll«. Und »delegiert« er tatsächlich mal – nur die Aufgabe, nicht die Verantwortung –, kontrolliert er ständig und genervt, weil er Angst hat, dass irgendetwas schief gehen könnte: »Und in einer so großen Abteilung läuft immer etwas schief!« Die Angst wirkt dabei wie eine self-fulfilling prophecy. Wer Fehler sucht, der findet welche. Der Perfektionist ist ein Mensch, der in einem 500-seitigen Forschungsbericht nach zehn Sekunden den einzigen Rechtschreibfehler entdeckt – und diesen Formfehler dann scharf maßregelt: »Wie konnten Sie das nur übersehen? Wie sieht das denn aus?« Jeder Mensch, der nicht vom Perfektions-Antreiber beherrscht ist, wird ihm daraufhin kräftig die Meinung sagen – und damit prompt das Angreiferspiel aufnehmen.

Es ist nicht so, dass Perfektionisten nur andere zur Verzweiflung treiben. Sie selbst leiden genauso unter ihrem Antreiber. Ständig kontrollieren sie sich: »Habe ich an das gedacht? Und an jenes?« Dauernd ist der Perfektionist mit sich unzufrieden und macht sich auch wegen kleiner Fehler große Vorwürfe. Er spielt ein ständiges Angreifer-Solo-Spiel mit sich selbst, das er nicht selten in der Opferrolle beendet: »Wie konnte mir das nur passieren? Ich bin einfach zu dumm dafür!« Und damit er die unbefriedigende Situation, in die ihn sein Angreiferspiel gebracht hat, wieder in den Griff bekommt, erhöht er seinen Perfektionsgrad, um sich noch stärker anzugreifen, wenn es wieder zu Fehlern kommt.

Eine andere Scheinlösung des Problems ist, sein Laster zum Beruf zu machen. Viele Perfektionisten werden Buchhalter, Controller, Qualitätssicherer oder ISO-Beauftragte. In diesen Berufen ist große Exaktheit gefragt. Doch wie wir gesehen haben, bleibt ein Spiel ein Spiel, auch wenn man es in der Bundesliga spielt. Man fühlt sich in und nach Angreiferspielen immer schlecht – auch wenn man dafür bezahlt wird. Auch ein Buchhalter leidet, wenn er sich selbst zur Schnecke macht. Und leiden tun sie, die Perfektionisten. Denn die Kosten der Perfektion sind hoch: keine Freizeit, wenig Freunde – »Erbsenzähler« sind nicht besonders beliebt –, diese ständige, drückende Angst vor Fehlern, die permanente Unzufriedenheit mit sich und der Welt und den Aufgaben, die einfach nicht so hinhauen, wie sie sollten … Aber was soll man machen?

Ausstieg aus dem Zwang zur Perfektion

Perfektionisten leiden unter ihrem eigenen, unerfüllbaren Anspruch auf Perfektion und unter der ständigen Angst vor Fehlern. Aber sie kommen nicht davon runter. Wenn man ihnen helfen möchte und meint: »Ach, lass doch mal fünfe grade sein! Das reicht doch jetzt völlig für unsere Zwecke!«, dann wenden sie gequält ein: »Aber das ist doch nicht *vollständig*! Da fehlt noch einiges! Soll ich etwa nachlässig arbeiten? Bloß weil die Zeit drängt? Qualität ist doch viel wichtiger. Außerdem, was wird der Chef dazu sagen? Oder die Kunden? Die erwarten doch Sorgfalt von mir! Ich riskiere doch nicht meinen Job.« So funktioniert der Ausstieg aus dem Spiel nicht. Er funktioniert nicht, weil er *gegen* die Perfektion argumentiert. Seit Heraklit wissen wir, dass das Einnehmen der Gegenposition nicht zur Aufhebung des Gegensatzes, sondern zu seiner Verstärkung führt. Druck erzeugt Gegendruck.

Eher funktioniert der Spielausstieg, wenn man die Aufmerksamkeit des Spielers von der Perfektion weg lenkt. Ein leitender Ingenieur eines Anlagenbauers hielt mir einmal vor, dass nur Qualität den langfristigen Markterfolg sichere. Ich sagte: »Bestimmt haben Sie Recht. Qualität ist wichtig. Aber was tun Sie, wenn ein Konkurrent mit einer weniger perfekten Lösung schneller am Markt ist und Sie mit Ihrem perfekten Produkt auf einen gesättigten Markt stoßen?« Das passiert laufend auf den Weltmärkten. Betamax beispielsweise ist die bessere Videolösung – aber wer hat schon Betamax? VHS ist nicht so perfekt, war aber schneller großflächig im Markt. Natürlich ist ein Bericht mit 22 Seiten qualitativ besser als einer mit zwei Seiten – aber wenn der Chef nur zwei Seiten erwartet? Eine perfekte Lösung nützt wenig, wenn sie niemand will oder wenn man sich damit ruiniert – wer kann schon auf Dauer ohne Freizeit, aber dafür mit ständigem Druck und quälender Angst leben?

Bei hartnäckigen Fällen empfehle ich deshalb ein »Entwöhnungsprogramm«. Perfektionisten stressen sich mit ihrer Perfektionswut ja nur deshalb, weil sie große Angst vor Fehlern haben. Es muss immer alles perfekt sein. Deshalb gebe ich perfektionistischen Menschen häufig die Hausaufgabe, sich an Fehler zu gewöhnen, indem sie jeden Tag ganz bewusst einen kleinen Fehler machen, der nur geringe Folgen

hat. Also nicht gerade eine Null zu viel auf den Scheck malen, aber beispielsweise bewusst einen Rechtschreibfehler in ein Schriftstück einbauen, jemanden mit falschem Namen ansprechen, beim Bezahlen
»Stimmt so!« sagen, obwohl es eben nicht stimmt... Zunächst
erschreckt diese Idee den eingefleischten Perfektionisten: »Absichtlich Fehler machen? Das geht doch nicht!« Auf den Schreck folgt der
Schock: Das geht doch! Und zwar sehr gut. Die allermeisten Fehler
werden von der Umwelt nämlich gar nicht bemerkt. Kein Mensch
bemerkt den Rechtschreibfehler, und die fehlende Tabelle hat niemand vermisst. Das irritiert die Perfektionisten gewaltig. Sie sind so
perfekt, weil sie immer denken: »Nur keine Fehler machen! Was sollen die anderen dazu sagen?« Und jetzt sagen diese gar nichts, weil sie
den Fehler nicht einmal bemerken. Für viele Perfektionisten ist das ein
Schock. Ihr Weltbild ist erschüttert.

Nach dem Schock kommt meist der Ärger: »Da mache ich mir solche Mühe, und dann merkt das keiner!« Es kommt noch schlimmer.
Wenn der Perfektionist unter inneren Qualen seinen täglichen Fehler
macht, wird das meist genauso wenig bemerkt wie sein Perfektionismus. Und wenn der Fehler bemerkt wird, führt das zu einem völlig irr-
witzigen Ergebnis: Die Leute lachen! Nicht über den Perfektionisten,
sondern über den Fehler: »Oh, hihi, so was Dummes aber auch!« Und
nicht selten passiert noch etwas viel Unverständlicheres. Wenn der
jahrelang als steriler Perfektionist wahrgenommene Mensch plötzlich
einen Fehler macht, sagen die Leute: »Ach wie schön, Sie sind auch nur
ein Mensch.« Das stellt die Welt des Perfektionisten nun völlig auf den
Kopf. Er dachte, Fehler machen ihn in den Augen der anderen zum
Unmenschen, und jetzt ist es genau umgekehrt! Er lernt zu improvisieren und sich weniger über die Fehler anderer zu ärgern, ja, sie fast
zu schätzen. Denn Fehler verbinden und eröffnen schöne Chancen, es
gemeinsam besser zu machen.

Ein weiteres »Rezept« gegen Perfektionismus ist die Prozentper-
spektive. Sie werden bemerkt haben: Wenn Sie auf dem Perfektionstrip sind, erscheint Ihnen alles schwarz-weiß. Ein kleiner Fehler, und
die ganze Sache ist Ihnen verleidet. Entweder alles ist weiß oder alles
ist schwarz. Um wieder Farbe ins Bild zu bringen, versuchen Sie Ihre
Leistung in Prozent anzugeben. Wie hoch ist der Grad Ihrer Zielerrei-

chung? 80 Prozent? 75 Prozent? 60 Prozent? Dadurch werden die Proportionen plötzlich klar. Ein kleiner Fehler entwertet nicht Ihre ganze Arbeit, sondern senkt das Ergebnis höchstens um ein paar Prozentpunkte. Für einen Computer gibt es nur die binären Werte 1 und 0, für uns zum Glück noch unendlich viele Zwischenwerte.

Eine dritte Technik, dem Zwang zur Perfektion zu entfliehen, ist die »Entkatastrophisierung«. Viele Menschen kommen mit einer anstehenden Arbeit nicht zu Rande, weil sie buchstäblich in der Vorbereitung ersticken. Sie sichern sich in alle nur erdenklichen Richtungen ab. Der Hardware-Entwickler einer Firma beispielsweise erntete nur noch Kopfschütteln, als er für eine Gerätesteuerung ein eigenes Brandsicherungsmodul konzipierte. Sein Chef sagte ihm: »Was soll der Unfug? Dann brennt das Ding eben aus – die paar hundert Mark sind doch ein Pappenstiel!« Wenn wir wieder mal wie gebannt auf eine Aufgabe starren und uns nach links und rechts absichern, statt auf das Problem zuzugehen, dann können wir die drohende Katastrophe schnell entzaubern, indem wir uns zwei Fragen stellen:

• Was könnte im allerschlimmsten Fall passieren?
• Wie wahrscheinlich ist dieser Fall?

Wenn sich Peter Kurz – der Mann aus unserem ersten Stressbeispiel – diese Fragen gestellt hätte, hätte er seinen Bericht nicht noch so lange nachgefeilt, bis der Abgabetermin verstrichen war. Denn im schlimmsten Fall hätte der Chef das unübersichtliche Format und einige Tippfehler beanstandet. Und dieser schlimmste Fall ist schon sehr unwahrscheinlich, da der Chef selbst nicht als Perfektionist bekannt ist. Im schlimmsten Fall brennt die Gerätesteuerung des Entwicklers aus, was wenige hundert Mark kostet und extrem unwahrscheinlich ist, da jedes Gerät in Deutschland mit einer Gerätesicherung und jede Steckdose mit einer Stockwerkssicherung abgesichert ist. Sobald wir uns den schlimmsten Fall ausmalen, reduziert sich die Angst vor Fehlern drastisch: So schlimm wäre das alles nicht. Und wenn wir uns dann noch ausrechnen, wie wahrscheinlich der schlimmste Fall ist, dann reduziert sich die Angst noch weiter. Und diese Angstreduktion müssen wir immer wieder bemühen, wenn uns der Antreiber packt.

Mein Chef ist Perfektionist

Perfektionistische Vorgesetzte sind wahre Wunder der Wahrnehmung. In 200 Seiten bahnbrechender Feasibility-Studie, an der Sie
zwei Monate saßen und die dem Betrieb garantiert mindestens zwei
Umsatzmillionen einbringen wird, entdeckt Ihr Chef schon beim ersten Durchblättern die einzigen beiden Tippfehler – und verliert kein
Wort über Ihren innovativen Geniestreich. Stattdessen lamentiert er
völlig unverhältnismäßig: »Wie sieht das denn aus? Ich verstehe nicht,
wie Sie so etwas übersehen können. Was soll die Geschäftsführung
dazu sagen?« Worauf jeder rechtschaffene Mensch mit ehrlicher Ent-
rüstung antwortet: »Was soll die klein karierte Meckerei? Sie schauen
nur auf zwei kleine Fehler, die 200 Seiten Umsatzgarantie sehen Sie
wohl nicht!« Diesen Gegenangriff lässt der Chef natürlich nicht unpa-
riert und geht nun seinerseits zum Gegenangriff über. Das Angreiferspiel ist in vollem Gange.

Natürlich sind Sie inzwischen gewitzter. Nach über 100 Seiten
Spiellektüre wissen Sie, dass man Angreiferspiele vermeiden muss und
kann. Man darf auf keinen Fall den Köder des Angreifers schlucken.
Doch wie erwidert man dessen Eröffnungszug, ohne in die Eskalation
hineinzurutschen? Der berühmte Psychotherapeut Milton Erickson,
der wegweisend in der modernen Hypnotherapie war, sagte einmal:
»Man sollte dem Patienten Recht geben. Wenn er behauptet, Napo-
leon zu sein‹ dann rede man ihn mit ›Eure Exzellenz‹ an.« Das ist ein
guter Tipp. Sie könnten auf die unverhältnismäßige Vorhaltung von
winzigen Fehlern beispielsweise antworten: »Sie haben völlig Recht,
das sieht nicht gut aus. Ich korrigiere das sofort. Wie finden Sie meine
Arbeit denn inhaltlich?« Damit manövrieren Sie den Angreifer
geschickt vom Schlachtfeld herunter, denn jetzt muss er irgendetwas
zum Inhalt sagen, meist etwas wie: »Ja, inhaltlich ist das schon in Ordnung. Aber diese Fehler …« Damit haben Sie sich wenigstens ein bisschen konstruktives Feedback und ein bisschen Anerkennung geholt –
und vor allem: das lästige, zeitfressende und frustrierende Bürospiel
vermieden.

Den meisten Menschen reicht das nicht. Auf die Dauer ist so ein
Vorgesetzter kaum zu ertragen, wenn Sie eher das kreative Chaos und

den großen Wurf lieben, anstatt sich in Details zu vertiefen. So ein gespanntes Arbeitsverhältnis macht immer einen, meist beide Beteiligten zu Infarktkandidaten. Da hilft nur eines: Sie müssen raus. Das ist zwar hart, aber die einzige Möglichkeit, nicht permanent unzufrieden mit dem Job zu sein. Es sei denn, Sie sehen Ihren perfektionistischen Chef nur zweimal im Jahr. Dann lässt er sich ertragen und leidet auch nicht unerträglich unter Ihrer »chaotischen Arbeitsweise«. Wenn Sie ihm dagegen täglich begegnen, sollten Sie sich nach neuen Ufern umsehen. Sie müssen ja nicht sofort kündigen. Oft ist auch ein Wechsel in eine andere Abteilung oder einen anderen Bereich möglich – der Chef ist froh, dass Sie gehen, und wird Sie vielleicht sogar wärmstens empfehlen. In der Zwischenzeit gibt es nur einen Weg, mit einem perfektionistischen Chef halbwegs klarzukommen: ihn nicht ändern zu wollen, sondern sich auf ihn einzustellen und kein Angreiferspiel einzugehen.

Sie wissen genau, dass er jeden kleinen Tippfehler moniert, also benutzen Sie in Gottes Namen eben das Rechtschreibprogramm. Wenn man nur ein bisschen genauer arbeitet, als man es sonst tun würde, schont man den Chef und sich selbst. Das fällt den meisten Menschen umso leichter, je genauer sie wissen, dass der Chef nicht aus blankem Sadismus auf Bagatellen herumreitet, sondern weil er schreckliche Angst vor Fehlern und vor der Blamage vor seinen Vorgesetzten hat. Dieses Verständnis lässt einen auch dann höflich lächelnd dem Chef entgegenkommen, wenn er wieder einmal in Panik ist. *Jedenfalls führt Gegenhalten immer zur Eskalation.* Seine Angst vor Fehlern ist immer stärker als Ihre Vernunft.

Mein Mitarbeiter ist Perfektionist

Leichter wird die Aufgabe, wenn nicht Ihr Chef, sondern Ihr Mitarbeiter an sporadischen oder ständigen Attacken von Perfektionismus leidet. Wenn Sie als Führungskraft sich weniger als Manager und stärker als Coach definieren, dann lässt sich einiges machen. Wenn der Mitarbeiter 20 statt zwei Seiten Bericht abliefert, dann hilft ihm klares Feedback: »Zwei Seiten hätten vollauf genügt.« Besser ist es, wenn Sie das schon bei der Aufgabenverteilung sagen: »Bitte nicht mehr als zwei Seiten!« Der Zwang Ihres Mitarbeiters zur Umfänglichkeit kostet schließlich Ihre Zeit. Deshalb raunzt man solche Mitarbeiter bei mündlichen Aussprachen auch öfters an: »Mann, fassen Sie sich kurz!« Das ist wenig hilfreich, weil es die Beziehungsebene stört. Die konstruktive Version des verständlichen Wunsches könnte beispielsweise lauten: »Sie sind ja wieder hervorragend informiert, aber könnten Sie mir die Kernpunkte in drei Sätzen komprimieren?«

Natürlich mildern diese Ad-hoc-Interventionen nur den akuten Anfall von Perfektionismus. Als Führungskraft ist man jedoch daran interessiert, dass man nicht ständig gegen die zeitraubende Perfektionswut des Mitarbeiters ankämpfen muss, sondern dass er möglichst schnell von seinem Antreiber herunterkommt. Das erreicht man am besten, indem man das Übel an der Wurzel anpackt: an der Angst des Mitarbeiters vor Fehlern. Er redet ja nicht aus reinem Übermut so weitschweifig, sondern weil er Angst hat, Sie könnten ihm Lückenhaftigkeit vorwerfen. Also muss man ihm die Angst vor Fehlern nehmen. Ein Werksleiter sagte beispielsweise nach einer leicht missglückten Präsentation zum präsentierenden Projektleiter: »Kommen Sie mal her, wir müssen etwas besprechen!« Alle dachten, jetzt kommt der kräftige Stiefeltritt. Stattdessen lachte der Werksleiter und sagte: »Gut, dass das heute passiert ist. Stellen Sie sich vor, wir hätten das erst beim Kunden bemerkt. Nicht auszudenken!« Die Botschaft war klar: Fehler sind erlaubt.

Die Standardstandpauke des 08/15-Managers »Wie konnte das passieren? Das darf doch nie und nimmer vorkommen!« zerstört Beziehungsebene und Motivation jedes »normalen« Mitarbeiters und verstärkt den Perfektionismus des perfektionistischen Mitarbeiters. Verweist man(ager) dagegen auf die gute Seite des Fehlers, pflegt das die Motivation des »normalen« Mitarbeiters und setzt beim Perfektionisten einen Lernprozess in Gang. Er kommt runter von seinem Antreiber, weil er eine positive Reaktion auf seinen Fehler bekommt. Das hat er nicht erwartet.

Je häufiger der Perfektionist erfährt, dass Fehler kein Beinbruch sind, desto eher überwindet er seinen Antreiber. Eine gute Führungskraft kann einiges für diesen Lernprozess tun. Ein Vertriebsleiter erzählte beispielsweise beim wöchentlichen Verkäufergespräch unverhohlen von seiner jüngsten Pleite bei einem Kunden. Ein perfektionistischer Mitarbeiter meinte darauf erstaunt: »Das ist Ihnen passiert? Das hätte ich nicht von Ihnen gedacht.« Worauf der Vertriebsleiter lachte und sagte: »Was denken Sie denn? Auch ich mache Fehler.« Die Botschaft war klar: Fehler gehören zum Geschäft; und man kann auch locker mit ihnen umgehen.

2. Antreiber: »Beeil dich!«

Ein Mensch möchte vor einem Geschäftstermin noch schnell eine Besorgung erledigen. Eigentlich drängt die Zeit, weshalb er mit Vollgas in die City rast, im tiefen Vorbeiflug eine frei werdende Parklücke entdeckt, energisch in die Bremse steigt, nervös trommelnd das Freiwerden der Lücke abwartet, kraftvoll in die Lücke prescht, von der Kupplung abrutscht, seinen Vordermann rammt und jetzt total in Hektik kommt, weil er ermitteln muss, wem der Wagen gehört, während er eigentlich schon lange bei seinem Termin sein sollte! Hektisch eilt der Verunfallte zu seinem Termin, kommt 20 Minuten zu spät, entschuldigt sich hastig, hetzt der verlorenen Zeit hinterher, überzieht gequält, keucht gestresst zum nächsten Termin, hechelt den Rest des Tages hinter seinem Terminplan her und ist am Abend so erledigt, dass er gerade noch die Fernbedienung in der Hand halten kann. Kommt Ihnen das bekannt vor?

Eigentlich sind wir viel zu spät dran, aber dieser Anruf muss noch schnell erledigt, der Vorgang rasch abgelegt, im Rausrennen ganz fix die Sekretärin informiert werden, und zwischen Tür und Angel wird im Vorüberflug noch der Kollege vergattert: »Schnell, schnell, eigentlich bin ich schon weg!« – und was bringt die Hektik? Der gehetzte Anruf hat den Kunden brüskiert, die Sekretärin hat die Mitteilung missverstanden, und der Kollege vertut sich, weil er nur die Hälfte mitbekommen hat. Das ist das Kennzeichen der Hektik: Sie lohnt sich nicht. Sie spart keine Zeit. Sie provoziert Fehler, und Fehler kosten Zeit und Geld. Eile ist manchmal geboten, Hektik ist immer unnötig, da unrentabel. Der Mensch aus unserem Beispiel oben hetzt wegen

Aspirin – gegen seine »Stresskopfschmerzen« – zur Apotheke und
bezahlt die Tabletten für fünf Mark sechzig mit 3 000 Mark Blechscha-
den! Ohne seine Hektik hätte er das Aspirin gar nicht nötig gehabt.
Hektik vergeudet Zeit, verursacht Fehler, frustriert Kollegen und
macht Stress. Deshalb haben die Chinesen das Sprichwort: Wer es eilig
hat, soll einen Umweg machen! Wofür man mit Hektik zwei Stunden
braucht, das erledigt man mit Ruhe in einer Stunde. Ohne hektischen
Aktivismus erreichen wir mehr, fühlen uns abends entspannter und
fallen unserer Umwelt nicht auf den Nerv. Das wissen wir längst – und
trotzdem rutschen wir regelmäßig in die Hektik hinein. Warum?

Wer permanent in Hektik lebt, kann meist nicht anders. Hektik ist
ein Antreiber, den man sich bereits als Kind einfängt. Ständig muss alles
schnell gehen: »Zieh schnell deine Klamotten an und bring mal eben
rasch den Müll runter.« Das Kind kann keine Beschäftigung in Ruhe zu
Ende bringen; immer wird es zur Eile getrieben. Es merkt, dass es in
Schwierigkeiten kommt, wenn es »zu langsam« ist. Also lernt es, alles
möglichst schnell zu machen. Diese Tendenz zur Hetze ist in manchen
Familien schon am Sprachgebrauch zu erkennen: »Mach mal schnell
das Fenster zu.« Kommt es beim Fensterschließen auf Sekunden an?

In hektischen Familien wird Ruhe mit Untätigkeit verwechselt.
Den Kindern wird keine Gelegenheit gegeben, ihr persönliches
Arbeitstempo zu entdecken. Immer muss alles schnell gehen. Deshalb
sind in Hektik erzogene Kinder oft unkonzentriert und machen relativ viele Fehler. Den Unterschied zwischen Hektik und hoch konzen-
trierter Eile erfahren sie nicht. Da Hektik sich in der Kindheit als
Überlebensstrategie bewährt hat, wird sie beibehalten. *Hektik ist die
einzige Arbeitsweise, die Menschen mit Antreiber »Beeil dich!« als
lohnend kennen gelernt haben.* Im Beruf drücken sie deshalb permanent aufs Gaspedal, reden im Staccato und rauschen wie ein Tornado
durchs Leben. Ein alter Bekannter besucht uns ab und an in diesem
Eiltempo. Er klingelt Sturm, nimmt im Hereinstürzen fast die Tür
mit, rennt ins Wohnzimmer, schaut sich flüchtig um: »Na, hat sich
nicht viel geändert. Wo ist der Herr des Hauses? Nicht da? Dann
schau ich später schnell vorbei. Tschüs!« und entschwindet am Horizont. Meine Familie sitzt wie vom Donner gerührt da und fragt sich:
»Was war *das* denn bloß?«

Experiment: Warum wir automatisch stressen

Weshalb es uns so schwer fällt, rechtzeitig aus der Hektik auszusteigen, zeigt ein kleines Experiment, das auf einem Verkäuferseminar eines Stuttgarter Automobilbauers ablief. Ohne Vorwarnung bekamen die Teilnehmer die Aufgabe, mit nur zehn Minuten Vorbereitung ein Referat vor der Gruppe und dem strengen Auge der Videokamera zu halten, und zwar zu dem für Verkäufer unfasslichen Thema: »Die Diversifikationsstrategie unseres Konzerns«. Natürlich ist es unsinnig, Verkäufer zu einem solchen Thema referieren zu lassen – aber genau das war Zweck der Übung: die Verkäufer in eine Situation zu bringen, die sie täglich erleben – totale Überforderung.

Das Experiment gelang. Viele Teilnehmer fühlten sich prompt überfordert – und in diesem Zustand sind wir leichte Beute für die Antreiber. Denn Antreiber schalten sich immer dann ein, wenn wir glauben, eine Situation nicht bewältigen zu können. Der Antreiber ist quasi der Autopilot, der einspringt, sobald sich der gesunde Menschenverstand wegen Überforderung abmeldet. Jeder Mensch hat seinen eigenen, speziellen Autopiloten. Einige der Teilnehmer saßen beispielsweise wie gelähmt vor dem leeren Blatt Papier und brachten keinen sinnvollen Satz zusammen, »weil ich in dieser kurzen Zeit unmöglich einen vollständigen Strategiebericht formulieren kann«. Erkennen Sie den Antreiber? Es ist »Sei perfekt!«. Andere Teilnehmer wühlten wie wild in ihrer Tasche nach brauchbaren Unterlagen, schichteten hektisch Zettelberge auf den Tisch, verbreiteten wilde Aktivität und brachten wenig Inhalt zustande. Sie wurden von »Beeil dich!« angetrieben. Die angetriebenen Teilnehmer waren entweder durch ihren Perfektionszwang oder durch ihre Hektik blockiert und brachten nichts Brauchbares zustande. Um im Bild zu bleiben: Der Antreiber-Autopilot springt zwar in Notfallsituationen sofort ein, aber er verursacht immer eine Bruchlandung. Nun könnte man einwenden: »Dass in dieser so offensichtlich auf Überforderung angelegten Laborsituation jeder Mensch in Stress gerät, ist ja wohl klar!« Ein gutes Argument, das leider durch jene Teilnehmer entkräftet wird, die nicht auf den Antreiber hereinfielen und ganz ruhig die paar Gedanken von sich gaben, die ihnen zu dem »unmöglichen« Thema einfielen. Nicht die Situation machte den Stress, sondern die Teilnehmer selbst.

Wie reagieren Sie in prekären Situationen? Was ist Ihre spontane Reaktion? In welches Solo-Spiel geraten Sie? Wenn Sie etwas nachdenken, werden Sie feststellen, dass es immer derselbe Antreiber ist, der Stress macht, sobald es brenzlig wird. Jeder hat seinen eigenen Antreiber. Wenn es eng wird, hetzt der eine, der andere vergräbt sich im Perfektionismus, der dritte opfert sich auf. Solange das im Solo-Spiel passiert, kommen wenigstens keine Unbeteiligten zu Schaden. Anders ist es, wenn die Hektik sich unschuldige Opfer sucht. Beispielsweise, wenn der Chef ein Hektiker ist.

Mein Vorgesetzter ist ein Hektiker

Hektische Chefs haben zwar den Vorteil, dass sie einen nie allzu lange belästigen, weil sie zu schnell durchfliegen. Aber das ist gleichzeitig das Problem. Wenn sie delegieren, dann per Blitzattacke: Sturzflug – Abwurf – Abflug. Etwa nach dem Muster: »Können Sie mal rasch herkommen? Schauen Sie sich das schnell an – bringen Sie das ganz kurzfristig in Ordnung!« Worauf warten Sie noch? Zum Beispiel auf genaue Informationen, um den Auftrag überhaupt ausführen zu können. Während der perfektionistische Chef einem die Aufgabe so lange erklärt, dass man sie in dieser Zeit gut hätte erledigen können, nimmt sich der Hektiker schlicht nicht die Zeit, zu sagen, was er überhaupt will. Oder er entreißt einem genervt die Arbeit mit einem verschärften Angreiferspiel: »Geben Sie her, das geht ja wieder viel zu langsam, jetzt mache ich es eben selber.« Es ist ein schwacher Trost, dass bei diesem Angreiferspiel des zweiten Härtegrads nicht nur das unschuldig verfolgte Opfer leidet. Auch der Chef verliert dabei, wie bei jedem Angreiferspiel. Weil er durch die hektische Aufgabenannektion die Arbeit anderer Leute macht, verliert er Zeit für seine eigene Arbeit, gerät damit noch stärker unter Stress und verbreitet eine noch größere Hektik. So reiht sich ein Spiel ans andere.

Haben Sie schon mal versucht, einen hektischen Chef wieder auf den Teppich zu holen? Ein gefährliches Unterfangen. Denn der hektische Chef ist eine Dampfwalze. Wer sich ihr in den Weg stellt, wird platt gemacht. Es nützt wenig, wenn Sie fordern: »Moment mal, wie soll ich die Aufgabe erledigen, wenn Sie mir nicht genau sagen, was Sie wollen?« Das ist zwar eine völlig legitime Forderung, aber gleichzeitig auch der Schritt vor die Dampfwalze. Der Chef ist hektisch, weil ihm ein Problem zu schaffen macht, und jetzt »halten Sie auch noch den Betrieb auf«? Inzwischen haben wir gelernt: Mit Gegenwehr schmettert man kein Angreiferspiel ab. Contra geben eskaliert die Sache nur. Der Chef wird seinen Angriff verstärken und erwidern: »Fragen Sie nicht, machen Sie. Wenn ich Ihnen hier alles haarklein vorkaue, dann kann ich die Aufgabe auch gleich selbst erledigen!« Noch gefährlicher ist der Versuch, die Dampfwalze abkühlen zu wollen: »Moment mal, Herr Direktor, jetzt aber ganz mit der Ruhe.« Das bringt ihn völlig aus der Fassung. Denn nichts hasst der Hektiker so sehr wie Leute, die ihm kühle Ruhe entgegensetzen und seine Hektik damit als unnötig entlarven. Besser fährt man, wenn man auf seine Hektik eingeht – man denke an Erickson: »Der Patient hat immer Recht!« – und ebenfalls ein hektisches Signal sendet: »Auch ich mache jetzt ganz schnell!« Mit Hektikern kommt man am besten klar, indem man ihre Kurzatmigkeit spiegelt:

- Sich kurz fassen: im Telegrammstil reden. Dann hört er zu und rennt nicht weg.
- Sich auf die wesentlichen Punkte konzentrieren.
- Knapp, prägnant und präzise sprechen.
- Alles in drei Sätze packen und sich den Rest verkneifen.
- Nur das Wichtigste vorbringen, Unwichtiges weglassen.

Ein hektischer Chef muss einem nicht den Beruf vermiesen. Sobald man sich auf seine Hektik eingestellt hat, kommt man prima mit ihm klar.

Wenn Sie selbst eher zum Perfektionismus neigen, dann liegen Sie mit einem Hektikerchef wahrscheinlich permanent im Clinch. Sie halten ihn für einen Schlamper, und er hält Sie für einen Erbsenzähler. Den eigenen Perfektionismus unter Kontrolle zu bringen hilft hier schon viel. Die richtige Einstellung zum Hektikerchef zu finden noch viel mehr. Ganz falsch ist es, den Chef therapieren zu wollen: »Mein

Chef ist total hektisch, den muss ich mal wieder auf den Boden zurückholen.« Doch wenn die Dampfwalze erst einmal rollt, ist der Chef nicht mehr aufzuhalten. Nehmen Sie lieber das Tempo der Dampfwalze auf, bevor sie Sie überrollt, warten Sie ab, bis der Chef sich wieder beruhigt hat, und versuchen Sie dann ein vernünftiges Gespräch. Ihm in diesem Gespräch aber nur sein hektisches Verhalten vorzuhalten, bringt nicht viel. Sie sollten ihm eher vorschlagen, was künftig anders laufen könnte. Besonders bewährt hat sich die Regelvereinbarung. Beispielsweise: »Immer wenn's hektisch wird, darf ich zumindest drei Fragen stellen.« Manchmal ist auch nur eine Frage durchsetzbar. Sind Hektiker zu dieser Regelvereinbarung bereit? In ruhigen Augenblicken fast immer. Denn Hektiker sind keine Sadisten, sie leiden nur unter einem lästigen Antreiber. Halten sich Hektiker in hektischen Augenblicken an diese Regeln? Nicht immer – aber die Alternative ist noch viel weniger befriedigend: einfach tatenlos herumsitzen und unter der Hektik leiden.

Dass der Chef in seiner Hektik wichtige Daten vorenthält, ist übri- kein Grund zur Besorgnis. Es gibt genug Leute, die aushelfen können. Meist weiß die Sekretärin, was der Chef will. Und wenn sie es nicht weiß, wissen es erfahrene Kollegen, die sich schon länger mit dem Hektiker auseinander setzen, oder Kollegen, die ebenfalls in den Auftrag involviert sind. Wer einen Hektiker zum Chef hat, kann ein informelles Netzwerk von Informanten gut gebrauchen.

Der Abteilungshektiker

Haben Sie einen hektischen Mitarbeiter? Leiden Sie unter einem hektischen Kollegen? Kennen Sie einen, der unter einem Hektiker leidet? Dann haben Sie bestimmt schon die Erfahrung gemacht, dass so ein Hektiker – so lieb und nett er sonst sein kann – doppelt gefährlich ist, sobald er hektisch wird: Er gefährdet einerseits seine eigene und andererseits die Arbeit anderer. Weil er hastig fünf Dinge gleichzeitig verfolgt, reißt irgendwann seine Konzentration, und er begeht teure und zeitraubende Fehler. Man kann eben nicht fünf Projekte simultan in der Luft halten, das geht nur im Zirkus. Gleichzeitig steckt er die Kollegen mit seiner Hektik an: »Ich brauche die Unterlagen sofort! Lass alles stehen und liegen! Der Kunde wartet!« Er arbeitet schnell und ungenau, weil er in seiner Hektik wichtige Dinge übersieht oder sich einfach keine Zeit für fundierte Entscheidungen nimmt. Dadurch kann er die Abteilung oder Arbeitsgruppe ganz schön durcheinander bringen.

Haben Sie schon einmal versucht, einen solchen Mitarbeiter oder Kollegen zur Vernunft zu bringen? Viele Kollegen und Vorgesetzten versuchen es mit einem an sich ganz einleuchtenden Vorschlag: »Du machst immer so eine Hektik, weil du überhaupt nicht richtig planst! Schaff dir endlich mal ein Zeitplanbuch an wie andere Menschen auch!« Da beißt man beim Hektiker auf Granit: »Ach was, das kostet mich viel zu viel Zeit! Bis ich das eingetragen habe, habe ich die Arbeit schon erledigt!« Hektiker arbeiten lieber mit dem berüchtigten »Zettelwerk« und bringen ständig etwas durcheinander.

Es ist schon lästig genug, wenn ein Hektiker mit seinen Angreiferspielen die Kollegen unnötig auf Trab hält. Richtig bizarr wird es, wenn er in die Opferrolle schlüpft und klagt: »Mensch, wie soll ich das alles schaffen? Und wer hat wieder meine Unterlagen geklaut? Bin ich der Einzige, der in diesem Laden etwas leistet?« Fährt man wütend auf und erklärt ihm in deutlichen Worten, dass er für seine Überlastung ganz alleine verantwortlich ist, verstärkt man nur noch sein Rollenethos: »Ich wusste schon immer, dass ihr meine Arbeit nicht würdigen könnt. Aber ihr arbeitet ja auch nicht so hart wie ich.«

Als Vorgesetzter von Hektikern hat man die klassische Wahl: an die Stirn tippen oder ändern. Wenn die Arbeit des Hektikers für die Abteilung oder das eigene Vorwärtskommen relevant ist, wählt man natürlich die zweite Option und

- sensibilisiert den Hektiker in einer ruhigen Minute erst einmal für das Problem: »Mir ist aufgefallen, dass ...«,
- gibt ihm möglichst nicht mehrere Aufgaben auf einmal,
- vereinbart mit ihm: »Wenn Sie in Stress geraten, melden Sie sich.«,
- besteht darauf, dass sein Schreibtisch immer aufgeräumt ist. Der ordentliche Volltischler ist davon natürlich ausgenommen. Den

hektischen Volltischler erkennt man daran, dass er oft sucht und selten findet.

- bremst ihn notfalls: »Langsam, Herr Meier. Rom wurde auch nicht an einem Tag erbaut!«

Ausstieg aus hektischen Solo-Spielen

Wer öfters in Hektik gerät, weiß: Wenn man erst mal mitten in der Hektik steckt, ist es fast unmöglich, da wieder herauszukommen. Man hetzt hektisch vor sich hin, ahnt irgendwie schon, dass die Hektik mehr Stress als Ergebnis liefert – aber man kommt nicht mehr raus aus der Zentrifuge. Deshalb ist entscheidend, es gar nicht so weit kommen zu lassen. Das funktioniert durchaus, denn Hektik kommt nie überraschend. Sie bricht nicht über uns herein. Sie kündigt sich an. Deshalb kann man vorbeugen. Eine Ankündigung kennen Sie bereits: Überforderung. Immer dann, wenn wir glauben, eine Situation nicht bewältigen zu können, schaltet sich unser spezieller Antreiber ein. Dieses diffuse Gefühl der Überforderung ist der beste Frühindikator für Antreiber-Stress. Dieser Indikator ist bares Geld wert. Eine Autoverkäuferin sagte mir: »Jedes Mal, wenn mich in einem Verkaufsgespräch dieses mulmige Gefühl beschleicht, denke ich: ›Pass auf, gleich hetzt du wieder den armen Kunden zu Tode.‹« Von den Abschlussprovisionen, die sie dank dieser Frühwarnung verdient hat, hat sie sich neulich ein kleines Cabrio gekauft. Wer schneller denkt als sein persönlicher Antreiber, gerät nicht in Stress.

Ein weiteres Frühwarnzeichen für drohende Hektik sind unsere Körpersignale. Wenn der Atem schnell und flach wird und sich in der Bauchgegend eine Spannung aufbaut, heißt das: Antreiber droht! Wenn man darauf erst mal tief durchatmet und sich zurücklehnt, ist die Hektik schon halb entschärft. Dann tritt man in den inneren Dialog ein, bevor es der Antreiber tut: »Ganz langsam, eins nach dem anderen. Dann kriegst du das auch auf die Reihe.« Nützlich ist auch, wenn man sich fragt: Was bringt die Hektik überhaupt? Wie viele Minuten früher bin ich am Ziel, wenn ich jetzt noch hektisch auf den Spuren der Autobahn hin- und herhüpfe? Machen diese paar Minuten den Kohl fett? Durch gutes Zureden kann man sich selbst zur Vernunft bringen, sofern man es nur ausdauernd und konstruktiv genug macht. Das ist nichts anderes als das Prinzip der Autosuggestion.

3. Antreiber: »Mach's den anderen recht!«

Wer nicht Nein sagen kann, hat's schwer im Leben. Wenn ein Kollege Hilfe braucht, wenn man für einen anderen einspringen müsste, wenn man länger bleiben sollte – der gute Mensch denkt an sich selbst zuletzt und sagt bereitwillig Ja. Was hat er davon? Etwa die Dankbarkeit seiner Mitmenschen? Nein, er hat Stress – denn die eigene Arbeit bleibt liegen, und dann wird einem die Hilfe noch nicht einmal gedankt. Wenn man selbst einmal Hilfe braucht, wird man regelmäßig im Stich gelassen. Auch das stresst, nämlich emotional: Man fühlt sich ausgenutzt. Welche Lehre zieht der hilfsbereite Mensch daraus? Er hilft prompt wieder, sobald der nächste Kollege mit seinem Sonderwunsch kommt. *Wer nicht Nein sagen kann, leidet leicht an Überlastung, hat ständig Stress.*

Das ist den meisten allzu hilfsbereiten Menschen klar. Zumal auch gute Freunde einen immer wieder darauf aufmerksam machen: »Wie du dich ausnutzen lässt! Warum machst du das bloß?« Eigentlich gibt es keinen logischen Grund dafür, aber einen psychologischen: »Ich denke, dass ich den Respekt meiner Leute verliere, wenn ich ihnen nicht aus der Patsche helfe«, sagt ein 42-jähriger Abteilungsleiter. Er hilft nicht, weil er will, sondern weil er angetrieben wird: »Mach's den anderen recht!« Er muss zwanghaft Sonderwünsche erfüllen, so schädlich das für ihn selbst ist. Er glaubt, wenn er ablehnt, wird er abgelehnt. Er denkt, dass er akzeptiert, respektiert und geachtet wird, wenn er es den anderen recht macht. Eine durchaus berechtigte Hoffnung. Leider macht er immer wieder die Erfahrung: Genau das Gegenteil passiert.

Wer zu bereitwillig hilft, ist für die anderen nur nett und nützlich. Respekt verdient man sich jedoch nicht durch nette Nützlichkeit, sondern indem man beispielsweise die eigenen Wünsche artikuliert und auch mal Nein sagt. Wer es anderen immer recht macht, wird nicht respektiert. Das merkt ein angetriebener Mensch meist nach einiger Zeit, aber er zieht den falschen Schluss daraus: »Ich muss mich eben noch mehr anstrengen.« Fortan macht er deshalb nicht nur das, was die anderen von ihm wollen, sondern auch das, was sie von ihm wollen könnten; das Prinzip des vorauseilenden Gehorsams. Das ist allerdings eine herausragende Leistung.

Um nämlich zu wissen, was ein anderer wollen könnte, braucht man eine sehr feine Antenne. Von »Mach's den anderen recht!« angetriebene Menschen haben ein sehr starkes Einfühlungsvermögen. Sie nutzen es jedoch so, dass es ihnen selbst schadet. Nämlich nach dem Motto: »Weil ich den anderen so gut verstehe, muss ich ihm auch helfen.« Ein anderer Mensch kommt erst gar nicht auf diese Idee, weil er sich nicht so gut in andere hineinversetzen kann. Er sieht zwar beispielsweise den gestressten Kollegen, denkt aber bloß: »Na, der rotiert aber gewaltig.« Der angetriebene Mensch sieht das auch, aber weil er sich so gut in den anderen hineinversetzen kann, denkt er: »Oje, der Karl. Seine Frau ist in Kur, die Kinder krank, das Auto kaputt, er muss dringend die nächste Tram erreichen und kommt nicht weg. Der freut sich sicher, wenn ich ihm die Arbeit abnehme, damit er rechtzeitig bei seinen Kindern ist.« Und schon schnappt die Falle zu; man lässt sich wieder ausnutzen. Obwohl Karl vielleicht ganz gut ohne die Hilfe zurechtgekommen wäre.

Das Paradoxe an Mach's-den-anderen-recht-Bürospielen ist der Rollentausch: Man startet als Retter und endet als Opfer. Der hilfsbereite Retter, der dem Kollegen hilft, es dessen Chef recht zu machen, bekommt nun seinerseits Krach mit seinem Chef, weil er seine eigene Arbeit liegen lässt. Die Retterin, die der Kollegin hilft, früher nach Hause zu kommen, um den Krach mit dem Partner zu vermeiden, bekommt nun selbst Krach mit ihrem Partner: »Für alle anderen opferst du dich auf, aber für mich bist du nie da!« So starten meist die äußeren Spiele, die der Antreiber verursacht. Die inneren Spiele starten mit dem Selbstvorwurf: »Eigentlich bin ich ja dämlich. Ständig helfe ich anderen aus dem Schlamassel und lande dadurch selbst im Schlamassel. Bin ich blöd?« Wohlgemerkt: Es ist völlig in Ordnung, anderen zu helfen, auch wenn man dafür selbst zurückstecken muss. Selbstlose Hilfe ist eine edle Tugend, die auch dem Helfer selbst gut tut. ABER: Wenn das *ständig* passiert und *immer* die anderen wichtiger sind, ist das keine Tugend mehr, sondern ein selbstzerstörerisches Laster. Man muss sich von diesem Antreiber befreien.

Der Ausstieg: Die eigenen Wünsche respektieren

Wer sich ständig für andere aufopfert und davon nicht loskommt, kann sich davon lösen, indem er sich für andere aufopfert, und zwar extrem. Die Aufgabe lautet: »Machen Sie's ein Wochenende lang jedem recht!« Das gibt ein heilsames Chaos, weil es einfach nicht funktionieren *kann*. Versucht man es trotzdem, gerät man schnell in den totalen Widerspruch: Der eine will, was der andere gerade nicht möchte. Der therapeutische Effekt setzt ein: Der Antreiber führt zu nichts – am allerwenigsten zum erhofften Respekt der anderen. Das Heilsame an dieser Methode der Übertreibung: Es kommt so dick, dass man sofort merkt, wie unsinnig, stressig und nutzlos der Antreiber ist. Das gibt es im täglichen Leben nicht, weshalb man selten die nötige Lernschwelle erreicht, hinter der die Erkenntnis liegt: Der Antreiber ist eine leere Versprechung.

Auf keinen Fall sollten Sie einem allzu aufopfernden Menschen den guten Ratschlag geben: »Lass dich doch nicht so ausnutzen! Denk mal an dich!« Das kommt einem zwar spontan über die Lippen, nützt aber nichts. Man kann nicht an die Vernunft des allzu Hilfsbereiten appellieren, weil nicht die Vernunft ihn treibt, sondern die Angst, von den anderen nicht akzeptiert zu werden, wenn er nicht hilft. Vom Verstand her sieht der Angetriebene nur allzu deutlich, dass er auf dem Holzweg ist. Aber das ist gerade das Tückische an Antreibern: Sie schalten sich immer dann ein, wenn der Verstand sich ausschaltet. Wer hilft, weil er die Anerkennung anderer braucht, wird vom Antreiber im Stich gelassen. Man wird eben nicht anerkannt, wenn man zu bereitwillig hilft. Also ist der beste Ausweg, sich selbst erst einmal anzuerkennen. Dann benötigt man nämlich die Akzeptanz der anderen nicht mehr zum geistigen Überleben.

Wie lernt man Selbstakzeptanz? In kleinen Schritten. Man sollte nicht gerade am Chef sein erstes Nein ausprobieren. Aber bei Angelegenheiten, die nicht so wichtig sind, und bei Menschen, die einem nicht so nahe stehen und auf deren Akzeptanz man gut und gerne auch mal verzichten kann. Eine 38-jährige Mutter von drei Kindern sagt: »Als unser Sportverein neulich Freiwillige für irgendeine Aktivität suchte, habe ich endlich einmal zuerst an mich gedacht und Nein gesagt.« Das ist das Rezept: Zuerst die eigenen Pläne bedenken, dann über die Hilfe entscheiden und die Auswirkungen beobachten. Die Auswirkungen sind meist das Gegenteil von dem, was man befürchtet. Man verliert nicht Akzeptanz, man gewinnt welche. Als die Mutter nämlich sagte: »An diesem Tag will ich mit meiner Familie in den Zoo«, erwiderte der Vereinsvorstand seufzend: »Ja, das sollte ich auch mal wieder tun – aber ich komme einfach nicht dazu. Viel Spaß auch!«

Wer anderen zu bereitwillig hilft, muss nicht nur lernen, Nein zu sagen. Er muss auch lernen, seine eigenen Wünsche zu artikulieren, anstatt völlig verwinkelte Opferspiele zu benutzen:

– *Person A:* »Oje, wie soll ich bloß das Projektbudget in Grenzkosten berechnen, das habe ich ja noch nie hinbekommen, und dann auch noch bis morgen!«
– *Person B:* »Soll ich dir dabei helfen?«
– *Person A:* »Nein, nein, du hast ja selbst genug zu tun.«
– *Person B:* »Ach, lass mal, Grenzkosten habe ich drauf.«
– *Person A:* »Nein, ich will dir keine Umstände machen.«
– *Person B:* »Aber das ginge doch recht schnell.«
– *Person A:* »Lass nur …«

Ein schöner Eiertanz. Der Angetriebene schont den Partner, weil er dessen Akzeptanz nicht verspielen will, und verliert sie genau deshalb: »Was will er nun? Er jammert, aber helfen darf ich ihm nicht! Der weiß doch nicht, was er will!« Der Angetriebene muss erst lernen, wie man Wünsche – zuerst kleine, dann schrittweise größere – klar und deutlich artikuliert. Das Problem dabei ist, dass allzu hilfsbereite Menschen nicht wissen, wie man Wünsche anmeldet: »Ich kann doch nicht einfach sagen ›Das will ich!‹ Das wirkt doch unverschämt!« Sie glauben, ein direktes Hilfegesuch sei aufdringlich oder anmaßend. Da sie immer nur das Beste der anderen im Auge haben, halten sie schon die kleinste Bitte für total überzogen. Dieser Glaube ist falsch – aber das sagt dem Hilfsbereiten keiner! Wer seinen lästigen Antreiber loswerden will, muss sich dieses Feedback selbst einholen: »Du, sag mal, war das eben eine etwas überzogene Bitte?« Dann passiert nämlich meist etwas Überraschendes: »Überzogen? Im Gegenteil. Endlich sagst du mal, was du willst. Ich dachte schon, aus dir werde ich nie schlau.« So lernt der Getriebene allmählich, dass offen artikulierte Wünsche nicht Ablehnung, sondern ganz im Gegenteil Akzeptanz auslösen.

Mein Chef macht's allen recht

Ist das nicht toll? Ein Chef, der es jedem recht macht. Das ist doch zur Abwechslung mal etwas Angenehmes. Ich hatte früher einen solchen Chef. Da sein Antreiber ihn permanent auf Retterspiele schickte, hatte er immer ein offenes Ohr für uns, mit jeder Frage konnten wir zu ihm kommen, und nicht selten löste er unsere Probleme dann selbst. Wer eine unangenehme Aufgabe hatte, delegierte sie einfach per Opferspiel zurück:

- *Angestellter:* »Oje, Chef, ich komme mit diesem Projekt überhaupt nicht klar.«
- *Chef:* »Na, gib mal her, mein Sohn.«

Das war ein großer Vorteil. Doch da der Retter in führender Position saß, überwogen die Nachteile. Wer führt, muss entschlossen voranschreiten können. Unser Chef tat das nicht. Einige Kollegen hatten noch nicht einmal ein eigenes Büro und mussten für Gespräche mit Klienten immer in Gemeinschaftsräume ausweichen. Unser Chef konnte die längst überfällige Forderung nach neuen Räumen gegenüber der Geschäftsleitung nie mit der nötigen Entschlossenheit durchsetzen. Er gab zu schnell nach. Denn er wollte es allen recht machen. Das führte zum Chaos. Da keine Arbeitsgruppe ein Machtvakuum toleriert, übergingen einzelne Kollegen einfach den Chef und holten sich ihr eigenes Büro direkt bei der Geschäftsleitung ab. Die anderen Kollegen reagierten sauer und konkurrierten bald um die geheime Führungsposition in der Abteilung – da der Chef nicht entschlossen genug führte.

Chefs mit Antreiber »Mach's den anderen recht!« treten zwar selten auf, doch wenn sie auftreten, hilft eines nicht: »Nun sprechen Sie
mal ein Machtwort, Chef!« Man kann den Chef nicht ändern. Aber
sich auf ihn einstellen. Indem man eigene Forderungen knallhart
anbringt: »Ich will 60 Gigabyte, sonst läuft das hier nicht.« Wenn der
Wunsch im Spielraum des Chefs liegt, gibt er nach, da er es Ihnen recht
machen will. Liegt der Wunsch außerhalb seiner Befugnis, dann nehmen Sie Ihr Geschick selbst in die Hand und sprechen mit dem nächst-
höheren Vorgesetzten.

Der wachsweiche Kollege

Fein, wenn man einen Kollegen hat, der hüpft, wenn man »Spring!«
sagt. Leider hat so ein gefügiger Kollege auch Nachteile. Er kann nie
klar Stellung beziehen, er bringt keine Ordnung in sein Arbeitsteam,
er kann nicht auf den Tisch hauen und offen Grenzen setzen. Als
Team- oder Projektleiter ist so ein Angetriebener eine Enttäuschung
für jeden Vorgesetzten – und eine Qual für Partner oder Kollegen.

Ein Ingenieur erzählte mir, dass er einem Kollegen bei der Einrich-
tung seines neuen CAD-Programms habe helfen wollen. Der Kollege
meinte: »Danke, lass mal, du musst dich doch noch um deine Vorkal-
kulation kümmern.« Der Ingenieur kümmerte sich darum und wun-
derte sich dann irgendwann, dass der Kollege stöhnend vor seinem PC
saß und klagte: »Hier juckt es doch keinen, wenn man ein Problem
hat!« Von »Mach's allen recht!« Angetriebene sind so unklar in ihren
Wünschen, dass man nie weiß, woran man mit ihnen ist. »Könntest du
mir am Donnerstag mit der Projektierung helfen? Das wäre nett, ist
aber nicht so wichtig.« Was denn nun? Für einen guten Kollegen erle-
dige ich gerne eine wichtige Angelegenheit, aber ist sie nun wichtig
oder nicht? Man hat schließlich auch anderes zu tun.

Man kann mit einem klaren Nein leben, aber nicht mit diesem ständigen »Ja schon, aber auch wieder nicht«. Man weiß nicht, woran man
bei ihm ist, weil der Angetriebene keine klare Aussage macht. Hier
funktioniert der Ansatz des gesunden Menschenverstandes, um den
Antreiber auszuhebeln. Man fragt einfach direkt und unverblümt:

- *Kollege A:* »Moment mal, sag mir, was du wirklich willst. Soll ich helfen oder nicht?«
- *Kollege B:* »Ja schon, aber so wichtig ist es auch nicht.« (Es ist ähnlich wie beim Spielabbruch: Man muss den Köder mehrmals zurückweisen.)
- *Kollege A:* »Sag mir, was du dir wünschst: Möchtest du, dass ich dir helfe oder möchtest du nicht?«
- *Kollege B:* »Also, weißt du ...«
- *Kollege A:* »Ja oder nein?«
- *Kollege B:* »Ja, gut, bitte hilf mir.«
- *Kollege A:* »Schön, das mache ich gerne. Wenn ich dir wirklich damit helfen kann, dann tu ich das sehr gern.«

Wer einen hartnäckigen Fall vor sich hat, kann auch eine versteckte Drohung einbauen: »Ist es nun wichtig oder nicht? Sonst mache ich nämlich jetzt meine eigene Arbeit, und wenn ich damit mal angefangen habe, kann ich dir nicht mehr helfen.«

Dieser pädagogische Druck hilft dem Getriebenen, die Hilfe, die er eigentlich will, anzufordern. Wenn man diese Art des Spielabbruchs bei mehreren aufeinander folgenden Spielen anwendet, lernt der Spieler, seine Wünsche gleich klar zu artikulieren. Vor allem, weil er dafür mit Hilfe und Akzeptanz statt mit ärgerlicher Zurückweisung belohnt wird.

4. Antreiber: »Streng dich an!«

Es ist äußerst verdächtig, wenn einer klagt: »Dieser Job frisst mich noch auf!« Natürlich gibt es Jobs, die einem das Letzte abverlangen. Suspekt sind Zwölf-Stunden-Tage jedoch, wenn der Klagende in einsamer Geschäftigkeit den Schreibtisch hütet, während seine Kollegen schon längst das Büro verlassen haben. Man merkt sofort: Da stimmt was nicht. Nicht die Arbeit macht den Stress, sondern die Art, wie sie gemacht wird, nämlich nach dem Motto: »Streng dich an!«

Wer diesem Antreiber folgt, reagiert in unsicheren, bedrohlichen Situationen auf den ersten Blick ganz vernünftig: Er kniet sich voll rein, zeigt totalen Einsatz und gibt alles. Man könnte meinen, dass dies genau die richtige Strategie ist, um bedrohliche Situationen zu meistern. Aber das täuscht. Als in einem norddeutschen Verlag vor kurzem verlangt wurde, dass die Lektoren ihr eigenes Jahresbudget aufstellen, reagierten viele verunsichert: Als Germanist kennt man sich kaum mit BWL aus. Diese Unsicherheit war der ideale Nährboden für Antreiber. Eine Lektorin wälzte prompt »Die Grundsätze der Budgeterstellung« und stimmte danach stundenlang ihren Vorschlag mit den einschlägigen Lehrbuchregeln ab. Ihr Kollege tippte dagegen in zehn Minuten seine geplanten Projekte mit deren geschätzten Kosten auf ein Blatt Papier und reichte das ein. Beide Vorschläge wurden akzeptiert. Beide Arbeitsstile brachten denselben Erfolg, aber der eine brachte zusätzlich noch ziemlichen Stress.

Wer von »Streng dich an!« getrieben ist, reagiert in Notsituationen falsch: Er gibt erst mal alles. Dass man unsichere Situationen auch locker, leicht und schnell meistern könnte, vergisst man, sobald das Adrenalin fließt. Denn der Autopilot wurde früh auf: »Streng dich an!« programmiert. Ich selbst war in der Schule nicht der Beste. Also verdonnerte mich meine Mutter dazu, täglich von 15 bis 18 Uhr kräftig zu büffeln. Weil das nicht nach meinem Geschmack war, setzte ich mich zwar täglich drei Stunden auf den Hosenboden, hatte aber unter der Tischplatte Karl May auf den Knien. Davon wurden meine Noten nicht besser, doch als meine Mutter meinte: »Na, wenigstens strengt er sich jetzt an«, lernte ich, dass nicht die Schulnote (Output), sondern allein schon die Mühe (Input) als Erfolg zählt. Damit war mein Autopilot auf »Streng dich an!« programmiert.

Wer von »Streng dich an!« getrieben wird, zielt auf die falsche Scheibe: auf Aufwand statt Ertrag. Je mühseliger eine Arbeit ist, desto besser. *Mühsal wird zum Ersatz für echten Erfolg.* Um quasi erfolgreich zu sein, gestaltet der Angetriebene deshalb die einfachsten Arbeiten umständlich und aufwändig – denn er möchte erfolgreich sein. Umgekehrt zählt für ihn Misserfolg nicht allzu schwer, wenn er sich nur tüchtig angestrengt hat: »Wenn man alles gegeben hat, ist Scheitern nicht schlimm.« Mag sein, doch wenn man nur deshalb scheitert, weil man alles gibt? Viele Dinge misslingen, wenn man verkrampft ist: Tennisspielen, Sex, Präsentieren, Einschlafen, Kunden beraten … Doch das Gelingen interessiert den Getriebenen nicht. Er interessiert sich für die Anstrengung. Er fühlt sich erst wohl, wenn er zwölf Stunden lang alles gegeben hat – ob dabei etwas herauskam, ist zweitrangig. Danach fühlt er sich zwar fix und fertig, doch er hat wenigstens das Gefühl, das Richtige getan zu haben, und das ist zumindest ein innerer Erfolg. Um dieses Erfolgserlebnis so oft wie möglich zu haben, gönnt sich der vom Streng-dich-an-Antreiber Besessene keine Pause, sondern gestaltet sein Leben zu einer kaum unterbrochenen Folge äußerster Anstrengungen.

Das hält niemand auf die Dauer aus. Irgendwann verschleißt der Apparat: Bluthochdruck, Hämorrhoiden – da man ständig »unter Druck« steht. Herzprobleme – weil man sich immer alles so zu Herzen nimmt. Erschöpfungszustände, Burnout – weil man sich zu lange verausgabt hat. Die Kliniken sind voll von Menschen, die auf allerlei Zivilisationskrankheiten behandelt werden, aber eigentlich an »Streng dich an!« leiden.

Diese Tendenz, das ganze Leben zu dominieren, ist übrigens allen Antreibern gemein. Antreiber schalten sich immer in brenzligen Situationen ein, aber nicht ausschließlich in solchen. Nein, um gar nicht erst in eine brenzlige Situation zu kommen, sind Angetriebene lieber gleich 24 Stunden am Tag

- perfekt,
- hektisch,
- anderen dienlich,
- ungeheuer angestrengt,
- hart bis zur Selbstverleugnung.

Das heißt, wer unter einem Antreiber leidet, leidet ständig. Es kommt noch schlimmer. Da jeder Mensch über zwei bis drei Antreiber verfügt, die quasi in seiner Software fürs tägliche Leben ständig aktiv geschaltet sind, findet er für jede Situation den passenden Antreiber. Manchmal sogar zwei. Wer beispielsweise »Streng dich an!« und gleichzeitig »Sei perfekt!« gehorcht, der muss sich verausgaben, darf aber niemals zufrieden mit seiner titanenhaften Anstrengung sein. Wer aufopfernd und gleichzeitig hektisch sein muss, muss seinen übermenschlichen Einsatz auch noch in Rekordzeit erbringen – da geht die stärkste Konstitution kaputt.

Abschied von »Streng dich an!«

Es gibt Manager, die merken lange Zeit noch nicht einmal, dass sie sich kaputtmachen. »Qualität kommt von Qual« verkündet eine vierfarbige doppelseitige Anzeige eines deutschen Stahlkonzerns im Frühjahr 1998. So rechtfertigen sich Leute, die sich selbst ausbeuten. Natürlich merkt man irgendwann, dass mit diesem Lebensmotto irgendetwas nicht stimmen kann. Ständig fühlt man sich ausgepumpt und geistig erschöpft. Andererseits gibt einem die ständige Höchstleistung auch einen ungeheuren Kick. Deshalb ist man hin- und hergerissen: »Mann, das war ja wieder eine knallharte 60-Stunden-Woche!« (im Brustton des Stolzes) und Minuten später: »O Gott, was war das wieder für eine knallharte 60-Stunden-Woche!« (Tendenz zur Opferrolle). Manchmal schwingt auch beides mit: Man bewundert sich selbst und leidet gleichzeitig unter der geistigen und körperlichen Auszehrung. Lange hält das kein Mensch aus. Das ahnt der Getriebene auch, aber er kann seinen Autopiloten nicht abschalten. Der Geschäftsführer eines Autohauses verriet mir:

– *Geschäftsführer:* »Ich schaffe es noch nicht einmal, täglich eine halbe Stunde Mittagspause zu machen. Ich arbeite beim Kauen.«
– *Autor:* »Woher haben Sie denn das?«
– *Geschäftsführer:* »Weiß nicht, schon mein Vater hat so gearbeitet.«
– *Autor:* »Und warum hat er das getan?«
– *Geschäftsführer:* »Damit ich es einmal besser habe – oh!«

Da wurde dem Geschäftsführer einiges klar. Wenn man den Antreiber geduldig genug und mit etwas gesundem Menschenverstand hinterfragt, kann man zur Einsicht gelangen.

Wer den Ausstieg aus »Streng dich an!« verpasst, ist ein Krankenblatt auf Abruf. Denn »Streng dich an!« legt es darauf an, dass der Organismus irgendwann wegen Überanstrengung ausbrennt. Niemand kann sich pausenlos anstrengen, ohne die Batterien aufzuladen. Es sei denn, er benützt die chemische Schnellladung. Der Assistent eines Konzernvorstandes, Mitte 30, dem ich in der Kaffeeküche eines Seminarraumes begegnete, schluckte schon zur Mittagszeit eine Hand voll »Managerpillen« mit einer Selbstverständlichkeit, als seien es

Smarties. Loslassen ist ein physiologisches Gebot, doch von »Streng dich an!« Getriebene können nicht entspannen, erholen, die Seele baumeln lassen. Sie haben ein schlechtes Gewissen, fühlen sich unwohl, wenn sie sich nicht anstrengen. Selbst im Urlaub erholen sie sich nicht, sie machen »Aktivurlaub«, damit sie erzählen können: »Heute in sengender Hitze sechs Stunden Tennis gespielt. Was für ein Schlauch! Einfach fantastisch!«

Entweder man beendet seine Sturm-und-Antreiber-Zeit auf dem Operationstisch, oder man steigt rechtzeitig aus. Indem man, wie es der Autohaus-Chef oben tat, über sich nachdenkt, die eigenen Glaubenssätze überprüft oder sich Feedback verschafft. Da man nicht auf seine innere Stimme hören darf, weil die ständig »Streng dich an!« predigt, muss man auf die Stimmen der Umwelt hören. Und selbst die kälteste menschliche Umwelt sagt irgendwann: »Du hältst dir viel zu viel auf. Übernimm dich nicht ständig! Tritt mal kürzer. Gönn dir ein bisschen Ruhe.« Ruhe? Das erschreckt den Getriebenen. Denn nur wenn er sich anstrengt, ist seine Welt in Ordnung. Wenn er dagegen der Ruhe pflegt, ist sie nicht in Ordnung – denn in Ruhe fehlt die daseinslegitimierende Anstrengung. Getriebene haben Angst vor der Ruhe. Dieser Angst müssen sie sich stellen, wenn sie sie überwinden wollen. *Das, wovor man sich fürchtet, muss man anpacken.*

Ein befreundeter Kollege erteilte einer Gruppe aus von unterschiedlichen Verboten und Antreibern Geplagten einmal hilfreiche Aufgaben. Der eine musste mit Klötzchen spielen, der andere das Klo putzen, der Dritte einen Spaziergang machen. »Was? Einen Spaziergang?«, fragte der von »Streng dich an!« Getriebene entsetzt, »kann ich nicht lieber das Klo putzen?« Von »Streng dich an!« Getriebene müssen Ruhe lernen wie andere Leute Tennisspielen. Sie müssen lernen zu entspannen (beispielsweise mit Entspannungstechniken), ganz ohne Leistungsdruck ins Museum oder die Oper zu gehen, einfach mal faul auf dem Sofa zu liegen. Dabei machen sie erstaunliche Entdeckungen: Nach einer Erholungspause fühlt man sich besser und kann viel effektiver arbeiten! Mit eingestreuten Erholungspausen hat man mehr Spaß am Leben und an der Arbeit. Und damit wächst die Bereitschaft, sich die nötige Ruhe zu gönnen.

Viele von »Streng dich an!« Getriebene schaffen den Ausstieg, indem sie sich Gedanken über ihre eigene Erfolgsdefinition machen: Was zählt wirklich als Erfolg – die Anstrengung oder das Ergebnis? Worauf kommt's an – auf das, was ich an Arbeit reinstecke, oder was unterm Strich rauskommt? Was wiegt schwerer – Ergebnis oder Aufwand? Out- oder Input? Sobald die Antworten auf diese Fragen den gesunden Menschenverstand wieder einschalten, wird der automatische Antreiber abgeschaltet. In hartnäckigen Fällen empfehle ich, sich in eine paradoxe Situation zu bringen: Strengen Sie sich mit vollem Einsatz an, es sich leicht zu machen! Das ist eine Aufgabe, die ganz dem Antreiber entspricht, ihn aber gleichzeitig ausknipst – eine schöne Paradoxie. Teil der Aufgabe könnte es zum Beispiel sein, den Tagesablauf konsequent mit Erholungspausen und Puffern zu planen und sich unter vollem Einsatz daran zu halten.

Ganz nützlich ist es auch, wenn man der inneren Antreiberstimme eine vernünftige Stimme gegenüberstellt, indem man ein Motto wählt, das man sich bei drohender Antreiberaktivierung vorsagen kann, etwa:»Das Ergebnis zählt, nicht die Anstrengung!« Und auch wenn es zu spät ist, ist es nicht zu spät. Wenn der Antreiber wieder mal zugeschlagen hat und man vor sich oder anderen prahlt:»Bah, was hab ich wieder alles geschafft!«, bringt man sich wieder selbst zur Vernunft, indem man sich Fragen stellt wie: War der Aufwand überhaupt nötig? Wie viel davon war nötig und was nicht? Und wie packe ich dementsprechend die nächste Aufgabe an?

Chefs, die keinen Spaß kennen

Management gilt auch als Kunst des Unterlassens. »Manager werden dafür bezahlt, dass sie andere für sich arbeiten lassen«, sagt US-Wirtschaftsguru Warren Bennis. Genau das können von »Streng dich an!« getriebene Vorgesetzte nicht. Sie managen nicht, sie machen. Sie müssen alles selbst erledigen, sie können nicht delegieren. Ihr Antreiber treibt sie in die Retterrolle: Sie regieren überall rein. Das hat den Vorteil, dass man als gewiefter Untergebener ungeliebte Aufgaben rückdelegieren kann, indem man sich einfach »retten« lässt. Ein Hilfe suchender Blick, und schon kommt der Retter herbei. Denn die Rettungsaktion gibt ihm Gelegenheit, sich anzustrengen. Dieser bemitleidenswerten Selbstorganisation verdanken viele Management-Mythen ihre Entstehung: »Wer vor 19 Uhr das Büro verlässt, taugt nicht als Manager!« »Als Manager hat man eben eine 60-Stunden-Woche!« Nein, nicht als Manager, sondern als Getriebener. Solche Sprüche sind keine Managementweisheiten, sondern legen vielmehr den Verdacht auf Antreiber nahe.

Von »Streng dich an!« getriebene Chefs sind morgens die Ersten im Büro und abends die Letzten, die gehen. Sie arbeiten an Wochenenden und nehmen kaum Urlaub. Wenn sie urlauben, nehmen sie sich Arbeit mit. Wenn sie Ausgleichssport betreiben, betreiben sie Hochleistungssport. Von Ausgleich keine Spur: »Erst wenn es wehtut, ist es Sport!« »Ich trainiere hart oder ich lass es ganz!« Wenn der Arzt dann auf den drohenden Herzinfarkt hinweist, wenden diese Freizeit-Olympioniken empört ein: »Aber ich treibe doch regelmäßig Sport!«

Andererseits kann ein Chef, der immer alles selbst machen muss, nicht delegieren und steuern, weil das eben keine Mühe macht und deshalb keine »richtige Arbeit« ist. Er regiert ständig in die Verantwortungsbereiche seiner Mitarbeiter hinein und annektiert deren Aufgaben. Von »Streng dich an!« getriebene Manager managen nicht, sie machen die Arbeit ihrer Mitarbeiter. Zu allem Überfluss brüsten sie sich auch noch mit dieser Fehlorganisation der Arbeit: »Habe wieder die ganze Nacht durchgearbeitet!« Warum denn nur? Ein Chef, der sich überanstrengt, hat noch einen Nachteil: Er lädt nicht nur sich, sondern auch seiner Abteilung mehr Arbeit auf, als gesund ist. Damit sich alle ordentlich anstrengen können. Denn natürlich misst er auch seine Mitarbeiter an seinen übertriebenen Maßstäben. Und er kompliziert einfache Dinge unnötig, damit man sich schön anstrengen kann.

Wer beispielsweise mit einem Problem zu einem angestrengten Chef kommt, aktiviert prompt dessen Rettertrieb. Der Chef versucht, es dem Hilfe Suchenden in allen Belangen recht zu machen und verkompliziert durch seinen Retter-Überschwang das ursprüngliche Problemchen so, dass es zur gewaltigen Schwierigkeit anwächst. Ein Entwickler zum Beispiel hatte ein Problem mit der Fußnotenformatierung in Word und wandte sich kurz an seinen Gruppenleiter: »Wie geht das noch mal mit der Formatierung?« Der Gruppenleiter ließ sofort alles stehen und liegen und entdeckte erst einmal, dass »Ihre Befehlsleiste ja gar nicht stimmt«, weshalb er auch gleich das Betriebssystem Windows optimieren wollte, es dabei zum Absturz brachte und so aus einem Zehn-Sekunden-Problem einen zehnminütigen, absoluten Arbeitsstillstand machte. Selbst wenn das Retterspiel nicht zu technischen Zusammenbrüchen führt, dem nervlichen ist man oft ziemlich nahe. Denn der Getriebene versucht so angestrengt zu helfen, dass er fünf Dinge gleichzeitig denkt, sagt und anpackt. Es ist mühsam bis qualvoll, ihm zuzuhören, weil man sich ständig fragt: »Wovon redet er denn eigentlich?« Der Vorgesetzte redet so lange, bis das Problem nicht geklärt, sondern alle Klarheiten beseitigt sind. Wie man sich daraus löst, ist klar: Wenn man das nächste Mal Hilfe braucht, wendet man sich tunlichst an jemand anderen.

Etwas problematischer gestaltet sich der Spielausstieg beim Angreiferspiel. Ein häufiges, von »Streng dich an!« verursachtes Angreiferspiel der Härte 1 läuft beispielsweise wie folgt ab. Sie verlassen um 17 Uhr das Büro. Auf dem Gang begegnen Sie dem Chef, der spitz fragt: »Haben Sie einen halben Tag Urlaub genommen?« Sie ärgern sich zwar, doch ist das auch schnell wieder vergessen. Einen Grad härter läuft das Spiel zum Beispiel vor versammelter Mannschaft im Abteilungsmeeting ab: »Dass Sie Ihr Arbeitspaket noch nicht fertig haben, wundert mich nicht. Sie gehen ja auch immer schon um 17 Uhr.« Der Absolutbegriff »immer« ist reine Spieltaktik, denn ausgerechnet am einzigen Tag, an dem Sie vor 18 Uhr das Büro verließen, hat der Chef Sie mal »ertappt«. Doch vor versammelten Kollegen wiegt diese Verzerrung der Tatsachen doppelt verletzend. Noch gravierender ist so ein Spielchen, wenn der Chef sein Leiden zum Maßstab erhebt: »Von einer Projektleiterin erwarte ich, dass sie nicht vor 20 Uhr das Büro verlässt. Sonst kann ich nicht die richtige Arbeitseinstellung erkennen.« Das ist die unverhohlene Drohung mit einer Kündigung, über die jedes Arbeitsgericht nur lachen würde – der Bedrohte meist nicht. Vor allem Sekretärinnen leiden unter solch abstrusen Knebelungen: »Ich sitze von fünf bis sieben eigentlich nur rum und lese Zeitschriften«, klagt eine Betroffene, »die Arbeit ist erledigt, und der Chef braucht mich nicht mehr – trotzdem lässt er mich nicht gehen.« Wenn es über solche Spiele zur Abmahnung, Kündigung oder verweigerten Beförderung kommt und sich Betriebsrat oder Arbeitsgericht einschalten, ist Härtegrad 3 erreicht: Man sieht sich vor Gericht.

Wie reagiert man auf solche Attacken? Meist falsch. Man ärgert sich und schluckt den Ärger runter. Der eine oder andere versucht auch, vernünftig mit dem Chef zu reden: »Chef, ich habe auch noch eine Familie.« Das ist leider der falsche Spielzug, denn damit ist man mitten im Spiel, und der Antwortzug folgt sofort: »Wenn Sie mehr Zeit für Ihre Familie brauchen, sollten Sie vielleicht daran denken, sich arbeitslos zu melden«, sagt der Chef, der seine Familie noch nie zwei Stunden am Stück gesehen hat, kurz vor der Scheidung steht, von seinen Kindern nur noch »der Workaholic« genannt wird und das natürlich alles nur auf sich nimmt, »damit meine Familie es einmal besser hat als ich«. Wer dem Ruf des Antreibers folgt, ist mit vernünftigen Maßstäben nicht mehr zu messen.

Neben Ärgern und Schlucken ist eine dritte Anpassungsstrategie die Angleichung an den Aggressor: Man übernimmt einfach den aufgezwungenen Antreiber, beschafft sich unnötige Arbeit und bleibt bis 20 Uhr. Dann leidet man wenigstens nicht mehr unter den Angreiferspielen des Chefs. Leider ist diese Anpassung mit großen Opfern verbunden. Es ist ungefähr so, als ob man mit dem Trinken anfängt, nur um einen Trinker besser ertragen zu können. Man tut sich damit keinen Gefallen. Weniger schädlich ist die taktische Anpassung, die von recht vielen Mitarbeitern getriebener Vorgesetzter praktiziert wird. Sie bleiben zwar so lange, wie der getriebene Chef das für richtig hält, aber da ein vernünftig organisierter Mensch sein Tagespensum spätestens bis 18 geschafft hat, surfen sie eben noch zwei Stunden im Internet, verschicken dutzendweise E-Mails, erledigen Privatangelegenheiten oder telefonieren mit Freunden, die ebenfalls irgendwo in der Republik wegen eines antreibergeschädigten Chefs im Büro festsitzen. In so einem Betrieb traut sich auch keiner mehr, richtig Urlaub zu machen. »Wer bei uns drei Wochen beantragt«, sagt ein Elektrotechniker, »kann gleich den Hut nehmen.«

Wenige trauen sich, konsequent um 17 Uhr zu gehen. Diese wenigen müssen die ständigen Attacken des Vorgesetzten und die Sticheleien der »umgefallenen« Kollegen ertragen. Einige haben daraus schon ein Konterspiel entwickelt. »Ich habe ein halbes Dutzend

Returns auf Lager«, sagt eine Bürokauffrau und passionierte Tennis-spielerin, »wenn mich ein Kollege anmacht.« Der zahmste ist: »Ich arbeite eben schneller als du, da kann ich auch früher gehen.« Diese Strategie verlangt eine hohe Selbstsicherheit, eine gute Arbeitsleistung (damit man sich's leisten kann, »früher« zu gehen) und etwas Einzel-kämpfermentalität. Denn beliebt macht man sich damit nicht. Wer damit leben kann, lebt glücklich mit dieser Strategie. Wer nicht, der sollte das Spiel am besten zum Schein mitspielen. Das heißt, zwar zunächst so lange bleiben, bis der getriebene Chef zufrieden gestellt ist – aber langfristig Abteilung oder Firma wechseln.

»Streng-dich-an!« unter Kollegen

Kollegen, die sich immer auf das Äußerste anstrengen, können sehr beschwerlich sein. Ein Projektleiter erzählt: »In unserem Team sind drei Kollegen, die diskutieren alle Eventualitäten stundenlang mit unglaublichem Einsatz aus. Als in der letzten Sitzung zu den mutmaß-lichen Ergebnissen einer Fertigungskontrolle so eine Endlosdiskus-sion begann, stand ein anderer Kollege auf, ging in sein Büro, machte einen Telefonanruf, kam zurück und sagte: ›Ihr könnt euch jede wei-tere Diskussion sparen. Ich sprach eben mit der Fertigung. Die Ergeb-nisse liegen vor. Wollt ihr sie sehen?‹ Die Kollegen reagierten darauf mit Entsetzen!« Sie konnten das schnelle und exakte Ergebnis nicht akzeptieren, weil es nicht unter Qualen erreicht wurde, weshalb sie sofort ein Angreiferspiel anzettelten: »Wie kannst du nur so ober-flächlich sein? Du glaubst wohl, das lässt sich mit einem Telefonanruf erledigen!« Logisch, warum auch nicht?

Leicht und locker erzielte Erfolge halten von »Streng dich an!« getriebene Kollegen für unseriös, oberflächlich und mangelhaft. Sie würden das Geheimnis ewiger Jugend, satten Reichtums und strah-lender Schönheit empört verwerfen, wenn es ihnen auf dem Silbertab-lett präsentiert würde – es wäre ihnen zu einfach gewonnen. Und was einfach ist, kann nicht gut sein. Erfolg liegt nur in Schweiß und Pein. »No pain – no gain.« Kein Schmerz, kein Gewinn. Das ist der Wahl-spruch der von »Streng dich an!« Getriebenen: Sie quälen sich gern.

Der bekannte Autor und Management-Guru Tom Peters setzt dem entgegen: »Arbeit sollte mehr Spaß machen als Spaß.« Streuen Sie diesen Ausspruch versuchsweise mal in eine Unterhaltung ein – wie schnell sich doch die Angetriebenen entlarven! Und wie viele es sind!

Von »Streng dich an!« getriebene Kollegen sind gefährlich für jedes Unternehmen. Sie machen ständig Überstunden, schaffen dabei aber nicht mehr als ihre Kollegen, weil sie jede Aufgabe unnötig komplizieren und so für dasselbe Ergebnis doppelt so lange brauchen. Dazu tönen sie auch noch: »Schau dir mal mein Überstunden-Konto an!« Dahinter schwingt die Botschaft: »Dann merkst du, wer ich bin!« Ja, nämlich ein Mensch, der seinen Job nicht im Griff hat. Solchermaßen Angetriebene können einem leidtun. Hüten Sie sich davor, ihnen zu helfen. Denn wenn man mitleidig einwendet: »Denk nicht so kompliziert – das geht doch auch einfacher«, kontert der getriebene Kollege: »Spinnst du? So schlampig arbeite ich nicht!« Einer, der sich anstrengt, macht keine halben Sachen, und wenn Sie ihn konfrontieren, könnten Sie ganz schnell in ein Bürospiel verwickelt werden: »Schlampig? Hast du sie noch alle? Ich will dir doch nur helfen!« Wie macht man es besser?

Es ist schwierig, mit getriebenen Kollegen zusammenzuarbeiten. Sie machen aus jeder Mücke einen Elefanten, »aber mit Sattel, Sänfte und Baldachin«, wie eine geplagte Direktrice seufzt. Da hilft nur eines. Man muss den Kollegen daran hindern, die Mücke aufzublasen. Indem man beispielsweise verbindlich das gemeinsame Vorgehen plant, und zwar so einfach wie möglich, zum Beispiel: »*Erstens* – wir befragen drei Kunden. *Zweitens* – wir schreiben die Ergebnisse zusammen. *Drittens* – wir legen das Dokument der Projektleitung vor.« Diese einfache Struktur bietet kaum Möglichkeiten für Extratouren. Deshalb wird der getriebene Kollege sofort kontern, beispielsweise per Ja-aber-Spiel: »Aber wir brauchen noch viertens bis siebtens!« Meist findet er dafür ganz plausible Gründe: »Wir müssen auch die Geschäftsleitung informieren, und wir müssen die Ergebnisse grafisch aufbereiten!« Das sind keine Gründe, das sind Köder. Wer sie schluckt, fällt einer erstaunlichen Krankheit zum Opfer. Er hat sich am Antreiber des Kollegen angesteckt! Das gilt übrigens für alle Antreiber: Sie sind ansteckend.

Wenn man sich vor der Ansteckung schützen will und den Kollegen »glatt bügelt« – »Wir haben einfach keine Zeit für viertens bis siebtens!« –, greift dieser umso härter an: »Wie? Und dabei haben wir noch nicht mal über achtens bis zweiundzwanzigstens geredet!« So funktioniert der Spielausstieg nicht. Es ist besser, man nimmt ihm den Wind aus den Segeln. Indem man seine abstrusen Vorschläge ernst nimmt, schriftlich festhält und dann zurückstellt auf einen späteren Zeitpunkt. Damit zieht der Getriebene quasi einen Wechsel auf seine Anstrengungen, den er später einlösen kann – wenn wir die Aufgabe abgeschlossen und vorgelegt haben und er uns nicht mehr unnötig aufhalten kann.

Keinesfalls sollten Sie versuchen, den getriebenen Kollegen zu verstehen, wenn dieser wegen seiner krampfhaften Anstrengung in Schleifen und Sprüngen denkt und redet. Davon bekommt man nur Kopfweh – und spätestens dann, wenn der Schmerz hinter der Stirnplatte pocht, weiß man: Das Virus ist übergesprungen! Man hat sich so angestrengt, den Angestrengten zu verstehen, dass man jetzt selbst von »Streng dich an!« getrieben ist. Besser ist es, dem Kollegen einfach zu sagen: »Entschuldige, aber ich blicke nicht mehr durch. Sag mir doch bitte in einem Satz, was du meinst.« Dann kann der Kollege sich plötzlich kurz fassen: »Ich meine doch nur ...«

Nicht nur für »Streng dich an!«, sondern für alle Antreiber gilt: *Hüten Sie sich vor Ansteckung!* Je tiefer Sie nämlich in das Bürospiel des Getriebenen hineingeraten, desto genervter werden Sie und desto eher schaltet sich Ihr eigener Antreiber ein, oder der des anderen springt über. Und dann startet man plötzlich selbst ein Angreiferspiel: »Du machst immer alles so kompliziert! Kannst du nicht denken wie ein normaler Mensch?« Jetzt ist die Sitzung beziehungsweise der Arbeitstag gelaufen. Entweder die gegenseitigen Angriffe eskalieren so, dass man nichts Produktives mehr erreicht und stundenlang nicht mehr vernünftig miteinander redet. Oder der Getriebene schnappt ein und wechselt schmollend in die Opferrolle: »Ich will es doch nur ordentlich machen! Aber ihr versteht mich eben nicht!« Und darauf folgt ein neues Spiel: Man muss das Opfer mühsam und zeitintensiv aus seiner Schmollecke herausholen – was die Sache noch viel anstrengender macht: Der Antreiber »Streng dich an!« hat wieder gewonnen.

Der Donald-Duck-Effekt

Man sieht es als Führungskraft gern, wenn die Mitarbeiter sich ins Zeug legen. Doch wenn sie's übertreiben, geht der Schuss nach hinten los. Haben Sie auch einen Donald Duck in der Abteilung? Einen, der sich mit viel Getöse immer ungeheuer ins Zeug legt und dann mächtig auf die Nase fällt? Mitarbeiter, die von »Streng dich an!« getrieben sind, machen jede Arbeit dreimal, bevor sie sie abliefern, und arbeiten viel zu umständlich. Hat der Mitarbeiter Kundenkontakt, laufen die Kunden scharenweise davon. Der Mitarbeiter meint es so gut mit ihnen, »dass er sie bewusstlos berät«, wie es ein Verkaufsleiter sarkastisch ausdrückte. Der Verkäufer meint es zwar gut, aber er treibt die Kunden mit seiner Kompliziertheit zur Verzweiflung, beziehungsweise zur Konkurrenz. Er macht sich viel Mühe, aber nicht so, dass es dem Kunden hilft.

Da nützt es auch nichts, wenn sein Vorgesetzter ihm sagt: »Denken Sie doch nicht so umständlich!« Denn Vernunft ist schwächer als ein Antreiber – sonst wären die Antreiber kein Problem. Doch erfahrene Führungskräfte haben das sehr schön raus. Sie hinterfragen ihre Mitarbeiter – nicht nur die Angetriebenen – ständig: Warum haben Sie das so gemacht? War das nötig? Bringt das dem Kunden wirklich etwas? Was? Und geht das nicht auch einfacher, schneller, besser, kostengünstiger? Damit werden die Getriebenen schon mal dafür sensibilisiert, dass möglicherweise etwas nicht stimmt mit ihrer Vorgehensweise.

Darauf aufbauend werden ganz klare Regeln vereinbart – auch das hilft nicht nur den getriebenen Mitarbeitern. Der oben zitierte Verkaufsleiter hat zum Beispiel eine eindeutig definierte Beratungsreihenfolge in fünf Punkten vereinbart. Da ist kein Platz für »Sonderservice«, »Extrachecks« oder »Sonderberatung« – alles Tarnnamen für antreiberbedingte Extratouren. Und in einer dritten Stufe der Prozesssicherung achtet der Verkaufsleiter sehr genau darauf, dass sich jeder an die vereinbarten Regeln hält.

Ein vierter Schritt, der wiederum nicht nur bei getriebenen Mitarbeitern produktivitätssteigernd wirkt, ist eine effiziente Arbeitsorganisation. Auf Deutsch: Der Mann/die Frau muss zur Aufgabe passen. Als ich einen befreundeten Geschäftsführer fragte, weshalb er einen bestimmten Facharbeiter selten für die Projektarbeit einsetze, sagte er:

»Da ist das Risiko viel zu hoch, dass er sich verzettelt. Bei Aufgaben mit niedrigerer Komplexität leistet er viel bessere Arbeit.« Eine gute Arbeitssteuerung ist von unschätzbarem Wert. Und schließlich hat man fünftens als Führungskraft gute Chancen, einen gefährdeten Mitarbeiter von »Streng dich an!« herunterzubekommen, indem man ihm regelmäßig vorsagt: »Nun mal langsam, Arbeit muss auch Spaß machen!« Oder indem man hin und wieder einen Witz macht oder mit Humor die Aufgaben angeht. Damit kann man den Mitarbeiter mitreißen. Eine gute Führungskraft hat quasi die Autorität, den Antreiber im Kopf des Mitarbeiters zu überstimmen.

5. Antreiber: »Sei stark!«

Für zwölf bis fünfzehn Mark kann man diesen Antreiber in Technicolor und Cinemascope erleben. Man braucht sich bloß einen Kinofilm der Herren Stallone, Schwarzenegger, Seagal oder van Damme anzusehen. Da steht »der Gute« beispielsweise vor der festungsartig bewachten Villa des Filmbösewichts und sagt: »Ich geh da jetzt rein und mach ihn alle.« Man fragt sich als Zuschauer natürlich, warum er stattdessen nicht sagt: »Ich allein gegen 44 Schurken? Nein, mein Lieber. Ich fordere jetzt eine Hundertschaft Verstärkung an.« Aber nein, er zieht es alleine durch, denn er ist stark. Er lässt sich eher abknallen, als dass er die Kollegen einschaltet. Die ganze Actionfilm-Branche verdankt ihre Existenz diesem wenig gesunden Antreiber und seiner gesellschaftlichen Glorifizierung. Kinobesucherinnen tippen sich dagegen oft an die Stirn: »Machogehabe. Warum lässt er sich nicht helfen?« Im Kino hat die Einzelgängerei immer Erfolg. Im richtigen Büroleben selten. Da kriegt der Einzelgänger meist mächtig Stunk mit seinen Kollegen, wenn er derart teamunfähig agiert, und Krach mit seinem Vorgesetzten, weil die Alleingänge unglaubliche Risiken für das Geschäft mit sich bringen.

Man könnte es auch, um in der Filmsprache zu bleiben, das 12-Uhr-Mittags-Syndrom nennen. Einer nimmt die Arbeit von zehn auf sich, auch wenn sich alle anderen dabei an die Stirn tippen. In seinem Kopf läuft ein Band mit Einflüsterungen wie:

- »Das schaff ich auch alleine!«
- »Da muss man eben durch.«
- »Ich muss mich durchbeißen.«
- »Das muss ich selbst für mich entscheiden.«

Ein Symptom des Antreibers »Sei stark!« hat fast jede Beifahrerin schon erlebt. Mancher Mann fährt lieber stundenlang im Kreis herum, anstatt eine Minute anzuhalten und nach dem Weg zu fragen. Deborah Tannen, die US-Sprachforscherin, berichtet von einem beinahe tragischen Antreiberfall. Da suchte der Pilot eines kleinen Propellerflugzeugs mit fast leerem Tank verzweifelt die Landebahn – bis ihn seine Frau und Copilotin entnervt anfuhr: »Warum zum Kuckuck funkst du nicht den Tower an und fragst nach unserer Position?« Worauf der Mann antwortete: »Aber das geht doch nicht. Wie stehe ich denn da, wenn herauskommt, dass ich mich verflogen habe?« Als das Flugzeug endlich mit viel Glück gelandet war, blieb es auf dem Weg zum Hangar stehen – der Sprit war alle. Der Mann wäre lieber gestorben, als um Hilfe zu bitten, denn das hätte ja als Zeichen von Schwäche ausgelegt werden können. Der Antreiber des Piloten hätte fast zwei Menschenleben gekostet.

Auch bei der Arbeit meinen manche, auf Teufel komm raus stark sein zu müssen. Da ist zum Beispiel der Projektleiter, dessen letzte drei Projektsitzungen schon recht krisenhaft verliefen und der trotzdem keinen professionellen Moderator einschalten will: »Ach was, bis der sich eingearbeitet hat, haben wir die Sitzung schon durchgezogen.« So durchsichtig dieses Argument für einen Außenstehenden ist, wenn wir selbst vom Antreiber betroffen sind, glauben wir tatsächlich daran. Wenn wir beispielsweise im Außendienst arbeiten, schlagen wir uns lieber jahrelang mit einem äußerst schwierigen Kunden herum, der noch nicht einmal viel Umsatz bringt, anstatt einfach zu sagen: »Wissen Sie was? Wegen der paar Mark rege ich mich nicht mehr auf. Quälen Sie die Konkurrenz.« Das ist typisch für den Antreiber: Wir halten aus, anstatt die Brocken einfach hinzuschmeißen, wenn es sich sowieso nicht rentiert.

Es ist logisch, wo dieses Zähnezusammenbeißen enden muss: beim Arzt. Wer sich ständig derart überlastet, wird krank. Aber noch nicht

einmal eine Krankheit erlaubt uns den Ausstieg aus der Antreiberei:
»Ach was, das bisschen Fieber«, sagt die Sekretärin bei 39,8°, »das ist
doch nicht richtig krank.« Hausärzte und Internisten sind manchmal
entsetzt über das, was Angetriebene aushalten: »Ihr ganzer linker Arm
war taub, und Sie wollen den herannahenden Herzinfarkt nicht
bemerkt haben?«. »Ach, das bisschen Kribbeln im Arm.«

Ein Manager erzählte mir dazu ein gruseliges Urlaubserlebnis. Er
war als guter Schwimmer am Meer ungefähr eine Stunde lang hinaus-
geschwommen und hatte sich noch gewundert, wie leicht ihm das fiel.
Als er umkehrte, bemerkte er, woran das gelegen hatte. Er war mit der
Strömung geschwommen. Der Weg zurück war fast unmöglich. Die
Strömung war so stark, dass er erst nach zwei Stunden total entkräftet
das Ufer erreichte. Auf allen vieren schleppte er sich an den Strand.
Erst jetzt wurde ihm klar, dass er eben beinahe ertrunken wäre. Und
dann wurde ihm noch etwas klar: Die letzte Stunde seiner unfreiwilli-
gen Ironman-Einlage war er zwischen lauter Segelbooten durchge-
schwommen! Er hätte nur die Hand heben müssen, um eine Gratis-
fahrt ans Ufer zu bekommen. Aber dieser Gedanke war ihm nie
gekommen.

»Sei stark!«: Wenn es mir passiert . . .

Wenn der Antreiber uns antreibt, sind wir wie vor den Kopf geschlagen. Wir kommen vor lauter Anstrengung überhaupt nicht auf die
Idee, die Hand nach einem Rettungsboot auszustrecken. Das geheime
Drehbuch filtert diesen Gedanken nämlich heraus; er stört das laufende Antreiberprogramm. Saßen Sie nicht auch schon stundenlang
vor Ihrem PC oder dem Handbuch und wälzten ein Anwendungspro-
blem? Und hinterher meinte einer: »Warum hast du nicht mich
gefragt? Ich hätte dir die Lösung in zwei Minuten verraten können.«
Dann schüttelt man den Kopf und denkt: »Ja, warum nicht?« Weil der
Antreiber eingeschaltet war: »Sei stark!« Und während der Antreiber
läuft, ertrinkt man eher, als dass man sich nach Hilfe umsieht. Antreiber machen blind für andere Lösungswege.

Deshalb hat man fast keine Chance, einem aktivierten Antreiber aus eigener Kraft zu entkommen. Man erkennt den Unsinn der programmierten Lösung kaum während, sondern meist erst nach dem Antreiber-Anfall: »Warum habe ich mich jetzt bloß so abgequält?« Dann ist es zu spät. Wenn man während des Anfalls schon blind ist, kann man jedoch zumindest noch hören; nämlich auf die Umwelt. Oft gibt diese einem während des Antreiberanfalls Rückmeldung:

– »Warum fragst du nicht den Meier? Der kennt sich damit aus.«
– »Geh doch endlich zum Arzt. So kann das doch nicht weitergehen.«

Natürlich tut man als Angetriebener dieses Feedback sofort ab:

– »Wegen dieser Kleinigkeit gehe ich doch nicht zum Arzt!«
– »Ach was, der Meier, der erklärt das immer so kompliziert.«

Merken Sie etwas? Das riecht nach Ja-aber-Spiel. Und spätestens wenn wir das Spiel erkennen, müsste uns die Situation merkwürdig vorkommen. Wer den Verdacht hat, in unsicheren Situationen stark sein zu müssen, kann sich innerlich darauf einstellen, das besorgte Feedback seiner Umwelt nicht länger abzutun, sondern sich zu fragen: Ist da vielleicht doch was dran?

Zusätzlich können wir unsere Eigenwahrnehmung schärfen. Wer von »Sei stark!« getrieben wird, nimmt nämlich Schmerzen tatsächlich weniger wahr. Während ein anderer vor Schmerz schon nicht mehr denken kann, spürt der Getriebene nur eine leichte Spannung. Die eigene Körperwahrnehmung ist so stark gedrosselt wie bei einem Indianer am Marterpfahl. Man spürt zwar was, aber der Schmerz ist weit, weit weg und gehört fast gar nicht mehr zu einem selbst. Deshalb hilft es Angetriebenen, wenn sie über bestimmte Körpertechniken wieder lernen, die eigenen körperlichen Befindlichkeiten wahrzunehmen. Solche Techniken bietet jede Volkshochschule an: Progressive Muskelrelaxation, Autogenes Training oder andere Entspannungstechniken.

Als dritter Schritt zum Abschied von »Sei stark!« empfiehlt sich eine Generalüberholung des eigenen Selbstbildes. Man stellt sich einfach unangenehme Fragen wie:

- Was assoziiere ich mit Hilfe holen?
- Warum akzeptiere ich bei anderen, dass sie Hilfe holen und bei mir nicht?
- Warum verlange ich mehr Härte von mir als von anderen?

Menschen mit Antreiber »Sei stark!« haben eine Schwäche: Sie können keine Schwäche zugeben, und diese Schwäche ist stark ausgeprägt. Dabei erliegen sie einem Irrtum. *Nur wer wirklich stark ist, kann Schwächen zugeben.* Wahre Stärke hat nichts mit Härte zu tun. Wer sich das einmal klargemacht hat, fällt weniger auf seinen Antreiber herein.

Ein starker Chef ist hart

Von »Sei stark!« getriebene Chefs haben den Vorteil, dass sie sich per Retterrolle oft unheimlich viel aufladen und einem so die eine oder andere Arbeit abnehmen. Unangenehm wird es jedoch, wenn der Chef seinen eigenen, überzogenen Anspruch auch an seine Mitarbeiter stellt. Die resultierenden Angreiferspiele kennen Sie sicher:

- *Mitarbeiter:* »Chef, das ist unmöglich zu schaffen.«
- *Chef:* »Jetzt stellen Sie sich nicht so an. Da müssen Sie durch!«
- *Mitarbeiter:* »Aber mein Schreibtisch quillt über!«
- *Chef:* »Dann schauen Sie sich mal meinen an!«
- *Mitarbeiter:* »Sie sind auch der Boss. Sie bekommen mehr dafür als ich.«
- *Chef:* »Papperlapapp. Für Ihr Gehalt kann man das durchaus verlangen. Jetzt legen Sie sich eben mal richtig ins Zeug.«

Der Chef misst jeden an seinem eigenen, ungesunden Arbeitspensum. Er versteht überhaupt nicht, wie man weniger arbeiten und sich dann auch noch beklagen kann.

Es hilft nichts, dem Chef klarmachen zu wollen, dass er überzogene Ansprüche stellt, sich gesundheitlich ruiniert und seine Familie vernachlässigt. Dabei rutscht man nur immer wieder ins Angreiferspiel hinein. Stattdessen muss man sich klar abgrenzen: »Tut mir leid.

Diese Aufgabe kann ich wegen meiner anderen Aufgaben nicht bis Mittwoch, aber bis Donnerstag erledigen.« Punktum. Basta. Lassen Sie sich auf keine Diskussion und kein Bürospiel ein. Es gibt Positionen, die sind nicht verhandlungsfähig. Irgendwann muss man die Linie ziehen: bis hierher und nicht weiter. Oder man wechselt langfristig den Chef. Verzichten Sie auch ganz bewusst darauf, Ihre Position Ihrem Vorgesetzten verständlich machen zu wollen. Er wird es nicht verstehen – er ist angetrieben. Und erwarten Sie auch nicht, dass die Kollegen Sie verstehen. Denn ein »starker« Chef gilt überall als Arbeitstier. Wer sich gnadenlos verschleißt, gilt was im Unternehmen. Wer vernünftig mit seiner Arbeitskraft umgeht, wird schief angesehen. Nicht umsonst sind Actionfilme nach dem Muster »Sei stark!« so beliebt. Der Antreiber »Sei stark!« ist in Westeuropa Kulturgut.

Ein »starker« Chef holt auch dann keine Hilfe, wenn sie objektiv vonnöten wäre: »Ach was, das schaffen wir auch selbst!« Das ist nicht Vernunft oder Erfahrung, die aus ihm spricht, sondern der Antreiber. Auch hier gilt: das Spiel vermeiden. Versuchen Sie nicht, Ihrem Chef diese Überzeugung auszureden, sondern holen Sie selbst Hilfe für die Abteilung oder sich selbst, wenn es gar nicht anders geht.

Ein »starker« Mitarbeiter ist nicht unbedingt ein Glücksfall

Ein fähiger und kompetenter Computerfachmann wurde von seiner Firma zu einem Kunden entsandt, um dessen Problem mit der von der Firma gelieferten Software zu beheben. Er machte sich an die Arbeit, war jedoch nicht imstande, das Problem zu lösen. Statt zum einfachsten Mittel, in diesem Fall zum Telefonhörer, zu greifen, um sich Rat bei einem Kollegen zu holen, hieß ihn sein »Sei-stark-Antreiber«, immer weiter zu tüfteln, bis der Kunde schließlich am vierten Tag seinerseits ein Telefonat führte. Er teilte dem Vorgesetzten des Mannes wütend mit, dass er nicht länger bereit sei, dessen teure Arbeitszeit zu bezahlen und war verständlicherweise überhaupt recht aufgebracht. Der »starke« Mitarbeiter, dessen Fähigkeiten man ansonsten sehr schätzte, war plötzlich zu einer echten Belastung für die Verbindung zu diesem Kunden geworden.

Wenn Sie es als Vorgesetzter mit einem Mitarbeiter zu tun haben, bei dem Sie einen »Sei-stark-Antreiber« zu erkennen glauben, braucht es Ihr Fingerspitzengefühl, diesen Mitarbeiter immer wieder in seinen enormen Ansprüchen an sich selbst zu bremsen, ohne ihn zu entmutigen. Natürlich ist es erfreulich, wenn jemand allein zurechtzukommen versucht und so wenig Hilfe wie möglich in Anspruch nimmt, doch gilt natürlich auch hier: alles mit Maßen! Denn solche Alleingänge gefährden unter Umständen ganze Projekte.

Schluss – Les jeux sont faits

Nicht nur in Ihrem Berufsalltag, auch in Ihrem Privatleben werden Sie immer wieder mit Spielen konfrontiert werden. Es gibt selbstverständlich noch sehr viel mehr Spiele als die, welche hier namentlich vorgestellt wurden, und wenn sie ein Gespür dafür entwickelt haben, werden Sie vielleicht sogar Bewunderung dafür empfinden, mit welcher Kreativität die Menschen spielen, wie sie das Grundmuster in unzähligen Variationen immer wieder neu gestalten. Und statt sich darüber zu ärgern oder mit schlechten Gefühlen aus solchen Situationen herauszugehen, können Sie damit umgehen – ohne in jedes Spiel einsteigen zu müssen! Ganz sicherlich werden Sie jedoch auch in Zukunft das eine oder andere psychologische Spiel spielen, sei es, weil Sie selbst es initiiert haben, sei es, weil Sie in eines hineingezogen wurden, weil Sie die Falle nicht rechtzeitig erkannt haben. Dann ärgern Sie sich nicht über sich – lachen Sie ein bisschen über sich selbst! Spielen ist menschlich, und wenn man es nicht bis zum zweiten oder dritten Eskalationsgrad kommen lässt, manchmal sogar ein wenig vergnüglich. Besonders dann, wenn man dem Muster, das jedem Spiel, wie immer es heißen mag, zugrunde liegt, nicht hilflos ausgeliefert ist, sondern es durchschaut. Dieses Muster lässt sich kurz und griffig mit der so genannten *Spielformel* darstellen:

- Jedes Spiel beginnt mit einem Köder.
- Dieser Köder trifft auf den wunden Punkt des Partners.
- Die Spielpartner nehmen ihre Rolle im Drama-Dreieck ein.
- Darauf folgen die eigentlichen Spielzüge, d. h. eine mehr oder weniger lange Reihe verdeckter Transaktionen.

- Schließlich kommt es zu einem überraschenden Ende, weil einer der Partner oder beide die Rolle im Drama-Dreieck wechselt.
- Und ganz zum Schluss gibt es noch die Endauszahlung in Form negativer Gefühle.

Verdeckte Transaktionen heißen so, weil Rede und Gegenrede im Spiel mehr transportieren als die oberflächliche Botschaft. Es gibt eine darunter liegende Ebene, die die bedeutsame ist, weil sie die Beziehung zwischen den Partnern betrifft. Wenn beispielsweise ein Opfer bittet: »Könnten Sie mir dabei nicht noch einmal helfen, ich habe es immer noch nicht kapiert!«, ist das mehr als die Bitte um Unterstützung. Darunter liegt der Appell: »Ich bin klein und unfähig, aber du bist groß und stark – also rette mich!« Reagiert der Angesprochene auf diesen Appell, schlüpft er in die Retterrolle. So lange, bis ihm vielleicht der Geduldsfaden reißt und er sein Gegenüber fragt: »Wissen Sie eigentlich, wie viel ich heute noch zu tun habe?« Natürlich liegt ihm nicht an der Antwort: »Ja, Sie müssen heute noch a, b, c und d erledigen!« Sondern die eigentliche Botschaft könnte lauten: »Lass mich gefälligst in Ruhe, und mach deinen Kram allein!« Sie könnte aber auch heißen: »Da kannst du mal wieder sehen, was für ein toller Kerl ich bin, obwohl ich so viel zu tun habe, kümmere ich mich auch noch um dich!« Tonfall, Mimik und Gestik sind für gewöhnlich eindeutig, auch wenn es die Worte nicht sind. Im ersten Fall ist aus dem Retter ein Angreifer geworden, und das Spiel wird beendet. Im zweiten Fall bleibt der Retter in seiner Rolle, und das Spiel kann weitergehen. Vielleicht so lange, bis das bisherige Opfer in die Angreiferrolle schlüpft.

Sie werden merken, dass Ihr Blick sich zunehmend schärfen wird für die Rollen, die die Menschen in Ihrer Umgebung und auch Sie selbst einnehmen. Dass wir immer wieder in solche Rollen schlüpfen, lässt sich nicht verhindern. Doch es erleichtert das Leben und den täglichen Umgang mit schwierigen Situationen beträchtlich, wenn wir gelernt haben, diese Rollen zu erkennen. Kommunikationsfähigkeit, die Schlüsselqualifikation im modernen Wirtschaftsleben, lässt sich erlernen! *Die Fähigkeit, psychologische Spiele zu erkennen und mit ihnen umzugehen, ist ein ganz wesentlicher Schritt, um erfolgreich zu kommunizieren!*

Felix von Cube

Besiege deinen Nächsten wie dich selbst

Aggression im Alltag.
168 Seiten. Serie Piper

»Der Mensch ist keine Graugans«, mit diesem Argument wird die Übertragung verhaltensbiologischer Erkenntnisse auf menschliche Verhaltensweisen von vielen Sozial- und Geisteswissenschaftlern in Frage gestellt. Der Erziehungswissenschaftler Felix von Cube weist dagegen im vorliegenden Buch nach, daß Aggression ein spontaner Trieb ist, der der natürlichen Veranlagung des Menschen entspricht. Alle traditionelle Moral konnte die Ausübung von Gewalt nicht verhindern. Wir müssen mit der Aggression leben, es fragt sich nur, wie? Das ist für Felix von Cube der Ausgangspunkt seiner Anleitung zum Umgang mit der dem Menschen innewohnenden Aggression.

Felix von Cube

Fordern statt verwöhnen

Die Erkenntnisse der Verhaltensbiologie in Erziehung und Führung. 336 Seiten. Serie Piper

Der Mensch strebte schon immer nach Verwöhnung, nach Lust ohne Anstrengung. Technik, Wohlstand, Freizeitkonsum machen dies heute möglich. Aggressive Langeweile, Gewalt, Drogenkonsum sind die Folgen. Wir zerstören die Umwelt und uns selbst. Müssen wir Verzicht üben und Askese? Die Erkenntnisse der Verhaltensbiologie zeigen einen eigenen Weg: Aktivität statt Apathie, Abenteuer statt Langeweile, lustvoller Einsatz natürlicher Energien statt Schonung. Erziehung muß zur Selbstforderung befähigen.

»Für Pädagogen und Führungskräfte von allerhöchster Bedeutung.«
Die höhere Schule

05/1205/01/L   05/1206/01/R

Felix von Cube

Lust an Leistung

Die Naturgesetze der Führung.
176 Seiten. Serie Piper

Wir alle wissen: Nur wer Spaß an seiner Arbeit hat, kann auf Dauer gute Leistung bringen. Diese Erkenntnis ist wahrlich nicht neu. Wie aber die Arbeitswelt so human gestaltet werden kann, daß die Arbeit nicht als »Maloche«, sondern als positive Herausforderung erlebt wird, da setzt Felix von Cube an. Aus den Grundsätzen der Verhaltensbiologie leitet er die Naturgesetze für konstruktive Führung ab. Erfolgreiche Unternehmensführung wiederum gewährleistet zufriedenere, gesündere und kooperativere Mitarbeiter, setzt Qualitätsstandards und bringt Schwung in den Arbeitsalltag.

Uwe Scheler

Erfolgsfaktor Networking

278 Seiten. Serie Piper

»Beziehungen schaden nur dem, der keine hat.« Wer dagegen die richtigen Leute kennt und von ihnen geschätzt wird, profitiert in allen Lebensbereichen davon. Wenn Sie also noch nicht über Ihr persönliches Netzwerk verfügen, sollten Sie schnellstmöglich damit beginnen, es aufzubauen. Mit Netzen fängt man nicht nur Fische. Networking ist ein methodisches und systematisches Vorgehen, Kontakte zu knüpfen, Beziehungen zu pflegen und längerfristig zu gestalten. Networking beruht auf Gegenseitigkeit – was ein Vorteil für den anderen ist, hat auch immer gute Folgen für einen selbst. Networking heißt Interesse an anderen Menschen haben und Kontakte sowie Begegnungen aktiv herbeiführen. Ob es um einen Tip, eine Information oder um Hilfestellungen geht: Wer über ein funktionierendes Netzwerk verfügt, kommt schneller ans Ziel – beruflich wie privat.

SERIE PIPER

SERIE PIPER

Michael Dell mit
Catherine Fredman
Direkt von Dell
Die Erfolgsstrategie eines Branchenrevolutionärs. Aus dem Englischen von Frank Baeseler. 269 Seiten. Serie Piper

Die Zahlen sind mehr als beeindruckend: Gewinne und Umsätze von Dell Computer brechen schon seit Jahren alle Rekorde. Auch auf den Hitlisten der Wirtschaftsmagazine steht Dell ganz oben. Worin liegt das Erfolgsgeheimnis von Dell? Gegründet wurde das Unternehmen 1984 von Michael Dell, der auch heute noch die Fäden in der Hand hält. Seitdem setzt das Unternehmen auf den Direktvertrieb über Telefon, Fax und Internet sowie auf die Erfüllung individueller Kundenwünsche – jeder gelieferte PC ist praktisch ein Unikat. In diesem Buch erläutert Michael Dell sein Strategiekonzept, das direkte Geschäftsmodell, das die gesamte Computerindustrie revolutioniert hat. Unternehmer und Manager aller Branchen finden hier wertvolle Anregungen für ihre Geschäftstätigkeit.

Nathaniel Branden
Die 6 Säulen des Selbstwertgefühls
Erfolgreich und zufrieden durch ein starkes Selbst. Aus dem Amerikanischen von Anni Pott. 355 Seiten. Serie Piper

Ein stabiles Selbstwertgefühl und positive Ausstrahlung sind entscheidende Voraussetzungen für privaten und beruflichen Erfolg. Die Selbstwahrnehmung der eigenen Stärken und Schwächen beeinflußt tatsächlich jeden Moment der persönlichen Existenz. Leider ist man sich jedoch selbst am meisten im Weg und verhindert dadurch Zufriedenheit und Erfolg. Wer den Weg zu einem gesunden Selbstwertgefühl sucht, findet den Schlüssel dazu in diesem Buch. Nathaniel Branden stellt die Grundprinzipien vor, die zu innerer Stärke, Gleichgewicht und Harmonie führen. Anhand vieler Beispiele und Übungen zeigt der Erfinder des modernen Begriffs des Selbstwertgefühls, wie Sie dies in Ihrem eigenen Leben umsetzen können.

05/1208/01/L   05/1209/01/R

Fritz Maywald

Der Narr und das Management

Leistungssteigerung im Unternehmen zwischen Shareholder Value und sozialer Verantwortung.
203 Seiten. Serie Piper

Fritz Maywald entdeckt den Narren für das Management: Der Narr ist sowohl Symbol für Lust an der Veränderung als auch für Kreativität und Engagement. Er sieht klar und ungetrübt, denn er kümmert sich nicht um die gegebenen Zwänge. Alles Eigenschaften, die für ein zukunftsweisendes Management unerläßlich sind: Denn Veränderung heißt, Bedenkenträger hinter sich zu lassen, eingefahrene Geschäftsprozesse kritisch zu analysieren und neue Wege zu beschreiten. Dafür sind mutige und erfinderische Mitarbeiter gefragt. Die praktische Klugheit des Narren, seine Unerschrokkenheit und seine Unabhängigkeit stehen in Analogie zu den Anforderungen an den Manager, der innovative Prozesse in Unternehmen befördern soll. Man kann ihn Joker nennen – oder noch besser: Veränderungsmanager.

Helma Sick

frau & geld

Ein Finanzratgeber.
Aktualisierte Neuausgabe.
173 Seiten. Serie Piper

Emanzipation ohne finanzielle Unabhängigkeit gibt es nicht. Und doch haben immer noch viele Frauen eine tief verwurzelte Scheu vor dem Thema Geld, vor nüchterner, selbstbewußter Finanzplanung. Helma Sick gibt engagiert und gut verständlich Auskunft: über den richtigen Umgang mit Geld, über Altersvorsorge, Vermögensplanung und sinnvolle Geldanlagen für jede Lebensphase. Für die aktualisierte Neuausgabe hat die Autorin alle Informationen, darunter zur Steuer- und Rentenpolitik, auf den neuesten Stand gebracht.

»Ein überaus nützliches, aber auch spannendes Buch, weil Helma Sick Frauen klarmacht, warum Geld nicht länger ein Tabu-Thema sein darf.«
Brigitte

SERIE PIPER

Helma Sick

Wie frau sich bettet

Wege zum Wohlstand im Alter.
Aktualisierte Neuausgabe.
173 Seiten. Serie Piper

Altersvorsorge – ein trockenes Thema? Nicht bei Helma Sick. Die bekannte Münchner Finanzberaterin und »Brigitte«-Kolumnistin schreibt engagiert und spannend, warum Altersvorsorge gerade für Frauen so wichtig ist, und gibt wichtige, konkrete Tips für Frauen in jeder Lebensphase. Am Ende dieses Buches weiß frau, welche Anlagestrategien garantiert zum Erfolg führen, welche Geldanlagen gemieden werden sollten und was gute von weniger guten Beratern unterscheidet. Interessante Geschichten rund ums Geld und viele praktische Beispiele machen das Buch nicht nur zu einem unentbehrlichen Ratgeber bei der Vermögensplanung, sondern auch zu einem echten Lesevergnügen.

Der erfolgreiche Ratgeber der »Brigitte«-Finanzexpertin in aktualisierter Neuausgabe.

Richard R. Gesteland

Global Business Behaviour

Erfolgreiches Verhalten und
Verhandeln im internationalen
Geschäft. 272 Seiten. Serie Piper

Parallel mit der Globalisierung wächst die Zahl der Menschen, die auf den Schauplätzen des Welthandels zurechtkommen müssen. Viele Verträge scheitern immer noch an der Unkenntnis über die kulturellen Sitten des Partners. Denn nicht nur, was gesagt wird, ist ausschlaggebend, sondern auch, wie man sich dabei verhält. Der Autor listet auf der Basis von Länderporträts viele wichtige Details auf, so daß Geschäftsreisende die manchmal frappierenden Unterschiede im globalen Geschäftsgebaren erkennen und darauf reagieren können.

»Gangbare Wege durch die kulturellen Minenfelder. So klappt's auch mit den Chinesen! Nützliche Anleitungen für Manager, Verkäufer und Jobsucher, die im internationalen Geschäft erfolgreich sein wollen.«

manager magazin

Hermann Simon (Hg.)

Geistreiches für Manager

374 Seiten. Serie Piper

Führungskräfte und Unternehmer müssen Vorträge halten, referieren, kommunizieren. Gut vorbereitet oder spontan – ein treffendes Zitat an richtiger Stelle kann da nur hilfreich sein, denn in vielen Aphorismen steckt hochverdichtete Wahrheit über die wesentlichen Probleme menschlicher Interaktion. Sei es Platon, Aristoteles, Seneca oder Konfuzius – die Aussagen und Wahrheiten großer Denker überdauern die Zeiten und bleiben aktuell wie eh und je.

Ob besonderer Einstieg in einen Vortrag oder überraschende Pointe, die das Publikum zum Schmunzeln bringt – hier werden Manager fündig.

Jürgen Lürssen

Die heimlichen Spielregeln der Karriere

Wie Sie die ungeschriebenen Gesetze am Arbeitsplatz für Ihren Erfolg nutzen. 224 Seiten. Serie Piper

Erfolg und Karriere resultieren nur zu 10 Prozent aus fachlicher Kompetenz – zu 90 Prozent werden sie von anderen Faktoren bestimmt. Dieser erfolgreiche Ratgeber zeigt, über welche Fähigkeiten und Kenntnisse man verfügen sollte, um die heimlichen Spielregeln im Betrieb zu durchschauen und Einfluß zu gewinnen. Vom kleinen Einmaleins der Büropolitik über das Verhältnis zu Chef und Kollegen, den Umgang mit Informationen bis hin zur Kunst, andere zu überzeugen und Macht zu gewinnen – diese zentralen Punkte für die Karriereleiter erläutert Jürgen Lürssen umfassend, anschaulich und amüsant.

SERIE PIPER

05/1217/01/L

05/1218/01/R

Erving Goffman

Wir alle spielen Theater

Die Selbstdarstellung im Alltag.
Aus dem Amerikanischen von
Peter Weber-Schäfer. Vorwort von
Ralf Dahrendorf. 256 Seiten.
Serie Piper

An verblüffenden Beispielen zeigt der Soziologe Goffman in diesem Klassiker das »Theater des Alltags«, die Selbstdarstellung, wie wir alle im sozialen Kontakt, oft nicht einmal bewußt, sie betreiben, vor Vorgesetzten oder Kunden, Untergebenen oder Patienten, in der Familie, vor Kollegen, vor Freunden. Erving Goffman gibt in diesem Buch eine profunde Analyse der vielfältigen Praktiken, Listen und Tricks, mit denen sich der einzelne vor anderen Menschen möglichst vorteilhaft darzustellen sucht. Goffman wählt dazu die Perspektive des Theaters. Wie ein Schauspieler einen bestimmten Eindruck vermittelt, so inszenieren einzelne und Gruppen im Alltag »Vorstellungen«, um von den eigenen echten oder vorgetäuschten Fähigkeiten zu überzeugen.

Elizabeth Perle McKenna

Wenn Arbeit nur noch Arbeit ist

Frauen, Beruf und Identität. Aus
dem Amerikanischen von Juliane
Gräbener-Müller. 335 Seiten.
Serie Piper

Millionen von Frauen sind zunächst mit Schwung und Optimismus in ihren Beruf gegangen, haben Erfüllung in ihrer Arbeit gefunden, ihre Chancen genutzt und sich eine Position erobert. Zehn, zwanzig Jahre später geraten viele von ihnen in eine Krise, die scheinbar ausweglos ist: Alles ist zuviel! Und das Ganze ist zu wenig! Für diese Frauen hat Elizabeth Perle McKenna ihr Buch geschrieben. Als sie nach jahrzehntelanger erfolgreicher Tätigkeit als Verlagsmanagerin alles plötzlich nur noch stressig und sinnlos fand, fing sie an, andere Frauen zu befragen, entdeckte ähnliche Erlebnisweisen, recherchierte und fand schließlich eine Reihe von Regeln für die weibliche Arbeitswelt. Frauen müssen aufhören, sich immer nur anzupassen und »gute Mädchen« zu sein. Sie müssen lernen, nein zu sagen.

05/1250/01/L

05/1256/01/R